OLE LIEBL

FREUNDE LIEBEN

DIE REVOLTE
IN UNSEREN
ENGSTEN
BEZIEHUNGEN

HarperCollins

3. Auflage 2025
Originalausgabe

in der Verlagsgruppe HarperCollins Deutschland GmbH, Hamburg
Gesetzt aus der Chaparral
von GGP Media GmbH, Pößneck
Druck und Bindung von CPI books GmbH, Leck
Printed in Germany
ISBN 978-3-365-00628-3
www.harpercollins.de

Druckprodukt mit finanziellem
Klimabeitrag
ClimatePartner.com/15109-2009-1001

FSC
MIX
Papier
FSC® C083411

INHALT

1.

EINE UNMÖGLICHE BEZIEHUNG

Sally:	Wir werden nur Freunde sein, okay?
Harry:	Toll! Freunde! So ist es am besten! Du weißt, dass wir nie Freunde sein können.
Sally:	Warum nicht?
Harry:	Männer und Frauen, und das ist bestimmt keine Anmache, können keine Freunde sein, weil ihnen der Sex immer in die Quere kommt.

Wenn uns Harry und Sally in der gleichnamigen Liebeskomödie von 1989 eines lehren, dann das: Freundschaft und Sex können nicht zusammen funktionieren. Vor allem nicht zwischen heterosexuellen Männern und Frauen. Die Sache mit dem Sex kommt immer dazwischen und macht die Freundschaft zunichte. Aber muss das so sein? Schon lange vor dem Film wird dieser Behauptung widersprochen. Inmitten der Goldenen Zwanziger bringt der US-amerikanische Sozialreformer Ben Lindsey sein Skandalbuch

Die Kameradschaftsehe[1] auf den Markt. Erstmals wird eine breite Öffentlichkeit über das »unmögliche« Beziehungsmodell[2] der Freundschaft plus (F+) informiert. Ein ganzes Kapitel des Buches widmet Lindsey der einvernehmlichen ehelichen »Untreue« samt »intime[r] Freundschaft[en]«[3]. Das Werk entwickelt sich auch in Deutschland zu einem Kassenschlager, Zehntausende Exemplare gehen über die Ladentheken. Entgegen der herrschenden Moral vertritt Lindsey die Haltung, dass außereheliche Sexualkontakte nicht notwendigerweise die innige Liebe der Eheleute beeinträchtigen, im Gegenteil: Er kenne sogar Ehepaare, »die in diesem Punkte einig sind und die ihre Ehe auf dieser Basis führen«[4].

In einem Dialog mit dem Autor schildert die bürgerliche »Frau Blank«, wie Lindsey sie nennt, in aller Ausführlichkeit ihre freizügige Ehe. Sie weiß genau, dass ihre Beziehung nicht der gesellschaftlichen Norm entspricht, aber sie beruhte auf einer freiwilligen Vereinbarung mit ihrem Ehemann und sei deshalb legitim. Hoch reflektiert gibt sie die Bedingungen ihrer »unschuldige[n] und natürliche[n] Verbindungen«[5] an: Sie sei wohlhabend, und deshalb von ihrem Mann ökonomisch unabhängig. Durch Dienstboten und Kindermädchen habe sie genug Zeit und Muße – »Zeit, um Dummheiten zu machen, würden Sie vielleicht sagen«[6]. Dass Verhütungsmittel und weibliche Lust in solchen Ehen und für solche »intimen Freundschaften« eine Selbstverständlichkeit darstellen, entsetzt zahlreiche Konservative. Lindsey sieht sich jahrelang anhaltenden, massiven Anfeindungen ausgesetzt.[7] Die Zeit ist noch nicht reif für seine progressiven Ideen. Eine Kostprobe des gesellschaftlichen Klimas in Deutschland: Nur wenige Jahre vor Lindseys »Kameradschaftsehe« spricht der Berliner Nervenarzt Siegfried Placzek über Sex unter Freund:innen als eine der »seltsamsten Monstrositäten sexueller Irrwege«[8]. In den folgenden Jahrzehnten gerät die Idee der F+ unter den Tumulten der Wirtschaftskrise und dem Grauen des Zweiten Weltkriegs in Vergessenheit.

Erst im Windschatten der 68er werden Freundschaft und Sex erneut zusammengedacht. Wieder in einem Eheratgeber, wieder in einem Bestseller aus den USA, diesmal mit dem Titel *Open Marriage*[9] (1972). Das Autor:innenpaar Nena und George O'Neill entfaltet in einem der kürzesten Kapitel des Buches »Liebe und Sex ohne Eifersucht«[10] einige höchst provokante Gedanken. Es sind Passagen, welche die »offene Ehe« zum Begriff für alle sexuell nicht exklusiven Ehen machen. Die O'Neills schlagen nicht nur vor, dass Ehepartner:innen Freund:innen des anderen Geschlechts haben sollten, sondern unterbreiten auch die Möglichkeit der sexuellen Intimität mit diesen. Bei Freund:innen handelt es sich um mehr als bloß unverbindliche Bekanntschaften. Deshalb sollte in diesen besonderen außerehelichen Kontakten die gleiche Aufrichtigkeit und der gleiche Respekt herrschen wie in allen anderen engen Beziehungen, inklusive die de:r eigenen Partner:in.[11] Die O'Neills machen allerdings auch klar, dass die Grundlage einer freundschaftlichen Sexualität eine stabile, gut entwickelte Partnerschaft sein muss. Den letzten Schritt, dass das sexuelle Miteinander ein ganz normaler Ausdruck von Freundschaft sein kann, unabhängig von bestehenden romantischen Beziehungen, gehen sie nicht. Ebenso wie *Die Kameradschaftsehe* gerät auch ihr Beitrag zur Beziehungsform der F+ in Vergessenheit und findet keine kulturelle Beachtung im heterosexuellen Mainstream, bis die 90er anbrechen.

Gemessen an der kurzen Zeitspanne bis zur Gegenwart ist es umso erstaunlicher, wie weit verbreitet sexuelle Freundschaften heutzutage sind. Jeder dritte in Deutschland lebende Mensch kann sich eine F+ vorstellen,[12] bei den unter 30-Jährigen hat jede:r vierte Erfahrungen damit gemacht.[13] In der US-amerikanischen und kanadischen Forschung der letzten Jahre, bei der vor allem junge Menschen zwischen 18 und 22 Jahren befragt wurden, gaben im Durchschnitt 40 Prozent an, schon mal eine F+ geführt zu haben.[14]

Was ist da passiert? Wie vollzog sich der Wandel heterosexueller Beziehungen und heterosexueller Geschlechterverhältnisse, um so etwas wie die F+ überhaupt zu ermöglichen? Wie konnte die neuartige Beziehungsform derart schnelle Verbreitung finden? Natürlich spielen Medien eine zentrale Rolle. Eines der ersten filmischen Beispiele der F+ wird im Jahr 1991 in der Sitcom *Seinfeld* ausgestrahlt.[15] Da die Bezeichnung »F+« bzw. im Englischen »friendship with benefits« zu der Zeit nicht existiert, geht die ganze Folge um die Aushandlung dessen, wie diese Beziehungsform auf eine Formel oder einen Begriff gebracht werden könnte. Unter dem Episodentitel *The Deal* sitzen die Freund:innen Jerry und Elaine in Jerrys Wohnung und zappen durch das Fernsehprogramm. Ein zufällig eingeschalteter Softporno-Channel bringt das delikate Thema auf, dass beide schon seit Ewigkeiten nicht mehr gevögelt haben. Sie schauen einander an – und erwägen sich als mögliche Sexualpartner:innen. Damit die Freundschaft hierdurch nicht in Mitleidenschaft gezogen wird, definiert Elaine im Voraus klare Regeln:[16]

1. *No call the day after that:* Zwischen den beiden findet am Tag nach dem Sex kein Kontakt statt, um sich nicht verpflichtet zu fühlen, anzurufen und nach dem Befinden zu fragen. Der emotionale Umgang und die gemeinsame Sorge füreinander werden also beschränkt, sobald es zum Sex kommt: wahrscheinlich, um eine klare Grenze zwischen Freundschaft und romantischer Beziehung zu ziehen.
2. *Spending the night is optional:* Um sich nicht dem Zwang zu beugen, nach dem Sex unbedingt beieinander zu schlafen, ist es immer möglich, danach zu verschwinden.
3. *Good night kisses are bourgeois:* Diese Regel wirkt der Form nach erst mal nicht wie eine Regel. Aber im Ge-

wand der Ablehnung des Spießertums verbietet sie auf spöttische Weise die Gewohnheit körperlicher Zärtlichkeiten nach dem Sex.

Die Regeln zielen allesamt darauf ab, Verpflichtungen, Zwänge und Gewohnheiten einer gelebten Beziehung zu unterlaufen. Sie atmen den Geist der Unverbindlichkeit. Aber natürlich ist die Sache nicht so klar und vernünftig, wie sie noch während des Gesprächs scheint. Elaine kann die Freundschaft (mit oder ohne Sex) nicht ohne Weiteres fortführen, am Ende der Folge werden die beiden ein Paar.

Dass Liebe, Sex und Freundschaft zumindest in einem konfliktbehafteten Verhältnis stehen, zeigt auch die eigentliche Begriffsschöpfung der »friendship with benefits« (heute in der Regel abgekürzt als: FWB). Der Beziehungsforscher Paul Mongeau datiert sie auf 1995, als Teil des US-Nummer-eins-Hits *Head Over Feet* der Sängerin Alanis Morissette.[17] Sie besingt einen Freund, in den sie sich – wahrscheinlich aus einer Freundschaft heraus – schwer verliebt hat. Mitten im Song taucht es dann auf:

You're the best listener that I've ever met
You're my best friend
Best ***friend with benefits***
What took me so long?

Da der Absatz von Versen wie »Your love is thick and it swallowed me whole«, »I've never wanted something rational« und »And don't be surprised if I love you for all that you are« umrahmt ist, lässt sich die rhetorische Frage am Ende des zitierten Absatzes, wofür Morissette so lange gebraucht hat, eigentlich nur auf eines beziehen: warum sie nicht früher realisierte, dass sie verliebt ist. Durch den Pop populär gemacht, beginnen Sexualwissenschaftler:innen zunehmend, das Phänomen zu untersuchen. Doch auch in den folgenden 15 Jahren bleibt es kulturell vergleichsweise ruhig um die *friendship with benefits*, bis 2011 gleich zwei Kinofilme über F+ erscheinen, die sie auf ihre jeweils eigene Art zum Thema machen.

Eigentlich sollten beide Filme *Friends with Benefits* heißen – letztlich setzte sich der Titel für die Produktion mit Justin Timberlake und Mila Kunis in den Hauptrollen durch. Auf Deutsch wurde daraus etwas hölzern, aber präzise: *Freundschaft mit gewissen Vorzügen*. Die Konkurrenzproduktion mit Ashton Kutcher und Natalie Portman lenkte ein und wurde zu *No Strings Attached* umbenannt. Den Titel übersetzte Christine Roche für den deutschen Markt mit *Freundschaft plus*. Die »F+« geht in der Tat auf die Übersetzung dieser Romantic Comedy (Romcom) zurück – und Christine Roche darf als ihre Schöpferin gefeiert werden.[18]

Natürlich spielt der Begriff »Freundschaft plus« auf Freundschaft plus … Sex an, wobei der Sex nicht explizit genannt wird. Das könnte eine Frage der Scham oder des Anstands sein, vielleicht wäre es auch einfach zu obszön und sprachlich wenig elegant, wenn ich sagen würde: »Wir führen eine Freundschaft plus Sex.« »Freundschaft plus« klingt hingegen wie eine Marke, eine besondere Beziehung, die sich nicht in traditionelle Kategorien einsortieren lässt. Der Sex wird allerdings sprachlich von der Freundschaft abgetrennt. Hier unsere Freundschaft, dort unser Sex. Das klammert eine mögliche Vertiefung einer Freundschaft durch den Sex begrifflich aus. Deshalb spreche ich neben der Freundschaft plus/F+ auch immer wieder von sexueller Freundschaft (oder freundschaftlicher Sexualität).

Die Beschäftigung mit Romcoms lohnt sich, weil sie als politisch völlig unkritische Filme eine Beziehungsideologie in Reinform hervortreten lassen, die das Bild von sexuellen Freundschaften reichweitenstark prägt. Es ist eine Ideologie, welche die romantische, monogame, heterosexuelle Partnerschaft als die unangefochtene Spitze aller intimen Beziehungen inszeniert, unter der alle anderen Formen der romantischen oder sexuellen Freundschaft verblassen.

Der erste, strukturelle Unterschied zwischen den beiden Romcoms ist, dass *Friends with Benefits* von drei Männern geschrieben wurde, während das Drehbuch von *No Strings Attached* aus der Feder einer Frau, Elizabeth Meriwether, stammt. In beiden Filmen sind die Hauptdarstellerinnen beruflich erfolgreich: Mila Kunis alias Jamie ist eine *executive headhunter* (eine Personalabwerberin für Posten der Geschäftsführung), Natalie Portman alias Emma eine Allgemeinmedizinerin. Während im Film der Männer auch der männliche Protagonist als frischgebackener *Artdirektor* des Männermagazins GQ beruflich erfolgreich ist, arbeitet Ashton Kutcher alias Adam als Produktionsassistent beim Film – eigentlich ein typischer »Frauenjob«. Gleichzeitig sind alle seine Vorgesetzten Frauen.

No Strings Attached spielt also komödiantisch mit dem Geschlechtertausch: Die Figur Emma ist grundsätzlich die Starke, Emanzipierte, emotional Distanzierte und wird damit stereotyp männlich porträtiert. Der erste Satz nach dem ersten Mal zwischen den beiden kommt von ihr: »We're not gonna tell anyone about it.« Und der zweite: »It's easier this way.« Bei dem nächsten Treffen lehnt sie Kuscheln ab. Adam bemüht sich unbeholfen, seine durchaus emotionale Zuneigung zum Ausdruck zu bringen, und würde auch gerne tagsüber etwas unternehmen – was sie strikt ablehnt. Er übernimmt in Sachen Gefühle die stereotyp eher weibliche Rolle. Somit fällt es Emma zu, in einem bezeichnenden Gespräch die Grenzen jener Beziehung wie folgt zu definieren:

Emma: Willst du das wirklich tun?
Adam: Was tun?
Emma: Uns nur zum Sex treffen, zu jeder Tages- und Nachtzeit. Nichts anders.

Adam (überlegt, lächelt verlegen): Ja, das kann ich machen.

Emma (lächelt): Gut.

(Verlassen das Haus.)

Adam: Das kann nicht funktionieren.

Emma: Warum nicht?

Adam: Weil du dich früher oder später in mich verliebst.

Emma: Ach, wirklich? Gut, dann machen wir es so lange, bis einer von uns mehr empfindet, und dann hören wir auf.

Der offensichtlichen Hommage an *Harry und Sally* folgen einige Sexszenen. Wieder ist es Emma, die weitere *ground rules* einfordert: kein Streit, keine Lügen, keine Eifersucht, keine intensiven Blicke, einander nicht als Notfallkontakt einspeichern. Er hat nur eine Regel: Sie soll seinen Penis nicht »süß« nennen. Die Dramaturgie des Films zielt darauf ab, dass Adam nach und nach alle Regeln bricht, was von Emma natürlich sanktioniert wird. Der unvermeidbare Streit mündet darin, dass Adam ihr seine Liebe gesteht. Er hält es nicht mehr aus, bricht die Beziehung ab. Während er im Nachgang beruflich Erfolge feiert, versinkt sie in Depressionen, weil sie sich ihre Gefühle, die sie wohl doch die ganze Zeit hatte, nicht eingestehen wollte.

Als sie endlich den Mut zusammennimmt und Adam anruft, gibt er ihr einen Korb. Am dramatischen Höhepunkt finden die beiden doch zusammen. Emma erklärt ihr Verhalten wie folgt: »Ich weiß nicht, warum ich so viel Zeit damit verschwendet habe, so zu tun, als wäre es mir egal. Ich schätze, ich wollte mich nicht so fühlen. Es tut weh.«[19] Damit ist die Geschlechterordnung wiederhergestellt: Der Mann sonnt sich im ökonomischen Hoch, die Frau steht endlich unter dem unausweichlichen Einfluss ihrer Gefühle – und außerdem hat der Typ zuletzt doch recht behalten mit seiner Diagnose über die »eigentlichen« Bedürfnisse der Frau.

Weitaus komplexer und fetziger, dabei aber nicht weniger problematisch ist der Film *Friends with Benefits*. In den Hauptrollen spielen Mila Kunis alias Jamie und Justin Timberlake alias Dylan. Der Plot ist ähnlich, doch der ganze Stil viel überdrehter, komödiantischer. Timberlake muss etwa alle 20 Minuten völlig aus dem Nichts heraus singen, damit auch wirklich jede:r klar wird, dass hier ein *sehr berühmter Popsänger* auf der Leinwand zu sehen ist.

Die Dramaturgie des Films arbeitet sich nicht an Geschlechterrollen ab, sondern wird entlang familiärer Grundkonflikte entwickelt. Die Eltern der beiden Protagonist:innen nehmen natürlich an, dass die beiden ein Paar sind, womit Dylan und Jamie gezwungen sind, immer wieder ihren Beziehungsstatus zu reflektieren und sich entsprechend zu positionieren. Gleichzeitig führt das Kennenlernen der Familien dazu, dass die beiden Hauptdarsteller:innen emotional intimer werden. Dylan bekommt die schwierige Persönlichkeit von Jamies Mutter mit, Jamie hingegen ist von der Alzheimererkrankung von Dylans Vater berührt.

Bezeichnend sind wieder die Sexszenen. Sie verhandeln ähnlich wie in *Seinfeld* Regeln, während sie außerdem darstellen, was an freundschaftlichem Sex anders und begehrenswert sein soll. Zunächst zählen die Protagonist:innen auf, was sie aneinander attraktiv finden, in ihren Worten: »strictly physical«. Es folgt eine reine Ansammlung von Gliedmaßen: große Augen, Lippen, Brüste, Hände, Mund, Hintern, Stimme, Torso.[20] Dann schwören sie auf eine Bibel-App, bestimmte »Gebote« einzuhalten – wobei es wie bei *Seinfeld* und *No Strings Attached* wieder die Frau ist, die die Regeln setzt. Die Regeln lauten:

1. Keine Beziehung.
2. Nur Sex.
3. Keine Emotionen.

Sie beginnen zu vögeln und reden ununterbrochen davon, wie sie es gerne hätten: Hier ein bisschen mehr kreisen, dort die Ohren anfassen, den Nacken küssen, den Namen rufen, mehr links lecken, mehr rechts lecken, nicht zu weit unten. Natürlich kann man es für fortschrittlich halten, wenn Menschen über ihre Bedürfnisse und Grenzen reden, was sie mögen oder nicht mögen, und so eine Kommunikation über Sex stattfindet. Auch *beim* Sex. Aber in der Geschwindigkeit und Tonalität des Films bleibt es arg technisch. Die Äußerung der Begehren ist die logische Fortsetzung der Aufzählung von oben: Statt der Körperteile sind es nun Akte, die der Lust dienen sollen, mit denen man, wie Dylan sagt, »arbeiten kann«. In einer so mechanischen Intimität ist es auch egal, wer die Person ist, mit der man vögelt. Die Szenografie tut dazu ihr Übriges: Die Protagonist:innen räkeln sich in der Sexszene in dünnen Synthetikdecken, unter denen sich die Silhouetten ihrer Körper abzeichnen. Der Geschlechtsverkehr erscheint als das Spiel einer einzigen, glänzenden Oberfläche, was betont, dass es hier nur um reine Äußerlichkeiten ohne wirkliche Intimität geht.

Das Gegenstück zu dieser Szene sieht man später im Film, als Jamie und Dylan das erste Mal wirklich gefühlvoll miteinander schlafen. Beide sind zu Beginn komplett angezogen und reden kein Wort miteinander. Die Kommunikation unter den Liebenden scheint nicht mehr vonnöten. Sie verstehen einander kraft ihrer Liebe. Es herrscht das »pure«, sprachlos gewordene Gefühl; als ob sich der sexuelle Konsens einfach so durch eine romantische Verbindung von selbst herstellen würde (vgl. kritisch Kapitel 8).

Freilich betrachte ich immer noch eine Komödie, die übertreibt und gar nicht realistisch sein will. Es soll um einen lockeren, »ungezwungenen« Umgang gehen, um eine gleichberechtigte Art des Miteinanders, die sich den Rollenverteilungen des klassischen Datings widersetzt. Gleichzeitig will der Film die strenge Form der monogamen Heterobeziehung wahren. Ein bisschen hedonistische Freiheit ist gut, aber keine queere Ausschweifung. Deshalb muss sich die so unbeschwerte Komödie auch immer wieder dagegen positionieren. In *Friends with Benefits* spielt Woody Harrelson einen sexistischen, animalischen, aggressiven, *schwulen* Sportredakteur von GQ. Er giert ununterbrochen nach anderen Männern und fragt Dylan als Allererstes, ob sie gemeinsam auf »Jagd« nach anderen Typen gehen wollen. Fortwährend muss dieser schwulen Offensive widerstanden werden, und zusammen mit einer Handvoll homo- und transphober Witze stellt Dylan im Laufe des Films ständig seine heterosexuelle Männlichkeit unter Beweis. Der Film stellt also erstens die Dynamik der Geschlechter nicht infrage und festigt sie zweitens heteronormativ. Fazit: Nicht partnerschaftliche Sexualität führt zu Problemen, und Homosexualität ist gefährlich. Der Film *Friends with Benefits* ist in dieser Hinsicht (wie so ziemlich jede Romcom in den 2000ern) erzreaktionär.

Unsere beiden F+-Filme eint, dass die erste Handlung zwischen den Hauptpersonen, die als freundschaftlich gewertet werden könnte, eigentlich den Beginn der romantischen Beziehung markiert. Auf der Beziehung prangt immer das Label »Friends with Benefits« bzw. F+, doch an keiner Stelle wird dieses Konzept wirklich verhandelt. Die Freundschaft ist grundsätzlich nur eine verleugnete Liebesbeziehung. Die sexuelle Freundschaft ist damit zwar nicht gescheitert, weil immerhin eine Liebesbeziehung entsteht, was ja eine tolle Sache ist. Aber so richtig funktioniert hat die F+ auch nicht. Sie bleibt ein Übergangsphänomen oder eine Brücke hin zum romantischen Miteinander, aber keinesfalls ein eigenständiges Beziehungsmodell. Männer und Frauen können – von *Harry und Sally* bis *Friends with Benefits* – keine Freund:innen sein und bleiben, vor allem keine sexuellen.

EINE KURZE PSYCHOLOGIE DER F+

Die F+ begann natürlich nicht erst mit Romcoms. Wie die meisten neuartigen Beziehungsformen wuchs sie zunächst im Untergrund. So wurde in der Schwulen- und Lesbenkultur der 1980er-Jahre immer offener mit sexuellen Freundschaften experimentiert.[21] Da den Queers* öffentliche und offizielle Partnerschaften verboten waren, blieb ihnen ohnehin nichts anderes übrig, als ihre intimen Verhältnisse unter dem Deckmantel von Freundschaften zu entwickeln. Die klare Trennung von Partnerschaft, Familie und Freundschaft basierte auf einer öffentlichen Ordnung, die sie von vornherein ausschloss. Queers haben ihre Beziehungen seit jeher offener und miteinander verbundener geführt, weil sie es so mussten. Während es in heterosexuellen Kreisen beispielsweise üblich ist, dass man sich nach der Trennung einer Partnerschaft nicht mehr sieht, neigen homosexuelle Menschen dazu, Freund:innen zu bleiben.[22] In marginalisierten und vor allem kleinen Communities müssen die Menschen zusammenhalten – als Freund:innen, (Ex-)Partner:innen und alles dazwischen oder daneben.

Unter heterosexuellen Menschen sprach man, wie bereits erwähnt, zwar schon seit den 1920ern von Sexualität unter Freund:innen, aber als weitverbreitete, öffentliche Praxis durfte das keineswegs gelten, selbst in den 1990ern noch nicht. Warum dauerte das so viel länger als bei den Queers? Natürlich gab es andere sexuelle Normen und Verbote, die mit der Ehe einhergin-

* Die Begriffe queer/Queers verwende ich im Folgenden als Sammelbegriff für alle nichtheterosexuellen Orientierungen sowie trans- und intergeschlechtliche Identitäten, auch wenn ich weiß, dass die Begriffe gänzlich anders verwendet werden können (und je nach Kontext auch sollten).

gen, die erst einmal hinterfragt werden mussten. Eine Arbeit, die queere Menschen nicht zu leisten hatten, im Gegenteil. Aber dass Sex und Freundschaft unter heterosexuellen Männern und Frauen viele Jahrzehnte nicht zusammengedacht wurden, liegt wahrscheinlich ganz einfach daran, dass heterosexuelle Männer und Frauen bis in die jüngste Vergangenheit kaum je befreundet waren.

Noch in den 1980er-Jahren wurde in der Freundschaftsforschung die gegengeschlechtliche »Freundschaft« nicht selten in Anführungszeichen geschrieben, um ihren außerordentlichen, ja fast abnormalen Charakter zu betonen. Die Realität von Freundschaften zwischen Frauen und Männern wurde entweder verleugnet, klein geredet oder mit psychopathologischen Kategorien belegt. Es war klar, dass heterosexuelle Frauen und Männer nicht oder nur mit Schwierigkeiten befreundet sein könnten, weil immer gewisse erotische Spannungen im Spiel seien, die eine Freundschaft verunmöglichten. Bis heute stehen diese Spannungen in fast allen Arbeiten zu gegengeschlechtlichen Freundschaften (»cross-sex friendships«) im Zentrum der Aufmerksamkeit. Von Homosexualität in gleichgeschlechtlichen Freundschaften fehlte lange Zeit jede Spur.[23] Es scheint wohl keine wichtige Frage zu sein, wie Freundschaften unter Homosexuellen möglich sein können oder wie unterschiedlich »sexuell orientierte« Freundschaften geführt werden. Immer geht es nur um heterosexuelle Männer und Frauen.

Als historisches Beispiel für die Wahrnehmung dieser »unmöglichen« Freundschaften möchte ich das Buch *On friendship* (1963) vorstellen.[24] Geschrieben hat es der seinerzeit zweifache Präsident der Internationalen Psychoanalytischen Vereinigung, Leo Rangell. In seiner Schrift zählt er zwei wahrlich interessante Bedingungen auf, unter denen allein eine »entsexualisierte« Freundschaft zwischen Mann und Frau existieren könne, sofern es sich nicht um eine »spärlich getarnte heterosexuelle Liebe«[25] handle, von der er offenkundig als Norm ausgeht.

Die erste Möglichkeit bestehe darin, dass die Freundschaft auf einem sogenannten »zielgehemmten *homosexuellen* Interesse« basiert.[26] Zielhemmung ist ein Begriff von Sigmund Freud, der in einer Vorlesung von 1933 über »zielgehemmte Triebe« sagt, dass sie »mit unzweideutigem Ziel (...) auf dem Weg zur Befriedigung haltmachen, so daß eine dauernde Objektbesetzung und eine anhaltende Strebung zu Stande kommt«[27]. Für Rangell bedeutet das im Klartext: Wenn man als Mann eine Frau kennenlernt, für die er kein erotisches Interesse hat, aber mit der er gerne befreundet wäre, hat er eigentlich nur eine homosexuelle Neigung, die er unterdrückt. Er verortet die Frau unbewusst als Mann und damit als »seinesgleichen«. Sein sexuelles Interesse kann sich am weiblichen Körper deshalb nicht manifestieren – sein freudianischer Sexualtrieb mit »unzweideutigem Ziel« macht vor dem Körper der Frau »Halt«. Diese verkappte Homosexualität ist nach Rangell der Grund dafür, dass ein Mann mit einer Frau dann auch eine nicht sexuelle Freundschaft führen kann. Wenn das die einzige Erklärung wäre, würden viele von uns wohl weiten Teilen ihres Freundeskreises homosexuelle Neigungen zuschreiben müssen. Glücklicherweise bietet Rangell noch ein weiteres Modell an:

Die zweite Möglichkeit einer »entsexualisierten« Freundschaft stellt er sich als Fortsetzung der Mutter-Sohn-/Vater-Tochter-Beziehung vor, die als symbolisch inzestuöses Verhältnis die sexuellen Triebe hemmt. Die Entsexualisierung der Eltern wird auf die gegengeschlechtliche Freund:in übertragen. Wer also hört, wie ein Mann über seine Freundschaft zu einer Frau sagt: »Sie ist wie eine Mutter oder Schwester für mich«[28] hat mit Rangell das richtige psychoanalytische Rüstzeug, um zu verstehen, warum der Mann deshalb mit der Frau befreundet sein kann. Er hält sich die Erregung vom Leib, indem er die Freundin für seine Mutter oder wahlweise seine Schwester hält.

Nach Rangell wird die sexuelle Spannung also entweder durch Homosexualität oder Inzest verdrängt und dann sublimiert, niemals aber gänzlich aufgehoben.[29] In *jeder* engeren Beziehung von Mann und Frau ist das Sexuelle mit anwesend.

Etwa ein Jahrzehnt später, 1974, erscheint die erste wissenschaftliche Abhandlung über gegengeschlechtliche Freundschaften.[30] Dass überhaupt Themen, die das Verhältnis von Männern und Frauen betreffen, akademisch aufgearbeitet wurden, geschah maßgeblich unter dem Einfluss von Frauen, im Fall der Freundschaftsstudie durch Elaine Hess.[31] Sie befragte etwa 800 Menschen über 45 Jahre, wie viele Freund:innen sie von welchem Geschlecht haben. Von allen aufgezählten Freundschaften war ungefähr jede sechste eine gegengeschlechtliche. Da die Studienteilnehmer:innen auch mehrere Freundschaften aufzählen konnten, stellt Hess fest: 72 Prozent der Befragten hatten *noch nie* eine Freundschaft mit einer Person des anderen Geschlechts.

In einem solchen sozialen Klima grenzt es an ein Wunder, wie nicht einmal eine Generation später der Psychologe Joel D. Block in seinem Ratgeberbuch *Friendship. How to give it, how to get it* (1980) auf die Sache schaut.[32] Auch wenn *Friendship* zumindest dem Titel nach dem Werk von Rangell ähnelt, offenbart der Inhalt einen viel freieren Blick auf Freundschaft. Es ist auch die erste Schrift, die explizit von »sexual friendship« – sexueller Freundschaft – spricht.[33] Unter der Überschrift »Exception to the Sexual Rule: Pillow Pals« (zu dt.: »Kissenkumpel«[34]) findet sich ein mehrere Seiten langes Kapitel, in dem für das Buch befragte Personen mit ihren sexuellen Erfahrungen innerhalb freundschaftlicher Bande zu Wort kommen dürfen. Ohne Urteil und ohne Kommentare. Und das in einer Zeit, in der nur 18 Prozent der von Block Befragten überhaupt je eine gegengeschlechtliche Freundschaft geführt haben – bei den Verheirateten nur sechs Prozent – und 40 Prozent sie komplett ablehnen.[35] Da

Block nicht davon ausgeht, dass man Freundschaft und Liebe in einer allgemeingültigen Definition scharf voneinander trennen kann, versucht er es auch nicht. Die Selbstberichte der Befragten sind ihm Zeugnis genug. Er fühlt empathisch dem Unbehagen nach, das während der Gesprächssituation besonders mit Verheirateten in der Luft lag, für die das Thema ein besonders delikates war und ist.

ORDNUNG IST DAS HALBE LEBEN: ÜBER DIE TERMINOLOGIE DER BEZIEHUNGSTYPEN

Fast durchgehend wird die sexuelle Freundschaft in der Forschung nicht primär als Freundschaft, sondern als Nicht-Beziehung beschrieben. Bis heute betonen Sexualwissenschaftler:innen die Nicht-Romantizität der F+. Stets benötigt die sexuelle Freundschaft einen entsprechenden Zusatz: platonisch, *casual*, ohne Commitment, nicht romantisch oder ohne partnerschaftliche Intimität. Das Konkurrenzverhältnis von Liebe und Freundschaft scheint so problematisch zu sein, dass es nicht ausreicht, wenn wir unsere Freund:innen lieben, mit ihnen Sex haben und es ganz einfach eine Freundschaft nennen.

Doch wie können wir vermeiden, die verschiedenen Beziehungsformen durcheinanderzubringen? Die verschiedenen Beziehungstypen unterscheide ich durch drei Faktoren:

1. ob man befreundet oder romantisch verpartnert ist.
2. ob sexuelle Intimität gepflegt wird.
3. ob man romantisch/sexuell exklusiv oder offen für Dritte ist.

Daraus ergibt sich folgendes Schaubild:

	Sexuell intim	Beziehung	Sexuell exklusiv	Romantisch exklusiv
Freundschaft	nein	befreundet	(keine Sexualität)	(keine Partnerschaft)
Monogamie	ja	verpartnert	ja	ja
offene Beziehung	ja	verpartnert	nein	ja
Polyamorie	ja	verpartnert	nein	nein
Freundschaft plus	ja	befreundet	ja/nein	(keine Partnerschaft)
Sexbeziehung	ja	keine	nein	(keine Partnerschaft)

In einer klassischen Freundschaft schlafen die Beteiligten nicht miteinander und lieben sich nicht romantisch. Deshalb ergeben sexuelle und romantische Exklusivitäten keinen Sinn. Das Gegenteil bildet die monogame Partnerschaft: Man hat Sex und liebt romantisch, beides exklusiv. Die offene Beziehung, so wie ich den Begriff verstehe, öffnet den sexuellen Teil der Partnerschaft. Ich habe also nur eine einzige Beziehung zu einem Menschen, den ich auch romantisch liebe – sexuell kann ich mich mit anderen verbinden. In der Polyamorie wird schließlich auch die Öffnung der romantischen Sphäre angestrebt. Die F+ unterscheidet sich von der offenen Beziehung und der Polyamorie dadurch, dass keine romantischen Liebesgefühle bestehen. Auch wenn ich nur wenige Beispiele kenne, kann eine F+ auch sexuell exklusiv sein, weshalb hier beide Optionen möglich sind. Die Abmachung lautet dann, dass man sich freundschaftlich darauf einigt, miteinander zu schlafen, aber sonst mit niemandem. Apropos Sex: Den kann ich schließlich auch mit Menschen haben, denen ich weder partnerschaftlich noch freundschaftlich verbunden bin. Das nennt man dann – etwas vulgär, aber wenigstens ehrlich – eine Sexbeziehung, die sich allein durch *casual sex*, also Gelegenheitssex auszeichnet.[36]

WAS IST CASUAL SEX?

In den meisten Fällen wird der sexuelle Umgang in einer F+ oder *friendship with benefits* zu etwas generalisiert, was sich im englischen Sprachraum *casual sex* nennt und im Deutschen mit Gelegenheitssex übersetzt wird.[37] In der Gelegenheit steckt eine situative Spontaneität – jetzt oder nie! Das klingt nicht gerade nach einer Beziehung, weshalb *casual sex relationship* nicht so recht übersetzbar ist, außer man findet Gefallen an der steifen »Gelegenheitssexbeziehung«. Der Begriff *casual* bedeutet nicht nur, dass man eine Gelegenheit ergreift, sondern auch etwas Gewöhnliches, nichts Besonderes eben. Bezogen auf Sex fragt man sich, warum man *casual sex* dann überhaupt haben sollte. Was wäre, wenn ich im Deutschen fragen würde, ob man nicht auch Lust hätte auf völlig gewöhnlichen, keineswegs besonderen Sex. Man hört die Erregung förmlich knistern! Warum wird der Begriff dennoch verwendet?

Dem *casual sex* wohnt eine gewisse Beiläufigkeit inne, er macht den Sex zu einer Nebensache, mit der keinerlei emotionale Erwartungen oder soziale Verpflichtungen einhergehen. Die Bezeichnung *casual* zielt eigentlich auf genau diese Ungebundenheit ab, weshalb der Titel einer der beiden Romcoms im Englischen *No Strings Attached* heißt, was bedeutet: »nichts Ernstes« oder »an keine Bedingungen geknüpft«. Mit den völlig ungebundenen, oft einmaligen sexuellen Begegnungen sind zwei weitere Begriffe aus dem US-amerikanischen Sprachraum verbunden, die mittlerweile auch in den deutschen eingegangen sind: Hookups und One-Night-Stands (ONS). Ersteres bezeichnet eine weitverbreitete Praxis an US-amerikanischen Colleges, in der zumeist starker Alkoholkonsum und schneller nicht romantischer Sex häufig wechselnder Partner:innen zusammenkommen.[38] Der One-Night-

Stand, im Wortsinn eigentlich eine »einmalige Bühnenaufführung«, bildet als einmalige sexuelle Begegnung oft einen Teil eines Hookups. Im Deutschen existieren dafür keine guten Begriffe, für ONS sagt man vielleicht am ehesten noch Seitensprung. Doch wovon wird eigentlich »zur Seite« gesprungen? Natürlich von der festen, romantischen Beziehung. Während Singles ohne Probleme einen ONS haben können, fällt es schon schwerer zu verstehen, was für sie ein Seitensprung sein soll. Die Normalität der romantischen Beziehung bildet auch den Ausgangspunkt des »Abenteuers« oder »Techtelmechtels« (von österreich. *tachti*: geheim). Geheim ist auch die Affäre, aus dem Französischen (*affaire*) am besten mit einer delikaten »Angelegenheit« oder »Sache« zu übersetzen, die aber anders als der übrige Gelegenheitssex eine gewisse Form der Verbindlichkeit hat, insofern man sie über längere Zeit mit einer festen Person verfolgt. Doch egal wie man es dreht und wendet – im Deutschen ist der Gelegenheitssex begrifflich enger mit der monogamen Beziehung verbunden als im Englischen. Ein ONS, der einfach völlig losgelöst von dem jeweiligen Beziehungsstatus der Beteiligten stattfindet (und ihn auch nicht anzeigt), gibt es als Begriff im Deutschen nicht, weshalb in der Regel die englische Alternative verwendet wird.

In den letzten Jahren haben sich im englischen Sprachraum noch weitere *casual sex relationships* herausgebildet, die sich leicht voneinander unterscheiden.[39] Neben einem ONS, der in der Regel zwischen Menschen passiert, die sich nicht kennen, setzt ein *Booty Call* (von engl. *booty* – Arsch) voraus, dass sich beide kennen. Man ruft sich gelegentlich spontan an, um sich zum Vögeln zu verabreden. Je regelmäßiger diese Treffen sind, desto eher könnte man von *Fuck Buddies* sprechen. Die *Friends with Benefits* verschieben schließlich das Zentrum der Beziehung hin zu einer Freundschaft. Aus den vier Beziehungen folgt eine Art Dramaturgie, die natürlich nicht eingehalten werden muss: Aus einem guten One-Night-Stand können sich mehrere Booty-Calls entwickeln, man wird schließlich zu festen Fuck-Buddies, bis sich eine emotionale Intimität einstellt und der Sex nur eine Möglichkeit unter vielen wird, miteinander Zeit zu verbringen, sodass man effektiv eine F+ führt.

Für uns ist wichtig festzuhalten, dass die ersten drei Beziehungsformen nur unter dem Ausschluss freundschaftlicher Gefühle erfolgen, weshalb sie nach der obigen Tabelle als reine Sexbeziehungen gelten müssen. Die F+ geht einen Schritt weiter, sie übersteigt den Sex und führt zu einer echten, freundschaftlichen Beziehung. Die vier genannten *casual sex relationships* gehen zwar ineinander über, sind aber doch relativ klar voneinander getrennt. Allerdings variiert die Wahrnehmung dieser Trennung nach Geschlecht. Die Psychologinnen Jocelyn Wentland und Elke Reissing legten Männern und Frauen knappe Definitionen der Beziehungstypen vor, jedoch ohne Hinweis darauf, welche der vier Beziehungstypen da gerade beschrieben wurden. Die Proband:innen wurden gebeten, die Definitionen[40] den entsprechenden Beziehungstypen zuzuordnen. Interessanterweise wählten Frauen in allen Fällen öfter die korrekte Antwort.[41] Die Studie begründete den Geschlechterunterschied damit, dass für Frauen der Gelegenheitssex eine risikoreichere Angelegenheit sei (bspw. durch ungewollte Schwangerschaft, erhöhtes Risiko sexueller oder sexualisierter Gewalt, Stigmatisierung). Deshalb müssten sie ein feineres Gespür für die jeweilige sexuelle Beziehung ausbilden, was für Männer nicht mit derselben Dringlichkeit gelte. Sexuelle Beziehungen – und damit auch Gelegenheitssex – werden in patriarchal geprägten Gesellschaften von Frauen und Männern offensichtlich anders erlebt. Eine F+ kann nur dann gelingen, wenn über die unterschiedlichen Erfahrungen und Erwartungen offen gesprochen wird.

Auch wenn die F+ von anderen sexuellen Beziehungsformen abgegrenzt werden kann, bedeutet das noch lange nicht, dass eine F+ gleich eine F+ ist. Menschen haben die unterschiedlichsten Gründe, eine solche Beziehung einzugehen. Es gibt einen Unterschied, ob ich als Single oder in einer Partnerschaft eine F+ führe oder führen möchte. Sexuelle Freundschaften, die aus beendeten Beziehungen entstehen, sind natürlich nicht mit jenen gleichzusetzen, die vor allem geführt werden, um eine:n der beiden Beteiligten zu einer romantischen Paarbeziehung zu bewegen. In manchen F+ steht das sexuelle Miteinander im Vordergrund, bei manchen die Freundschaft, die durch gelegentlichen Sex ergänzt wird. Diese verschiedenen Fälle wurden empirisch untersucht:[42] In etwas über einem Drittel handelt es sich um »echte« Freundschaften, also weder eine nur auf Sex ausgerichtete Beziehung noch eine angehende Partnerschaft (beides ca. ein Viertel). Jede zehnte bis elfte F+ entstand aus einer ehemaligen romantischen Beziehung. In keinem der Fälle treten größere Geschlechterunterschiede auf, allerdings neigen Männer etwas öfter zu reinen Sexbeziehungen und Frauen eher zu stärker freundschaftlich geprägten Beziehungen.

Wenn wir über sexuelle Freundschaften reden, müssen wir also auch über die Revolte der Geschlechterverhältnisse und den tiefgreifenden Wandel unserer Vorstellungen von Sexualität oder Liebe sprechen. Von diesen Revolten sind selbst Menschen betroffen, die gar keine Absicht hegen, eine F+ zu führen. Es sind Revolten, die insbesondere die Lebens- und Liebesweisen der cisgeschlechtlichen*, binären, heterosexuellen Mehrheitsgesellschaft[43] herausfordern, erweitern, umstürzen und infrage stellen. Deshalb lege ich in diesem Buch auch ein Augenmerk auf heterosexuelle Beziehungen, die sich im Westen in den letzten

* *cis* ist ein sexualwissenschaftlicher Begriff, den der Sexualmediziner Volkmar Sigusch eingeführt hat, und meint das Gegenteil von trans(-geschlechtlich). Alle Menschen, die nicht trans sind, sind also per Definition cis. Es handelt sich hierbei um eine analytische Fremdbezeichnung und nur in seltenen Fällen um eine Selbstbezeichnung.

Dekaden so grundlegend verändert haben. Über Jahrhunderte hinweg war der heterosexuelle Sex ethisch fest in die christliche Ehe eingebettet, also in eine monogame Zweierbeziehung zwischen Mann und Frau. Der wichtigste Markstein, der Freund- und Partner:innen trennte, war der Sex. Plötzlich taucht nur unter wenigen kulturellen Vorzeichen auch bei Heterosexuellen eine Beziehungsform auf, in der Freundschaft und Sexualität zusammengedacht werden, für die in den 1990ern überhaupt erst ein Begriff gefunden wird. Die F+ schafft neben neuen Freiheiten des Beziehungslebens auch neue Unsicherheiten. Aber ich glaube fest daran, dass feministische und homosexuelle Praktiken dabei helfen können, den Wandel der Heterosexualität emanzipatorisch zu gestalten.

Auch wenn ich mich auf heterosexuelle Beziehungsweisen[44] konzentriere, lässt sich auch für uns Queers viel lernen. Die meisten von uns sind in einer genauso konventionell sexistisch geprägten Welt aufgewachsen wie alle anderen auch, inklusive mir selbst. Wir sind an Grenzen gestoßen, haben Diskriminierung erfahren, haben daraus gelernt und Gleichgesinnte, Solidarität und Halt gefunden. Aber Geschlechtsprägungen und heterosexuelle Beziehungsideale sitzen tief in allen sozialen Interaktionen, auch bei queeren Menschen. Es hilft immer wieder, sie zu reflektieren, zu kritisieren, an sich selbst festzustellen, um sie vielleicht auch gemeinsam zu durchbrechen.

Ich habe sexuelle Freundschaften als kräftigend und als heilsam erfahren. Deshalb möchte ich ein Bewusstsein dafür wecken, welche Möglichkeiten wir haben, unsere Freundschaften zu führen. Ich wünsche mir, dass die sexuelle Freundschaft zu einer Beziehung wird, die ihrer Risiken und Wunder gewahr ist, zu einer Beziehung, die aus ganzem Herzen genossen und geachtet werden darf. Ich möchte außerdem eine Sensibilität für die Voraussetzungen der F+ schaffen, weil diese besondere Beziehungsform erst durch zahlreiche politische, kulturelle und ethische Wandel möglich wurde. Es handelt sich um tiefgreifende gesellschaftliche Veränderungen, die uns alle etwas angehen.

Die Revolte unserer engsten Beziehungen zieht die einstmals starre Linie zwischen *entweder* Freundschaft *oder* Partnerschaft neu. In den letzten Jahrzehnten fiel die alte Unterscheidung zwischen Partnerschaften, innerhalb derer Sexualität erlaubt ist, und Freundschaften, in denen das nicht der Fall war, für viele Menschen offenkundig weg. Feministische Bewegungen sorgten dafür, dass klassische Rollenbilder romantischer, heterosexueller Beziehungen an Relevanz verloren: Partnerschaften sollen heute auf Augenhöhe verhandelt werden, wie es in Freundschaften üblich ist.[45] Schließlich spielt die Geschlechtlichkeit in Freundschaften eine geringer werdende Rolle. Männer sind mit Frauen, Frauen mit Männern befreundet.[46] Kurz gesagt: Der Sex bewegte sich von der Partnerschaft in die Freundschaft, die Gleichheit von der Freundschaft in die Partnerschaft.

Deshalb verwundern die empirischen Befunde aus den USA kaum, die gegen eine scharfe Trennung sprechen: Eine Mehrheit der Befragten findet ihre Partner:innen im Freundeskreis,[47] und in einer Umfrage der Monmouth University gaben 83 Prozent an, dass sie ihre derzeitige Partner:in als »best friend« ansehen.[48] Worin besteht also der Unterschied zwischen beiden Beziehungsformen? Vielleicht ist die Frage falsch gestellt – und es gibt mehrere Dimensionen, in denen Freundschaften und Partnerschaften verschieden sind. Eine mögliche Auswahl bietet die Psychologin Theresa DiDonato an. Die folgenden Faktoren seien in einer Partnerschaft wesentlich ausgeprägter als in einer Freundschaft:[49] gemeinsame Ziele, Zeit und Aufmerksamkeit, gegenseitige, bewusst vertiefte Abhängigkeit, ein positives Bild d:er Anderen, Einfluss aufeinander und gegenseitige Verbindlichkeit. Ob beabsichtigt oder nicht, wirkt nach dieser Theorie die Partnerschaft wie eine besonders tiefe Freundschaft. Die rein psychologische Herangehensweise blendet alle sozialen Faktoren aus, welche eine Beziehung oder das freundschaftliche bzw. romantische Liebesgefühl prägen und voneinander unterscheidbar machen. Aber was soll es heißen, dass die Liebe »sozial geprägt« wird? Wenn sich die Liebe und Zuneigungen zu Freund:innen von der zu Partner:innen unterscheiden – was bedeutet dann eigentlich Liebe?

2.

DIE SACHE MIT DEN GEFÜHLEN

»[W]omit kann man spielen
und wie ein Spiel erfinden?«[1]

Michel Foucault

Bei fast allen Menschen, mit denen ich über sexuelle Freundschaften rede oder denen ich als Podcaster:innen zuhöre, kommt ein zentrales Problem zur Sprache: das Problem der Liebe. Es wird die Meinung vertreten, dass man sich in einer F+ eher verliebe als in einer nicht sexuellen Freundschaft. Das muss natürlich kein Problem sein, immerhin ist die Fähigkeit, sich zu verlieben, eines der schönsten Dinge, derer Menschen überhaupt fähig sind. Meine eigene Partnerschaft hat sich aus einer F+ entwickelt – es war eine langsame und vertraute Bewegung aufeinander zu, in der freundschaftliche Liebe schließlich zu einer romantischen strebte. Gleichzeitig gibt es genug Freundschaften, die als Freundschaften erhalten bleiben sollen, um eben nicht in eine Partnerschaft zu kippen. Die F+ erscheint dann als gefährliches

Spiel mit dem Feuer der Leidenschaft. In Freundschaften, in denen die Freund:innen nicht miteinander schlafen, scheint das »Risiko« der Liebe kein so präsentes Thema zu sein. Wenn der einzige Unterschied zwischen einer sexuellen und einer nicht sexuellen Freundschaft in gemeinsam erlebter Lust besteht, muss die Liebe folglich durch den Sex leichter hervorgerufen werden. Und in der Tat: Bei vielen Menschen löst Sex starke Emotionen aus.[2] Körperliche Intimitäten wecken – wenn es gut läuft – Gefühle der Zuneigung und Bindung, des Geborgenseins und Gehaltenwerdens. Die Lust reicht tief und geht uns etwas an. In der Erregung sind wir durchlässig für körperliche Affekte und Emotionen. Unter welchen Umständen verstärkt Sex eine romantische bzw. freundschaftliche Liebe oder ruft sie sogar hervor? Was unterscheidet freundschaftliche und partnerschaftliche Zuneigung, wenn das sexuelle Begehren überall wachsen und sich entfalten darf?

Die intimen Verbindungen von Liebe, Lust und Partner- bzw. Freundschaft sind weder in Stein gemeißelt noch in jeder Beziehung notwendig. Natürlich können wir mit Leuten schlafen, ohne sie in einem romantischen oder freundschaftlichen Sinne zu lieben – aber wir können Menschen auch leidenschaftlich lieben, ohne mit ihnen zu schlafen. Unsere körperlichen Begehren und emotionalen Bedürfnisse müssen nicht übereinstimmen.[3] Die Psychologin Lisa Diamond geht einen Schritt weiter und vertritt die Ansicht, dass sowohl romantische Liebe als auch anfängliche Verknalltheit völlig ohne sexuelles Begehren auskommen können. Nur weil ich einen Crush auf jemanden habe, bedeutet es nicht zwangsläufig, dass ich mit diesem Menschen auch sexuell intim sein möchte, wovon asexuelle Menschen ein Lied singen können. (Solche platonischen, aber doch romantischen Freundschaften[4] sind historisch ausführlich beschrieben, insbesondere zwischen Frauen – Männer hingegen mussten sich seit jeher stärker von der Leidenschaftlichkeit in Männerfreundschaften abgrenzen, um dem Verdacht der Homosexualität zu entgehen.[5]) Lust ohne Liebe ist also ebenso möglich wie Liebe ohne Lust.

Gleichzeitig lässt sich nicht abstreiten, dass beide aufeinander einwirken. Dass aus sexueller Lust emotionale Liebe entstehen kann, untermauert die Psychologin Gurin Birnbaum mit evolutionsbiologischen Argumenten: Für Menschen sei es sinnvoll, sich romantisch an ihre Sexualpartner:innen zu binden, um im Falle einer Schwangerschaft die gemeinsame Sorge des Nachwuchses sicherzustellen. Die sexuelle Attraktivität könne also auch als Anzeichen »romantischer Kompatibilität« verstanden werden.[6] Wie so oft in der Evolutionsbiologie liegt hier ein starker Fokus auf Fortpflanzung und damit auf heterosexuellen Beziehungen. Birnbaum konnte allerdings für hetero Frauen und Männer empirisch zeigen, dass mit sexueller Attraktivität auch das romantische Interesse an einer Person steigt und das romantische Interesse des Gegenübers höher eingeschätzt wird.[7]

Und es geht auch andersherum: Aus liebevoller Zuneigung kann sexuelles Begehren erwachsen.[8] Lisa Diamond diskutiert diese Fähigkeit unter dem Begriff der »sexuellen Plastizität«[9], die besonders gut für Frauen belegt ist, was wahrscheinlich an der stereotyp weiblichen Geschlechtsprägung liegt, die das emotionale Ideal »Kein Sex ohne Liebe« hochhält. Neuerdings wird ein solches Verhalten geschlechtsneutraler unter dem Stichwort der »Demisexualität« verhandelt, was aussagt, dass der Wunsch nach körperlicher Nähe nur auf Grundlage einer zugewandten, emotionalen Bindung entsteht. Lust und Liebe verhalten sich demnach auf alle möglichen Weisen zueinander: Sie können getrennt oder gemeinsam erscheinen, Liebe kann aus Lust entstehen und andersherum – und das gilt für Partnerschaften ebenso wie für Freundschaften.

Hinzu kommt, dass sowohl romantische als auch freundschaftliche Beziehungen auf vergleichbare Weise beginnen können, weshalb man heutzutage ja nicht nur von einem *crush*, sondern auch von einem *friends crush* redet. Man ist in neue Freund:innen wortwörtlich verknallt. In einer Studie an jungen Erwachsenen wurde die Verschiedenheit von *falling in love* und *falling in friendship* anhand bestimmter Faktoren erfragt, die sich an den entscheidenden Punkten aber nur graduell unterschieden. Beiden Beziehungen waren Qualitäten der gegenseitigen Wertschätzung, der charakterlichen Ähnlichkeit oder des Wunsches nach Nähe gemein.[10]

Ist die Liebe zwischen Freund:innen und Partner:innen also wirklich so ähnlich? Das Verknalltsein findet ja vor allem zu Beginn einer Beziehung statt. Im späteren Verlauf kann sich vieles ändern. Um die Arten der Liebe in diesem Kontext etwas präziser zu definieren, hilft die Dreieckstheorie der Liebe des Psychologen Robert Sternberg.[11] Er unterteilt Liebe in drei Aspekte: Intimität, Leidenschaft und Commitment. *Intimität* weist auf die Nähe oder Verbundenheit zur anderen Person hin, sie spannt eine emotionale Dimension auf. Die *Leidenschaft* wiederum steht für physische Anziehung, sexuelles Begehren und heftige romantische Gefühle. Sie kann den motivationalen Anteilen der Liebe zugewiesen werden. Beim *Commitment* handelt es sich eher um eine kognitive Komponente der Liebe, die betont, wie entschlossen man sich dazu entscheidet, sich an eine geliebte Person zu binden. Je nachdem, wie stark die Elemente des Dreiecks ausgeprägt sind, stellt Sternberg verschiedene Arten der Liebe auf. Die Freundschaft definiert er dabei als hoch intime Beziehung, die ohne Leidenschaft und Commitment auskommt.* Da es in diesem Buch um sexuelle Beziehungen geht, betrachte ich ansons-

* Commitment ist hier nicht allgemein als Verbindlichkeit zu verstehen, da natürlich auch Freundschaften äußerst verbindliche Beziehungen sind. Commitment bezieht sich bei Sternberg eher auf die Entscheidungen, die den Lauf des eigenen Lebens beeinflussen. Eine Beziehung ist commitet, wenn sich das Paar gemeinsam als ein »Wir«, als eine gelebte partnerschaftliche Einheit in die Zukunft hinein entwirft und dieser Zukunft gemäß handelt.

ten nur die Formen der Liebe, in denen der Faktor Leidenschaft eine Rolle spielt. Das Einzige, was schwankt, sind also Intimität und Commitment.

In der Phase der *Verknalltheit* erscheint alles als frisch, neu und aufregend – zwischen den beiden Beteiligten kann noch keine große Intimität entstanden sein, da sie einfach Zeit braucht, um sich zu entwickeln. Durch die Ungewissheit der Situation bleibt auch das Commitment auf einem niedrigen Level. Bei der *romantischen Liebe*, die für Sternberg ein fortgeschrittenes Stadium darstellt, wurde die Leidenschaft durch Intimität ergänzt, es besteht also eine emotionale Verbundenheit. Sternberg sieht die *törichte Liebe*[12] in der stereotypen Hollywood-Romanze verwirklicht: Ein Paar trifft sich an Tag X, zwei Wochen später folgt die Verlobung, im Monat darauf die Heirat. Natürlich geht es heiß her, inmitten der Verknalltheit setzt man auf volles Commitment, aber es folgt aus der Leidenschaftlichkeit der Situation und nicht aus einer längerfristig erworbenen Intimität. Vielleicht kennt ihr auch ein paar Paare, die frisch verknallt sofort zusammenziehen wollen – das wäre mit Sternberg auch eine *törichte Liebe*. Deshalb sei sie zum Scheitern verurteilt. Ganz anders steht es mit der *vollendeten Liebe*, die als ein Bindungsgefühl angesehen werden kann, das aus einer langfristigen, romantischen Liebe entsteht. Das Paar hat Situationen erlebt, die Nähe und Zusammenhalt stiften, in denen sich beide unterstützt, verstanden und wertgeschätzt fühlen, die also kurzum von tiefer Intimität zeugen.

Im Schema von Sternberg nimmt die sexuelle Freundschaft einen eigentümlichen Platz ein. Da Sternberg Freundschaft ausschließlich durch Intimität definiert, würde sie sich sofort in eine romantische Liebe verwandeln, wenn sie durch Leidenschaft ergänzt wird. Je stärker eine sexuelle Freundschaft auf die eigenen Lebensentscheidungen einwirkt, je verbindlicher die Beziehung also ist, desto mehr entspricht die F+ in allen drei Kriterien der *vollendeten Liebe*. Es gibt keinen Unterschied zwischen ihr und einer Partnerschaft.

Wenn ich also meine Freund:innen ebenso lieben kann wie meine Partner:innen, ja mich sogar in sie verknallen kann, und wenn diese Liebe in den Wunsch nach körperlicher Nähe umschlagen kann, dann ist das sexuelle Begehren in Freundschaften nicht mehr unbedingt vom Geschlecht der Freund:innen abhängig. Plötzlich ver-queeren sich die Verhältnisse. Funktioniert eine F+ auch ohne »passende« sexuelle Orientierung der Freund:innen? Was wäre, wenn man die F+ als Beziehung entwerfen könnte, die eine Sexualität abseits der Matrix sexueller Orientierungen bildet? Eröffnet die F+ vielleicht einen »befreiten« Ort für diese »reine« Sexualität? Was passiert, wenn wir Körper begehren wollen, auf die wir eigentlich gar nicht stehen – ganz einfach, weil es Körper von Menschen sind, die wir innig und leidenschaftlich als Freund:innen lieben? Wie verändert das den Sex? Dann wäre er nichts als ein Ausdruck tiefer Liebe. Aber funktioniert Sex überhaupt ohne sexuelle Orientierung?

Immerhin sprechen wir von *Orientierungen* und nicht von fixen Lustpunkten, sodass mit der sexuellen Orientierung mehr eine grobe Richtung angezeigt wird, in die das Begehren weist. Aber im Einzelfall ist damit nicht viel gewonnen. Menschliche Körper sehen so verschieden aus, dass die Unterschiede innerhalb eines Geschlechts ebenso groß ausfallen können wie jene zwischen den Geschlechtern. Nur weil ich schwul bin, heißt das ja nicht, dass ich deshalb auf *alle* männlichen Körper auf diesem Planeten stehe. Einer der ideologischen Grundpfeiler des Heterosexismus liegt aber genau in dieser Annahme: dass je nach Orientierung eine grundsätzliche sexuelle Spannung zum begehrten Geschlecht besteht.[13] Egal welche heterosexuelle Frau mit einem heterosexuellen Mann in einen Raum gesteckt wird, beide befinden sich immer in einem potenziell erotischen Verhältnis. Die gleiche Totalisierung des geschlechtlichen Begehrens wird auf

Homosexualität übertragen, wenn heterosexuelle Männer in Schwulenclubs ihrer Meinung nach »mit dem Arsch an der Wand stehen müssen«, also allein kraft ihres Mannseins potenziell von *allen* schwulen Männern gevögelt werden wollen. In Wirklichkeit erweisen sich solche Setzungen als völlig realitätsfern. Niemand möchte – auch nicht der Möglichkeit nach – mit jede:r schlafen, nur weil das Gegenüber der eigenen sexuellen Orientierung entspricht. Die einen präferieren mehr Haare auf dem Kopf, die anderen mehr auf der Brust, die Dritten achten eher auf Schuhgröße und Nasenform. Die Maskulinität, die aus einem schwulen Begehren heraus als attraktiv empfunden wird, kann je nach Individuum so vielfältig ausfallen, dass man aus dem reinen Fakt des »Schwulseins« konkret so gut wie gar nichts schließen kann. Und ich spreche hier noch nicht einmal vom Charakter, sondern nur von körperlichen Ausprägungen. Ein großer Teil des sexuell-sinnlichen Umgangs ist ohnehin wenig geschlechtlich geprägt: Die Schwere der Körper, die Wärme der Haut, die Zärtlichkeit der Berührung – sie finden ihren Ort jenseits der Kategorien von Mann oder Frau.

Schließlich wandelt sich mit der Zeit auch das, was man als sexuell attraktiv empfindet. Passenderweise kommt die »Orientierung« vom Orient – für den Westen also Osten –; der Ort, an dem die Sonne aufgeht. Und das tut unser Stern je nach Jahreszeit immer ein wenig woanders. So steht es auch mit der sexuellen Orientierung. Sie verortet das eigene biologisch-geschlechtliche Begehren, doch verändert sich das im Lauf des Lebens.[14] Die menschliche Sexualität kommt sehr wohl ohne (fixe) Orientierungen aus. Ich glaube nicht, dass die gröbstmögliche aller Kategorisierungen, die Zweiteilung in männlich/weiblich, das menschliche Begehren auch nur annähernd ausreichend abbildet. Wir sollten nach anderen Formen über das binäre Geschlechtersystem hinaus suchen, um die Orientierung unserer Begehren zu kategorisieren (sofern man das überhaupt will).

Weder die Anfangsphasen zwischen Freundschaft und Liebe noch eine Abgrenzung verschiedener Liebesarten konnte dabei helfen, die Unterschiede zwischen beiden Beziehungsformen – geschweige denn die Rolle der Sexualität in ihnen – zu verdeutlichen. Schließlich sorgte die Fluidität der Begehren über Geschlechter und Lebensphasen hinweg für weitere Verwirrung. Nichts steht mehr fest.

Ich möchte deshalb dazu ermutigen, diese Offenheit als etwas Wunderbares anzuerkennen. Freundschaft, Sex und Liebe genügen keinen Formeln. Menschliche Beziehungen lassen sich nicht auf starre Muster oder einfache Rezepte reduzieren. Lust, Liebe und Zuneigung teilen sich nicht in zwei Teile, die strikt voneinander getrennt in die Bereiche »Freundschaft« und »Partnerschaft« fallen. Es fällt nicht immer leicht, durch diese Gewässer zu navigieren. Aber in der Offenheit möglicher Verbindungen liegt eine zärtliche Vielfalt, auf neue und aufregende Arten zu lieben.

Vielleicht müssen wir, um Emotionen im Kontext der F+ besser zu verstehen, gleichzeitig eine Ebene »tiefer« in den biologischen Körper hineinsteigen und die Sache eine Ebene »höher« aus der Perspektive des Sozialen betrachten. Durch die Biologie kann sichergestellt werden, dass ich nicht in eine Beliebigkeit der Kulturen abgleite, in der mehr denkbar ist als real möglich. Die soziale Sicht wiederum bindet mich an die gesellschaftliche Welt im Hier und Jetzt, welche den Messungen am Körper überhaupt erst Bedeutung und Sinn verleiht – Hormone oder Hirnströme haben ja keinen Sinn »an sich«.

Den beiden Anforderungen der biologischen und gesellschaftlichen Ebene genügt die »Theorie der konstruierten Emotionen« der renommierten Neuropsychologin Lisa Feldman Barrett.[15] Sie eignet sich besonders gut, körperlich erfahrbare Emotionen (zu denen auch die Liebe gehört) aus einem sozialen Verhältnis heraus zu erklären. Im westlichen Denken werden Emotionen in der Regel der Vernunft entgegengesetzt. Zwar ist seit einer Weile auch wissenschaftlich belegt, dass rationales Denken und emotionales Fühlen keineswegs so scharf voneinander unterschieden werden können, dennoch weist die Trennung auf die starke körperliche Verankerung von Emotionen hin. Während das Denken sich nicht auf eine gewisse Weise anfühlen muss, erleben wir manche Emotionen von Kopf bis Fuß. Feldman Barretts Theorie setzt also zunächst bei den einfachsten körperlichen Empfindungen an, den elementaren Bausteinen unserer sinnlichen Wahrnehmung. **Empfindungen** bestimmt sie als einzelne Signale und Reize, die ein Körper zu einem Moment an einer bestimmten Stelle an sich feststellt. Das Gefühl von Lampenfieber lässt sich zum Beispiel in einzelne Empfindungen auflösen: Meine Atmung und mein Herzschlag sind höher, ich fühle das Blut durch meine roten Ohren strömen. Einige dieser Empfindungen werden bloß bewusst, andere können außerdem von sogenannten **Affekten** begleitet sein. Sie werden dann als lustvoll oder unangenehm, als angespannt oder entspannend erlebt.[16] Ein voller Magen kann sich nach einem leckeren Essen zum Beispiel lustvoll-entspannt anfühlen. Wenn das Essen zu schwer und fettig war, dann eher unangenehm-gespannt.[17] Alle bewussten Empfindungen und Affekte des Körpers zu einem bestimmten Moment bezeichnet Feldman Barrett als **Gefühl**. Der Körper präsentiert der Psyche seinen Zustand – und damit auch den seiner Sinnesorgane – als Gefühle. Gefühle geben Auskunft darüber, wie sich ein Körper zu einem bestimmten Zeitpunkt anfühlt. An sich tragen sie keine weiteren Informationen. Erst wenn Gefühle in den Kontext einer Situation gesetzt werden, in der sie entstehen, spricht Feldman Barrett von **Emotionen**. Emotionen verleihen körperlichen Gefühlen also eine soziale Bedeutung.

Wir sind es im Alltag gewohnt, Gefühl und Emotion synonym zu gebrauchen. Doch um die Komplexität der Liebe in Partnerschaften und Freundschaften zu verstehen, hilft die von Feldmann Barrett vorgeschlagene begriffliche Trennung ungemein.

Liebe lässt sich jetzt auf zwei Weisen verstehen: einmal als *Gefühl* und einmal als *Emotion*. Liebes*gefühle* gehen vor allem zu Beginn von romantischen Beziehungen mit vielen Affekten einher: Da sind die Schmetterlinge im Bauch, ein wild pochendes Herz, um das es eine:r ganz warm wird, wenn d:ie Geliebte in der Nähe ist. Doch Liebe wird natürlich nicht nur empfunden, wenn man verknallt ist. Liebe empfindet man auch seiner Familie gegenüber, man liebt Haus- und Kuscheltiere, Kinder und Freund:innen. Liebe als Gefühl zeigt sich in einer starken Zuneigung und dem Wunsch nach Nähe – und das gilt für alle gerade genannten Beispiele. Liebe als *Emotion* hingegen erhält ihren Inhalt erst durch die soziale Bedeutung, die die verschiedenen Beziehungen für eine:n haben. Die Liebe zu meiner Mutter bedeutet etwas anderes als die Liebe zu meiner besten Freundin, auch wenn ich beiden nah sein möchte und sie vom Grunde meines Herzens liebe.

Doch worin besteht der Sinn von Emotionen, wenn der Körper schon so etwas wie ein Gefühl an sich feststellt? Wäre das nicht eine unnötige Dopplung? *Fühle* ich denn nicht sofort, dass ich meine Freund:innen emotional anders liebe als meine Partner:innen? Ähnliche Fragen stellen sich auch bei anderen Emotionen: *Fühlt* es sich nicht auf ganz eindeutige Weise an, wenn ich emotional wütend bin, müde oder aufgeregt, angeekelt oder froh? Das setzt voraus, dass ein ganz bestimmtes körperliches Gefühl identisch mit einer ganz bestimmten Emotion ist. Eine Emotion würde sich dann unabhängig von der jeweiligen Situation immer genau gleich anfühlen.

Wenn wir also von einer unterschiedlichen Liebe zu Freund:innen, Sexual- oder romantischen Partner:innen sprechen, dann sollten sich die verschiedenen Emotionen auch körperlich verschieden anfühlen. Aber ist das wirklich so?

WIE EINDEUTIG SIND EMOTIONEN AUF EINER KÖRPERLICHEN EBENE?

In den 1970er-Jahren popularisierte der Psychologe Paul Ekman die Theorie der »Basisemotionen«. Ekman vertritt die Ansicht, dass es Emotionen gibt, die kulturübergreifend durch bestimmte Gesichtsausdrücke erkannt werden können. Ein bestimmter körperlicher Zustand weist über alle Zeiten und Kulturen hinweg Eigenschaften auf, die einer bestimmten Emotion zugeordnet werden können. Jede Emotion trägt eine spezifische körperliche Signatur.

Natürlich weiß Ekman, dass Emotionen stark kulturell geprägt sind. Wenn ich mich zum Beispiel »sexy« fühle, dann fühle ich eine Emotion, die erst seit dem 20. Jahrhundert existiert. Ebenso steht es um Emotionen wie »Torschlusspanik« oder »Wanderlust«, die es außerhalb des deutschen Sprachraums nirgendwo gibt. Deshalb fokussierte sich Ekman auf (zunächst) sechs basale Emotionen, die sprachlichen oder kulturellen Niederschlag in jeder Gesellschaft auf der Welt haben.

Sie lauten: Wut, Furcht, Ekel, Überraschung, Freude, Trauer. Ekman legte den Proband:innen zu Fotos passender Gesichtsausdrücke eine Liste mit den Basisemotionen vor, die dann korrekt zugeordnet werden sollten.[18] Um zu prüfen, ob Emotionen universell sind, wurden auch zahlreiche nichtwestliche Länder besucht – was die Trefferrate allerdings signifikant absinken ließ. In einer Metastudie von 2002, die fast 90 Basisemotionsstudien zusammenfasst, konnten deutliche Unterschiede in den korrekten Antworten gemessen werden, je nach ethnischer Herkunft der dargestellten Gesichter und befragten Personen. Im Schnitt liegen nicht einmal zwei Drittel der zugeordneten Emotionen korrekt.[19] Wird den Proband:innen keine fertige Liste an Emotionen zu den Gesichtern vorgelegt, sondern freie Zuweisung erlaubt, sinkt der Wert selbst im Westen auf nur noch 58 Prozent korrekter Zuordnung. Wenn auf Wörter ganz verzichtet wird und verschiedene Menschen mit gleichen Gesichtsausdrücken wie eine Art »Emotionsmemory« miteinander gematcht werden müssen, liegt die Trefferquote bei gerade einmal 42 Prozent.[20]

Natürlich gibt es nicht nur Gesichtsausdrücke, um Emotionen festzustellen. In zahlreichen Untersuchungen wurde gemessen, ob spezifische Zustände des Körpers, die wissenschaftlich »Biomarker« genannt werden, mit bestimmten Emotionen korrelieren.[21] Für die bis dato größte Metastudie, welche die Ergebnisse aller vorangegangenen Forschungen zusammenfasst, wurden insgesamt 223 Forschungsarbeiten mit 22 000 Proband:innen ausgewertet.[22] Jeder einzelne Faktor wies allerdings eine derart starke Variabilität auf, dass die Autor:innen schließen: Es gibt keinen einzelnen biologischen Zustand des Körpers, der eindeutig einer Emotion zugewiesen werden kann.

Gefühle reichen also nicht aus, um Emotionen zu erklären.

Ein und dieselbe Emotion kann sich also völlig verschieden anfühlen, und ein und dasselbe Gefühl passt zu mehreren Emotionen. Welche Bedeutung haben dann Emotionen? Worüber geben sie Auskunft? Feldman Barrett versteht Emotionen als »Handlungsanweisungen« für den Körper. Aus der emotionalen Interpretation eines Gefühls leitet der Körper ab, wie sich weiter zu verhalten ist.

Wenn ich beispielsweise schnell die Treppe hochrenne, dann fühle ich, dass mein Atem schnell geht und mein Blutdruck in die Höhe schießt. Dasselbe körperliche Gefühl habe ich aber auch, wenn mich mein Chef aufgeregt hat: schneller Atem, hoher Blutdruck. Die Emotionen sind in beiden Situationen aber grundverschieden. In beiden Fällen kann der Körper die richtigen »Maßnahmen« einleiten, um möglichst energieeffizient zu agieren. Die Wohnungstür, vor der ich nach dem Treppensprint stehe, möchte ich in Ruhe öffnen. Die Tür meines Chefs (zumindest gefühlt) eher einschlagen. Emotionen lassen sich als psychische Konstrukte verstehen, die aus den Gefühlen einer gegebenen Situation ableiten, was in der Folge passiert. Dann kann mein Körper sich samt Kreislauf entsprechend auf die Situation vorbereiten.

Nach Feldman Barretts Theorie sind körperlich erlebte Emotionen nur durch den sozialen Kontext zu verstehen, in dem sie erscheinen. Das Gehirn entscheidet mehr oder weniger unbewusst, welche Emotion zu einer Situation passt. Der körperliche Zustand, den eine Emotion begleitet, kann ganz verschieden ausfallen. Es gibt keine »Essenz« der Emotionen, die sich biologisch feststellen ließe.

Was folgt daraus für die Unterscheidung zwischen sexueller Freundschaft und Partnerschaft? Beide Beziehungen sind von Zuneigung, Vertrauen und Intimität geprägt, mit Sternberg können sie als Ausdruck »vollendeter Liebe« verstanden werden. Auf einer körperlichen Ebene tragen die Neurotransmitter Oxytocin und Vasopressin dazu bei, das Bindungsgefühl hervorzurufen, weshalb sie in allen menschlichen Beziehungen eine zentrale Rolle spielen.[23] Die liebevolle Bindung, die ich gegenüber meinen Freund:innen und meine:n Partner:innen erlebe, basiert auf dem gleichen körperlichen *Gefühl*, denselben physiologischen Systemen.[24] Um festzustellen, welche Art der Liebe ich emotional empfinde, reicht es eben nicht, in mein Herz oder in meinen Bauch oder weiß Gott wo in mich hineinzufühlen. Mein Körper gibt keine klare Antwort, sondern sendet immer nur ein Gefühl, das für alle tiefen Beziehungen mehr oder weniger identisch ist, und das sich in eine Botschaft von drei Worten zusammenfassen lässt: »Ich liebe dich.« Ob als mein:e Freund:in, als mein:e Partner:in, als Teil meiner Familie.

In ihrer sozialen Bedeutung hingegen unterscheiden sich die Beziehungen sehr wohl. Eine romantische Liebe ist beispielsweise anknüpfungsfähig an den körperlichen Zustand sexueller Erregung – die familiäre Liebe ist es nicht. Der gesellschaftliche Kontext, der dem Gefühl der Liebe zugrunde liegt, ist so verschieden, dass das gleiche Gefühl zu völlig anderen Emotionen führt, weil eine Partnerschaft sozial eben nicht dasselbe bedeutet wie eine Freundschaft. Wenn Emotionen als Handlungsanweisungen für den Körper verstanden werden, bildet das Verhalten den eigentlichen Schlüssel zu Emotionen. Der Körper bereitet sich durch die emotionale Interpretation vor, um entsprechend sinnvoll zu reagieren.

PARTNERSCHAFTLICHE UND FREUNDSCHAFTLICHE LIEBE

Dass unser Verhalten auch Einfluss auf unsere Emotionen hat, zeigt die Seinfeld-Folge *The Deal* aus Kapitel 1. Die beiden Freund:innen stellen Regeln auf, damit sie nicht in die Muster einer Partnerschaft fallen. Sie passen ihr Verhalten an, um ihre freundschaftliche Emotionalität und Intimität abzusichern. Vielleicht muss man es nicht ganz so vertraglich und formell halten wie in der Sitcom. Aber wenn Emotionen darauf angelegt sind, bestimmte Handlungen des Körpers vorzubereiten, so sollten sich Emotionen verändern, wenn wir uns je nach Situation mit eine:r Freund:in oder eine:r Partner:in anders verhalten, ob nun durch Regeln oder ohne.

Doch emotionale Reaktionen werden äußerst lange eingeübt und tiefgehend verkörpert. Wir lernen von Kindesbeinen an, bestimmte Gefühle mit bestimmten Emotionen zu verknüpfen und sie auch auf eine sozial adäquate Weise zu zeigen. In der westlichen Kultur gilt es zum Beispiel als angemessen, dass man vor Wut auch öffentlich laut werden kann, was beispielsweise in

Japan als eher peinlich gilt. Natürlich schwingt keine Emotion notwendigerweise sofort in eine andere, nur weil ich mich ein einziges Mal anders verhalte, anders darüber nachdenke oder ein Sachbuch über sexuelle Freundschaften gelesen habe. Die Philosophin Jule Govrin betont allerdings, dass die emotionale »Einverleibung« sozialer Bedeutungen (der sogenannte Habitus) umgelernt werden kann. Erkenntnis – zum Beispiel über eine verschiedene soziale Bedeutung von Beziehungsformen – ist der erste Schritt zur Besserung, doch es bedarf auch eines »kontinuierliche[n] Umarbeiten[s] habitueller Körperpraktiken«,[25] also beständiger Wiederholung. Um das eigene, fast selbstverständliche emotionale Verhalten umzulernen, begeben wir uns in einen langwierigen und manchmal auch schmerzhaften Prozess. Was passiert zum Beispiel, wenn sich eine alte Freundschaft in eine Partnerschaft verwandelt (oder andersherum)? Welche Routinen verändern in einem freundschaftlichen bzw. partnerschaftlichen Rahmen ihre Bedeutung, welche neuen kommen hinzu und welche alten vergehen? Das alles verändert, wie man sich zueinander verhält, und damit auch, welche Emotionen unsere Gefühle begleiten.

In meiner eigenen Beziehung geht es zum Beispiel um Übernachtungen von Freund:innen. Ich lebe mit meiner Partnerin zusammen in einer Wohnung, deshalb ist es für uns eine Selbstverständlichkeit, gemeinsam einzuschlafen und gemeinsam aufzuwachen. Es handelt sich um ein partnerschaftliches Verhalten, welches ich nur mit meiner Partnerin so pflege. Wenn ein:e Freund:in zu Besuch ist, mit de:r ich auch sexuell intim bin, übertrage ich aber nicht die Selbstverständlichkeit bzw. die Routine des Miteinandereinschlafens von der Partnerschaft in die Freundschaft, nur weil ich mit besagte:r Freund:in schlafe. Möchte ich mit einer Freund:in in einem Bett übernachten und gemeinsam aufwachen – egal, ob wir nun körperlich intim werden oder nicht –, kündige ich meiner Partnerin das vorher explizit als Übernachtung an. Der Sleepover wird zu etwas, was wir uns als Freund:innen gemeinsam vornehmen, und zu etwas, was wir nicht unausgesprochen und selbstverständlich tun, nur weil wir miteinander vögeln.

Ich möchte mit diesem kleinen Beispiel dazu ermutigen, mehr darüber nachzudenken, welche Handlungsroutinen eigentlich spezifisch für die jeweilige Beziehung sind, was den Beteiligten individuell Sicherheit und Vertrauen gibt, welchen Platz sexuelle Freundschaften in der eigenen Beziehung einnehmen, wenn man sie führen möchte. Der soziale Sinn der Beziehungstypen samt ihren Routinen prägt unseren Gefühlen einen emotionalen Gehalt auf, macht sie greifbarer und strukturierter. Um in einer F+ emotionale Sicherheit und Gewissheit zu schaffen, kann ich also keineswegs empfehlen, seine »Gefühle unter Kontrolle zu bekommen« – was meistens so viel heißt wie: dicht machen, sich unverfügbar machen, »emotionally unavailable« sein, wie es so hässlich heißt. Das steht einer Freundschaft radikal entgegen. Gefühle dürfen und sollen stattfinden – aber an ihrer emotionalen Rahmung darf (und soll) gearbeitet werden. Natürlich birgt emotionale Offenheit eine Verletzlichkeit, die Vertrauen voraussetzt und damit eine gewisse Form der Verbindlichkeit schafft. Das ist die eigentliche Entscheidung, die für oder gegen eine F+ zu fällen ist. Mit der vermeintlichen Konkurrenz zu einer Partnerschaft oder mit der Differenzierung der Liebesgefühle hat das eher weniger zu tun. Wer sich zu einer F+ entschließt, entscheidet sich nicht für weniger Gefühle und mehr emotionale Distanzierung – sondern für eine andere Form der Zuneigung, eine andere Qualität der freundschaftlichen Liebe.

Aber wie unterscheidet sich denn die sexuelle Freundschaft von einer Partnerschaft als gelebte Beziehung, wenn es nicht um emotionale Zurückhaltung geht, sondern um eine offene und freie Liebe? Die Frage selbst weist in der Regel auf eine andere Frage: Gibt es *überhaupt* einen Unterschied zwischen Partnerschaft und F+? Wer so fragt, hält nach wie vor Sex für den wichtigsten Marker, um heterosexuelle Freundschaften eindeutig von heterosexuellen Partnerschaften zu unterscheiden. Die F+ schwebt irgendwo dazwischen. Diese Vorstellung entspricht allerdings nicht mehr der gelebten Beziehungsrealität einer ganzen Generation. Ich befürchte, dass wir uns ein für alle Mal von dem illusionären Bild verabschieden müssen, dass es den *einen einzigen* Faktor gibt, der so komplexe Beziehungsformen wie Freundschaft und Partnerschaft voneinander trennt. Schon immer sind Beziehungen entlang mehrerer Dimensionen verlaufen, die je nach Erziehung, Kultur und Charakter für jeden Menschen verschieden wichtig werden.

Für mich persönlich fühlt sich eine Beziehung wie eine Partnerschaft an, wenn vor allem vier Qualitäten erfüllt sind. Jede einzelne dieser Qualitäten findet sich auch in Freundschaften, aber wenn alles zusammenkommt, befinde ich mich (emotional gesprochen) in einer Partnerschaft. Diese Qualitäten können für Menschen wie gesagt völlig unterschiedlich ausfallen, ich spreche im Folgenden beispielhaft nur von mir selbst.

Der erste Punkt, der mir in einer Partnerschaft besonders wichtig ist, ist die gemeinsam geteilte Zeit. Mit keinem Menschen verbringe ich so viel Zeit wie mit meine:r Partner:in – und ich will es so. Gerade der Alltag, das gemeinsame Einschlafen und Aufwachen, die vielen über lange Jahre gehaltenen und wertgeschätzten Routinen, macht die Beziehung zu etwas ganz Besonderem. Der zweite Punkt ist für mich die Familie. Denn in einer Partnerschaft wird anders als in einer Freundschaft aus zwei Familien eine. Ich werde Teil der Familie meine:r Partner:in, sie wird Teil meiner Familie. Der dritte Punkt besteht darin, dass ich in einer Partnerschaft viel stärker als in einer Freundschaft ein gemeinsames »Wir« in eine Zukunft hinein entwerfe, und viertens gehört mein:e Partner:in bei den wichtigsten Fragen und Antworten meines Lebens zu den ersten Personen, die davon mitbekommen. All meine Hoffnungen, Sorgen, Ängste und Träume: Sie weiß davon, meist vor allen anderen.

Es geht mir mit diesen Beispielen nicht darum, die Partnerschaft über die Freundschaft zu stellen. Ich wollte nur die vielen Dimensionen beleuchten, die für sich genommen auch von Freundschaften besetzt werden könnten: Freilich gibt es auch Freund:innen, mit denen ich so zusammenleben könnte wie mit meine:r Partner:in. Ich habe Freund:innen der Familie, d. h. langjährige freundschaftliche Familienbande. Ich plane meine Zukunft auch mit meinen Freund:innen, und ich rufe sie in Momenten tiefster Not und höchsten Glücks an – aber alles zusammen kommt so konstant nur in meiner Partnerschaft vor. Das unterscheidet sie, völlig unabhängig vom Sex, von meinen Freundschaften und weckt in mir die Emotion von romantischer anstatt freundschaftlicher Liebe. Ich kann jede:n Leser:in nur dazu anregen, selbst über die soziale Bedeutung ihrer Freund- und Partnerschaften auf ähnliche Weise nachzudenken.

Das alles soll nicht darüber hinwegtäuschen, dass das Liebesleben der Gegenwart dennoch starken Unsicherheiten ausgesetzt ist. Die Gründe für emotionale Verwirrungen, Konflikte und Dilemmata liegen nicht nur in eingeübten Emotionsmustern oder privaten Beziehungskonstellationen. Moderne Beziehungen haben in den letzten Jahrzehnten einen substanziellen, gesellschaftlichen Wandel erfahren. Klassische Skripte von monogamen Partnerschaften und geschlechtlichen Rollenverteilungen haben ihre Wirksamkeit verloren und stehen unter berechtigter feministischer Kritik. Die daraus entstehenden Unsicherheiten haben aber einzelne Menschen in ihren entsprechenden Beziehungen auszuhalten. Es sind Unsicherheiten, die immer stärker werden.

So vertritt etwa die Soziologin Eva Illouz die Theorie, dass für das bürgerliche Ideal der Ehe im 19. Jahrhundert noch eine Reihe von Gewissheiten galten, die die Partnerschaft emotional klar strukturierten. Man teilte gewisse Normen und Werte, konnte sich auf die jeweils eingenommenen sozialen Rollen einigen, verstand sich auf die symbolische Bedeutung von Geschenken und Unterpfändern, lernte sich aus einem bekannten, d.h. verlässlichen sozialen Netzwerk kennen und wusste klar um die Regeln der Annäherung, des Kennenlernens, des Werbens – und war in der Lage, sie in seine eigene Gefühlswelt zu integrieren.[26] Für das Bürgertum war zum Beispiel klar, dass bestimmte Geschenke bestimmte »Phasen« einer beginnenden Beziehung bedeuteten; oder dass man sich zuerst im Elternhaus der Frau und erst dann in dem des Mannes zeigte usw.

Für die Soziologin steht die bürgerliche Liebe des 19. Jahrhunderts mit all ihren Konventionen unter dem *Regime der Performativität von Gefühlen*, »ein Regime also, in dem Gefühle durch die ritualisierten Handlungen und Verlautbarungen von Empfindungen ausgelöst werden«[27]. Die Liebe war untrennbar mit dem bürgerlichen Moralkodex verwoben, dessen Einhaltung Charaktere hervorbrachte, die sich überhaupt erst als liebenswürdig erwiesen.[28] Das alles ändert sich mit dem Wandel der traditionell bürgerlich geprägten Gesellschaft hin zu einer pluralisierten Konsumgesellschaft. Die großen gesellschaftlichen, kulturellen und industriellen Umbrüche zu Beginn des 20. Jahrhunderts zerstreuen alle festgelegten Strukturen des romantischen Liebeswerbens.[29] Die voranschreitende Individualisierung der Moderne löste d:ie (bürgerlichen) Partner:innen aus dem »Bezugssystem von Gruppe und Gemeinschaft«[30] heraus, womit die alte moralische Ordnung brüchig wird. Nicht mehr die Eltern, sondern der subjektive Geschmack diktiert das romantische Geschehen und die Entscheidung zur Hochzeit. Man trifft sich nicht mehr in Elternhäusern, sondern in Bars und Cafés. Die Kriterien, nach denen geeignete Partner:innen ausgewählt werden, beinhalten neben rein »objektiven« Faktoren wie ökonomischer Status und Tugendhaftigkeit immer stärker die Harmonie von zwei individuellen Charakteren. Zusehends schwindet die Mitsprache der Eltern.

Heutzutage hängt die erfolgreiche Partnerwahl davon ab, »zwei einzigartige, hochgradig ausdifferenzierte und komplexe Persönlichkeiten miteinander vereinbar zu machen«,[31] schreibt Illouz. Entsprechend macht sie zwei Hauptfaktoren aus, die bei der Partnerwahl der Moderne entscheidend sind: erstens die Sexiness (vgl. Kapitel 3) und zweitens die Fähigkeit zu emotionaler Intimität. Letztere setzt voraus, »daß die Akteure ihre Gefühle kennen, daß sie aus solchen Gefühlen heraus handeln, die dann auch die tatsächlichen Bausteine einer Beziehung bilden müssen, daß Menschen sich ihre Gefühle selbst eingestehen (und vorzugsweise auch die anderen) und daß sie Entscheidungen auf der Grundlage dieser Gefühle treffen«.[32]

Moderne Beziehungen laufen Gefahr, an dem Anspruch einer hoch reflektierten emotionalen Intimität zu scheitern, denn höchst individuell gestaltete Beziehungen tragen keine klare, soziale Bedeutung mehr. Die eindeutigen gesellschaftlich weithin akzeptierten Routinen, um eine Partnerschaft einzuleiten, sind verschwunden. Wie Beziehungen entstehen und verlaufen, unterliegt heute keiner einzigen gesellschaftlichen Norm mehr. Das sollte, folgen wir Lisa Feldman Barretts Emotionstheorie, zu einer zunehmenden Verwirrung der Liebe führen, gerade weil die Freiheiten gewachsen sind, Liebe auf verschiedenste Arten zu leben. Uns fehlt ein soziales Verständnis dessen, was die vielen verschiedenen Beziehungsformen bedeuten (oder nicht bedeuten). Die Liebe wird verspürt, indes ihre Form bleibt ungewiss. Und das ist ein Problem, denn die Liebe ist heutzutage bedeutender denn je: Die Romantik sorgte von kultureller Seite für eine hochgradige Emotionalisierung von sowohl Freundschaft als auch Partnerschaft, was zu einer historisch neuartigen Wahrnehmung der Liebe führte. Anstelle der Zweckehe setzte sich die Liebesehe durch, ihre Intensität sollte fortan entscheidend für die

Qualität einer intimen Beziehung werden.[33] Dabei handelt es sich in der westlichen Geschichte um einen einzigartigen Wandel der Beziehungen.[34] Das macht die Sache nicht einfacher. Liebe der Gegenwart ist also auch aus gesellschaftlichen Gründen eine komplizierte und widersprüchliche Emotion.

Sollen wir also die Zeit zurückdrehen? Man darf nicht vergessen, dass die klaren und eindeutigen Faktoren, welche die Partnerwahl nach Illouz im 19. Jahrhundert prägten, ausschließlich aus einer bürgerlichen, also einer besitzenden und *weißen* Klasse abgeleitet sind. Wenn wir in diese Vergangenheit nicht zurückwollen, müssen wir uns konstruktiv und produktiv mit der Vielfalt der Liebe in der Gegenwart auseinandersetzen. Nur wenn wir in ein Gespräch kommen über das, was uns bestimmte Verbindungen zu anderen Menschen bedeuten, können wir eine erneute Klarheit über unsere Emotionen gewinnen, ohne in alte und überkommene Muster zurückzufallen.

Apropos alte Muster: Wer vom Bürgertum des 19. Jahrhunderts redet, sollte vom Kapitalismus nicht schweigen. Denn die sexuelle Liberalisierung ist ohne ihn nicht zu denken.

3.

LIEBE, SEX UND KAPITAL: 150 JAHRE SEXUELLE KOMMERZIALISIERUNG

»Was Sie unter Liebe verstehen,
wurde von Leuten wie mir erfunden,
um Nylonstrümpfe zu verkaufen.«

Don Draper in Mad Men

Kapitalismus. Yes, baby, der Kapitalismus. Es war nur eine Frage der Zeit, bis ich auf die »K-Frage« zu sprechen komme, denn welches Begehren ist heutzutage nicht mehr eng mit der kapitalistischen Ökonomie verzahnt? Der Sex prangt von jeder zweiten Werbetafel, auf der durchtrainierte Crossfit-Titanen mit >150k Followern über ihrem Erdbeerjoghurt derart selig lächeln, als wäre soeben die Wiederkunft Gottes in der *Tagesschau* verkündet worden. *Sex sells* funktioniert, weil wir als Menschen eine geschlechtlich durchtränkte Lust empfinden,[1] die spontan auf reizvolle Körper reagiert. Diese Reaktion kann wirtschaftlich verwertet werden: Das Begehren verschiebt sich von einem sexuellen Subjekt – anderen Menschen – zu einem sexualisierten Objekt –: einem Produkt. Die laszive Körperlichkeit des Modells überträgt sich wie bei einer Seelenwanderung auf den Charakter der Ware. Der Philosoph und Schwulenaktivist Guy Hocquenghem beschrieb diese Bewegung 1972 wie folgt: »Die Werbung vervielfacht die nackten Körper schöner Jünglinge, womit sie jedoch nur sagt: Das, was begehrt wird, ist bereits als warenförmige Übertretung (*transgression marchande*) gedeutet worden.«[2] Oder etwas direkter die Feministin Margarete Stokowski: »Die Frauen, die wir sehen, sagen nicht: Fick mich. Sie sagen: Guck mich an – und dann guck diesen Film, kauf diese bauchformende Strumpfhose und fahr dieses Auto.«[3] Eine so präsentierte Warenwelt übt einen immensen Druck auf die äußere Erscheinung aus, insbesondere von Frauen.[4]

Der hier vorgestellte intime Zusammenhang von Ökonomie und Sexualität orientiert sich an einer marxistisch geprägten Theorietradition, die gesellschaftliche und psychologische Sachverhalte gleichermaßen auf das Wirtschaftssystem zurückführt. An der Perspektive kann man sicherlich Kritik üben, aber sie erlaubt mir, auf einer strukturellen – nämlich ökonomischen – Ebene zu argumentieren, obwohl es doch eigentlich um ganz persönliche Entscheidungen geht: Wen finde ich attraktiv und begehrenswert? Zu wem fühle ich mich hingezogen? Mit wem möchte ich auf welche Weise körperlich intim werden? Fragen, die für die F+ höchst relevant sind. Fragen, die unangenehm werden können. Denn was passiert eigentlich, wenn die Partnerschaft einer kapitalistischen Logik unterliegt? Wenn sie menschliche Interaktion marktförmig anpasst oder vielmehr: einengt? Führen wir dann sexuelle Beziehungen als Konsumverhältnisse? Entsprechen unsere sexuellen Begehren zunehmend Produktwünschen? Bewerten wir emotionale Zuneigung so rational wie einen Kauf bei Amazon? Sind wir einander bloße Ver- und Käufer:innen unserer Lüste und unserer Körper?

FABRIKHALLEN UND WIMPERNTUSCHE – MARKIERUNGEN DER GESCHLECHTLICHKEIT

In den 1870er-Jahren malt Max Liebermann das Gemälde »Arbeiter im Rübenfeld«. Auf dem Feld sind neun Personen zu sehen, die in einer Reihe auf dem Feld stehen und mit Hacken arbeiten. In der bäuerlichen Szene verschmelzen die dunklen Töne der Kleidung mit der Erde, die weißen Hemden, Halstücher und Hauben mit dem bewölkten Himmel. Die Figuren arbeiten an derselben Sache, nehmen aber verschiedene Haltungen ein. Es gilt kein strenger Takt. Etwa 15 Jahre später stellt er mit der »Spinnerei in Lahren« eine stärker mechanisierte Arbeitssituation vor. Ein Dutzend bäuerlich gekleidete Frauen steht auf der rechten Seite des Raums und dreht den Flachs zu einem Faden, welcher links in die sogenannten Spinning Jennies läuft, ein besonderer Spinnmaschinentyp, der pro Weber nur noch einen Spinner braucht. An den Maschinen arbeiten Kinder, vor allem Jungs – während Mädchen schon sehr früh in die Hausarbeit eingespannt wurden[5] (wie im 19. Jahrhundert leider üblich). Auch wenn die Figuren schon enger an die Arbeitsabläufe gebunden sind, werden die Menschen im Raum keinen bestimmten Positionen zugewiesen, nur die Spinner:innen befinden sich an einem festen Ort. Der besagte Maschinentyp wurde mehr als einhundert Jahre vor dem Gemälde Liebermanns erfunden, was auf die einfachen Verhältnisse der Arbeiter:innen hinweist, die sich noch keine moderneren Gerätschaften leisten können.

Eine völlig andere Modernität schlägt uns bei den kochenden Öfen des »Eisenwalzwerks« samt höllischer Industriearbeit entgegen, die der Maler Adolph von Menzel zur selben Zeit wie Liebermann der Öffentlichkeit vorstellte. Etwa 40 schwitzende Arbeiter wechseln die Schicht. Im Fluchtpunkt des Bildes, von den anstrengenden, körperlichen Arbeiten abgewendet, steht ein Bürger in feiner Kleidung, die Hände hinter dem Rücken gefaltet, als ob er gelassen durch die Fabrikhalle schlenderte. Anders als in den Bildern Liebermanns, in denen mehr Frauen als Männer arbeiten, gibt es im Bild nur eine einzige Frau ganz unten rechts. Sie blickt uns mit fragenden, vielleicht müden Augen direkt an. Betrachtet man die drei Gemälde nebeneinander, so ist deutlich zu bemerken, dass die Geschlechtertrennung zunimmt, je stärker die Technisierung voranschreitet – auch in bäuerlichen Ständen. Bestimmte Aufgaben wie das Spinnen sind typische Frauenaufgaben, andere wiederum, etwa in der Kohlegewinnung oder Stahlherstellung, reine Männersache.

Die Industrialisierung lädt demnach gewisse Orte und Tätigkeiten geschlechtlich auf. Die Entstehung von Fabriken bedeutet für Familien die zunehmende Trennung von Wohn- und Arbeitsort. Gemeinsame Produktionsaufgaben in der Partnerschaft, wie sie noch in Handwerks- oder Bauernfamilien völlig normal waren, verschwinden mit einer in großen Fertigungshallen schuftenden Arbeiterschaft. Das gilt in zunehmendem Maße auch für Frauen, von denen sich zu Zeiten Liebermanns schon etwa ein Drittel in Erwerbsarbeit betätigte.[6] Je mehr Frauen arbeiten, desto stärker müssen Versorgungsaufgaben ausgelagert werden. Im Zuge der Industrialisierung wird 1840 der erste Kindergarten Europas in Deutschland eröffnet, der Frauen die Lohnarbeit ermöglichen soll.[7] Nicht zuletzt deshalb wäre es zu einfach, die Entstehung von Männern- und Frauenbildern des 19. Jahrhunderts allein auf die Trennung von familiärer/privater und beruflicher/öffentlicher Sphäre zurückzuführen. Sowohl Männer als auch Frauen müssen arbeiten, gestern wie heute. Nun könnte man anderes für das Bürgertum annehmen, immerhin hat man in höheren Stellungen auch ein stattliches Gehalt zu erwarten, und die Frauen sind entsprechend oft Hausfrauen. Außerdem ist die psychologische Wissenschaft der damaligen Zeit geradezu besessen davon, die unterschiedliche Psyche der Geschlechter im Körper zu verorten.[8] Doch auch in der bürgerlichen Klasse zeigen sich deutlich komplexere Formen »zärtlicher Männlichkeit und selbstständiger Weiblichkeit«[9]. Dass die Geschlechter als äußerst unterschiedlich aufgefasst werden, scheint klar. Aber was das konkret bedeutet, schon weitaus weniger. Die Unterschiedlichkeit manifestiert sich in jedem Falle physisch-materiell in Form von immer mehr Orten und Produkten, welche die eigene Geschlechtlichkeit markieren und gestalten.

SEX SELLS – DIE EROTISIERUNG DER WERBUNG

Begeben wir uns noch einmal gedanklich in die Fabrikhallen Menzels. Heerscharen von Arbeitern schwitzen neben den rauchenden Hochöfen, metallische Schläge hallen durch die rußigen Hallen. Die Baracken, in denen sie hausen, sind Schlafräume, kaum mehr. So etwas wie Badezimmer, in denen man sich einkleidet, frisiert, ja sogar schminkt, gibt es nicht. Um die Körperhygiene der Massen zu befördern, wird in Hamburg 1855 mit Spenden wohlhabender Bürger die erste deutsche Warmbadeanstalt gebaut. Natürlich klopfen sich die bürgerlichen Herren hierfür vor allem gegenseitig auf die ethisch korrekte Schulter, denn für die meisten Arbeiter:innen ist das Baden ein zu teurer Spaß. Entsprechend entschlossen ruft Oskar Lassar mit seinem Verein für Berliner Volksbäder das Motto aus: »Jedem Deutschen wöchentlich ein Bad!« Damit sind allerdings keine Wannen-, sondern in erster Linie Brausebäder gemeint; was man heute Duschen nennt. Um seine Ideen zu popularisieren, stellt er in der Berliner Hygieneausstellung 1883 eine Duschbaracke für jeweils fünf Frauen und Männer mit Einzelzellen auf. Wer Lust hat, darf für zehn Pfennig ein Brausebad nehmen, Seife und Handtuch natürlich inklusive. Eine kleine Warnung für die verwöhnte Leserschaft: Die »warme« Dusche hatte auf der Ausstellung 28 Grad Celsius Wassertemperatur, für heutige Verhältnisse also kaum noch beim Händewaschen zumutbar. Was für die Arbeiter:innen öffentlich zugänglich gemacht wird, leisten sich die Reichen schon in ihren Privatgemächern. In den 1880er-Jahren entstehen immer mehr Badezimmer, die vorher als reine Toilettenkabinen genutzt wurden.[10] Durch verschiedene technische Apparaturen und Einrichtungsgegenstände wie Rockhalter, Schränke und Wasserleitsysteme werden Bedienstete zunehmend überflüssig. Die Tür wird verriegelt, mit dem Badezimmer entsteht in der Privatheit des Hauses ein noch privaterer Raum – man ist mit sich allein.[11] Zur Jahrhundertwende beginnt das Unternehmen Villeroy und Boch mit der Produktion von Badewannen und Toiletten für den heimischen Gebrauch.[12] Die moderne Welt wird mit der geduschten Gesellschaft eingeleitet – die beide nur so vor erotischen Untertönen strotzen. Um den Verkauf anzukurbeln, lässt der Seifenhersteller Ivory Soap kurz nach dem Ersten Weltkrieg ein Plakat mit zwölf nackten, muskulösen Matrosen abdrucken, die gemeinsam baden, was selbst 100 Jahre später noch heftig homoerotische Softporno-Vibes versprüht.

Ein weiteres Seifenunternehmen, Woodbury Soap, steht kurz vor der Pleite, als es 1911 als eines der ersten Unternehmen explizit eine sexuelle Dimension in seiner Werbung unter dem Motto »A skin you love to touch« zum Ausdruck bringt. Es verspricht den Frauen, dass auch sie den »strahlenden, samtweichen Teint« besitzen können, wenn sie doch nur die wunderbare Seife kaufen ... was das Unternehmen finanziell rettet. Ermutigt durch die provokante Kampagne legt Woodbury 1936 nach und veröffentlicht eine der ersten Nacktfotografien in der Werbeindustrie.[13] Unter der sachlichen Überschrift »Science enriches

Woodbury Formula with Benefits of ›Filtered Sunshine‹« (»Die Wissenschaft bereichert die Woodbury-Rezeptur mit wohltuendem ›gefiltertem Sonnenschein‹«) räkelt sich eine nackte Frau mit Stöckelschuhen auf einer Treppe.

Insbesondere Frauen konsumieren aber nicht nur Pflege-, sondern zunehmend auch eine Menge Kosmetikprodukte – zum Beispiel die ersten chemischen Haarfarben von L'Oréal, erfunden im Jahr 1909. Nur wenige Jahre später bringt Maybelline seine erste gefärbte Mascara auf den Markt – und Stars wie Louise Brooks machen die dunklen Augen zu einem echten Modetrend. Fake-Wimpern, wie sie Marlene Dietrich in den 1940er-Jahren trägt, trotzen ebenso dem kriegsbedingten Mangel an Kosmetika wie die rothaarig gefärbte und von oben bis unten geschminkte Rita Hayworth. Der geschlechtliche Ausdruck wird nicht mehr nur über Arbeitsorte und -umgebungen hergestellt, sondern auch körperlich-kosmetisch immer stärker betont, und von der Kleidermode habe ich noch nicht einmal begonnen. Ich spreche hier auch nicht von einer kleinen Oberschicht, die sich schon immer etwas leisten konnte, sondern von einer breiten Bevölkerung, der massenweise »sex appeal« versprochen wird. Ein Begriff, der nach dem Wörterbuch Merriam-Webster 1913 zum ersten Mal auftaucht.

Der neue Markt der sexuellen Attraktivität – oder der Verbindung bestimmter Produkte damit – bleibt nicht auf Frauen beschränkt. Die Hersteller brauchen nur etwas länger, um Männer als lukrative Käuferschaft zu entdecken. Spätestens mit der Erfindung des Manns als »Playboy« verschmelzen offenkundig Konsumkultur und Männlichkeit.[14] In der Werbung erscheint es plötzlich selbstverständlich, dass Frauen einem Mann Dank seiner faltenfreien Polyesteranzüge von Hammonton Park zu Füßen liegen. Wer Tipalet-Zigarillos raucht, bekommt nicht etwa Krebs, sondern darf sich in den 1960er-Jahren dank misogyner Erotik in der Gewissheit weiblicher Unterwerfung baden. Das

Unternehmen wirbt mit einem beispiellos sexistischen Plakat, welches heute wahrscheinlich eine Strafanzeige nach sich ziehen würde. Ein Mann blickt auf eine attraktive Frau mit tiefem Dekolleté hinab, während er ihr den Rauch seiner Tipalet direkt ins Gesicht bläst. Darunter prangt der Slogan: »Blow in her face and she'll follow you anywhere.« Gleichzeitig stehen die raketenförmigen BHs von maidenform bra für ultimative Weiblichkeit, weil im Space Age alles, was wie ein Atomsprengkopf aussieht, irgendwie sexy und selbstbewusst ist. Allerdings, so verspricht der Markenwodka Smirnoff, wird man auf den Gedanken kommen, seine Bras allesamt zu verbrennen, denn: »Anything's possible – when you learn to handle Smirnoff.« Wer es eher weniger verwegen mag, kann die mit Lolita-Vibes aufgeladenen Kosmetikprodukte von Babysoft versuchen, »because innocence is sexier than you think«. Wem das nicht feministisch genug ist, der findet starke Frauen bei Virginia Slims, der ersten Zigarettenmarke für eine weibliche Zielgruppe. Der Tabakkonzern Philip Morris landet mit der im Zuge der 1968er eingeführten Produktlinie einen Volltreffer. Ihr Motto »You've come a long way, baby« spielt auf den Geschlechterkampf an, weshalb in der Werbung auch immer wieder Frauen im frühen 20. Jahrhundert gezeigt werden, die gegen den Willen ihrer Männer trotzdem rauchen und damit ihre Unabhängigkeit und Eigenständigkeit unter Beweis stellen.

Eine unabhängige und eigenständige Frau ist auch die Pilotin, Unternehmerin und leidenschaftliche FKK-Anhängerin Beate Uhse. Mit dem Startkapital, das sie durch den Verkauf von Aufklärungsschriften über Kondome und andere Verhütungsmittel erwirtschaftete, eröffnet sie 1962 in Flensburg den ersten Sexshop der Welt. Innerhalb weniger Jahrzehnte fluten Sexspielzeuge die Märkte. Neben Dildos, die seit Anbeginn der Menschheit existieren[15], verbreiten sich ab den 1960er- und 1970er-Jahren – ein genaues Datum ist nicht dokumentiert – erstmalig aufblasbare

Sexpuppen aus Vinyl, Latex und Silikon.[16] Ab 1968 vertreibt das japanische Unternehmen Hitachi in den USA den wahrscheinlich bekanntesten Vibrator der Welt: den *Magic Wand*. An allen Fronten des Konsums werden ab den 1970er-Jahren Sexualität und Geschlecht ausgestellt, gestaltet und angepriesen, was die Mode bis in die höchsten gesellschaftlichen Schichten beeinflusst. Luxusdesigner:innen wie Jean Paul Gaultier experimentieren ab den 1980er-Jahren mit Entwürfen homoerotischer Konnotationen und einem neuen Bild von Männlichkeit. Was Vivienne Westwood in der Avantgarde des Punks der 1970er vorzeichnet, führt Gaultier zehn Jahre später in der High Fashion fort: Seine 1985er-Männerkollektion *Et Dieu Créa l'Homme* (dt.: Und Gott erschuf den Mann/den Menschen) mischt Herrenanzüge mit Röcken, kurz und lang, die Sakkos seitlich aufgeschnitten, die Rippenbögen erotisch entblößt. Es handelt sich um eine Anspielung auf die Freizügigkeit von Brigitte Bardot im Film *Et Dieu... Créa la Femme* (in der deutschen Übersetzung, die den gruseligen Zeitgeist einfängt: *Und immer lockt das Weib*). Die sexuelle Liberalisierung nimmt weiter an Fahrt auf. In der Frühlingskollektion 1997 unter dem Titel *La Poupee* (dt.: Die Puppe) dekonstruiert Alexander McQueen den menschlichen Körper zu einer oberflächlichen Ansammlung von Gliedmaßen. Halb nackte Models sind in Metallkonstruktionen eingespannt, transparente und eng anliegende Stoffe zeigen mehr, als dass sie verhüllen. Ab den 2000ern wird die Pornografieästhetik zum angesagten Chic. Skandalfotograf Terry Richardson, dem später in vielfachen Fällen sexuelle Ausbeutung seiner Models vorgeworfen wurde, schießt für Gucci 2001 einen Gürtel, inszeniert als Penis.

In einer weiteren Kampagne für Sisley im selben Jahr lässt Richardson einem Model frische Milch von einem Kuheuter direkt in ihren Mund spritzen. Ein Jahr später wird der erste völlig nackte Mann – samt Geschlechtsteil – in einer Werbung der Luxusindustrie gezeigt: Yves Saint Laurent wagt den Schritt für ein Parfum als Hommage an seinen gleichnamigen Gründer, der 1971 Nacktbilder von sich veröffentlichte. Eine Stufe vor Pornhub ist eigentlich nur noch die komplett enthaarte Vulva hinter einem Männerparfüm von Tom Ford, wieder war Richardson der ausführende Fotograf. Auf den »richtigen« Sex in der Modeindustrie musste die Menschheit allerdings sehnsüchtig bis 2017 warten. In der Frühlingskollektion von Eckhaus Latta sind »echte Paare« zu bewundern, die gegenseitig ihre Körper ineinanderstecken, während sie schöne Klamotten tragen. Und es geht keineswegs nur heterosexuell zu: 2011 küsst Kate Moss das erste Transmodel Lea T auf dem Cover der »Love«. Die Drehbuchautorin Lena Whaite (»Masters of None«) trägt auf der Met Gala 2019 einen Nadelstreifenanzug von Pyer Moss. Die Streifen bestehen aus Schriftzügen des Songs »I'm coming out« von Diana Ross: »I want the world to know / got to let it know / I'm coming out.« Auf dem Rücken prangt der handgeschriebene Satz: »Black Drag Queens Invented Camp.«, wobei Camp den übertriebenen ironischen und exaltierten Modestil meint, der durch Drag popularisiert wurde.

Dieser kurze Ritt durch die letzten 100 Jahre soll zeigen, wie Geschlechtsidentitäten, sexuelle Orientierungen und Sexualitäten immer stärker über Produkte wie Mode, Kosmetik, Zigaretten, Schmuck etc. hergestellt werden – so eine Art *doing gender* als Konsumperformance.[17] Es wird getestet, vermischt und erprobt, in den USA wie in Deutschland, mittlerweile auf der ganzen Welt. Das Internet verwischt seit zwei Jahrzehnten ohnehin örtliche Grenzen. Wir haben zu jeder Zeit Zugriff auf eine gewaltige Produktpalette, die den Körper sexuell und geschlechtlich gestaltet, ganz egal ob in autonomen Zentren von Berlin, beim Mercedes-Händler in Ober-Tuttlingen, an Haute-Couture-Laufstegen von Mailand bis Paris, zwischen den Make-up-Regalen von dm oder in Cosplay-Subs auf Reddit. Um sexuell begehrenswert zu sein, so verspricht die kapitalistische Gegenwart, muss also konsumiert werden. Was erstmals Beate Uhse nach dem Zweiten Weltkrieg begann, wurde durch die sogenannte Sexuelle Revolution katalysiert, um zu einer gewaltigen und hochdifferenzierten Industrie heranzuwachsen. Seit weit über einem halben Jahrhundert wird auch »der« Sex als Ware verwertet. Heutzutage sind mundgeblasene Glasanalplugs so geläufig wie biozertifizierte Bondageseile, kabellose Vibratoraufsätze, Magnet-Hodenstretcher oder vergoldete Klitorisklemmen. Alles rein rationale Angelegenheiten des erotischen Homo oeconomicus. Der Wert der Jungfräulichkeit, der vor einem Jahrhundert noch höchste gesellschaftliche Achtung genoss, hat sich ins Gegenteil verkehrt: Unerfahrene Sexualpartner:innen werden als weitaus unattraktiver eingeschätzt und erleben ihre Virginität sogar als Stigma.[18] Sex wird allgegenwärtig ausgestellt und konsumiert, was den astronomischen Erfolg der Social-Media-Plattform OnlyFans begründet, auf der die User:innen pornografische Inhalte von sich gegen Geld zur Verfügung stellen können. Nie war es leichter als heute, Sex zu kaufen – sofern man genügend auf dem Konto hat.

Dabei darf aber eine Sache nicht vergessen werden: Die Zielgruppe der oben genannten Produkte ist vor allem *weiße*, nicht behinderte Mittelschicht. In fast allen oben genannten Produkten werden ihre sexuellen Begehren adressiert, ihre Bedürfnisse befriedigt. Alle anderen Körper fanden in den vergangenen Jahrzehnten entweder nicht statt oder werden mit einer »exotischen« Erotik ableistisch* oder rassistisch aufgeladen.[19] Wer dem allgegenwärtigen *weißen* Blick nicht entspricht, fällt durch das sexuelle Raster. Indem Werbung unsere sexuellen Lüste weckt und formt, drückt sie Körpern ein erotisches Regime auf: Je werbe-

* Ableistisch bedeutet die Diskriminierung aufgrund von körperlichen oder geistigen Einschränkungen. Das Wort kommt vom englischen *able*, d. h. »fähig sein, etwas zu tun« als Gegenteil von *disabled* (»behindert«).

konformer der Körper – also *weiß*, schlank, trainiert, von makelloser Haut, jung, oberflächlich, verführerisch –, desto attraktiver erscheint er.

VOM KAUFEN UND BEGEHREN

All diese Entwicklungen beeinflussen die F+, denn als sexuelle Beziehung spricht sie uns in unserer geschlechtlichen Körperlichkeit an, in unserem geschlechtlichen Ausdruck, in unserer »Sexiness«. Konsumentscheidungen und damit Kaufkraft erhöhen den Erfolg, als sexuell attraktiv wahrgenommen zu werden. Das konfrontiert die F+ mit dem Vorwurf, einer kapitalistischen Logik zu unterliegen. Sie (re-)produziert Sexiness als gesellschaftlich relevante Kategorie, die nicht nur Konsum fordert, sondern auch fördert.[20] Einen Konsum, den sich ausgebeutete Klassen weniger leisten können. Einen Konsum, der Menschen außerhalb der *weißen* Mittelschicht so gut wie nie adressiert. Wer sexuelle Beziehungen, zu denen auch die sexuelle Freundschaft gehört, als erstrebenswert porträtiert, kann die gesellschaftliche und ökonomische Bedingung der »Sexiness« nicht ignorieren.

Die Philosophin Jule Govrin geht diesem Wechselspiel von Ökonomie und Begehren auf den Grund. Sie vertritt die interessante These, dass »Ökonomien entlang von Körperökonomien ersonnen werden«.[21] Was heißt das genau? Alle Menschen besitzen die Fähigkeit, zu begehren und Befriedigung zu erleben. Schon als kleine Kinder sind wir in der Lage, unsere Bedürfnisse auszudrücken, nach ihnen zu handeln und im besten Falle Befriedigung zu finden. Die körperlichen Lusterfahrungen – anfangs noch durch so basale Dinge wie Essen, Trinken, Greifen oder Laufen – übertragen sich mit der Zeit auf andere Bereiche unseres Lebens,[22] und zwar sowohl im Sexuellen als auch im Ökonomischen. Wir begehren bestimmte Menschen oder Produkte, wir suchen sie auf, wir finden Befriedigung in und an ihnen. Immer wieder kommen ähnliche körperliche Affekte zum Vorschein. Wie Govrin feinsinnig aufzeigt, wechseln dabei die körperlichen Metaphern zwischen beiden Feldern. Mal wird ein wirtschaftlicher Vorgang beschrieben, um das Sexuelle zu illustrieren. So reden wir beim Geschlechtsverkehr beispielsweise vom »Geben« und »Nehmen«. Wir »tauschen« Küsse aus. Ich erinnere an Justin Timberlake im Film *Friends with Benefits*, der mit den Brüsten von Mila Kunis »arbeiten« kann. Aber die Sexualität kann auch Sinnbild für eine bestimmte wirtschaftliche Handlung sein; beispielhaft sei das Wort »Kauflust« genannt, also so was wie Shopping im Berserkermodus. Etwas weitergedacht, nehmen die Leidenschaft und Aufregung von Investmentbankern auf dem Börsenparkett quasi erotische Züge an. Das zeigt sich deutlich in einer Szene des Films *The Wolf of Wall Street* (2013). Man sieht den machistischen Börsenmakler Jordan Belfort bei einem Telefonat mit einem potenziellen Kunden. Hinter Belfort steht sein Team, welches bis aufs Äußerste gespannt dem Verkaufsgespräch folgt. Belfort versucht seinen Gesprächspartner mit rhetorischer Gewalt an sich zu binden, um ihm Aktien zu verkaufen. Im Laufe des Gesprächs vollführt er gestisch einen Sexualakt, deutet also an, dass er den Kunden »fickt«, wenn dieser nur zusagt. In seinen Augen funkelt die Erregung, er suhlt sich in der voyeuristischen Bewunderung seiner Angestellten. Als der Mann schließlich mit einem »Yeah, let's do it!« dem Deal zustimmt, »stößt« Belfort zu und besiegelt mit der symbolischen »Penetration« seinen ökonomischen Sieg. In den Beispielen zeigt sich immer dasselbe Prinzip: Das Begehren verkörpert sich im Sex und in der Wirtschaft. Sobald es um Sex geht, geht es um Begehren. Sobald es um Begehren geht, geht es in der kapitalistischen Gegenwart ums Geschäft, egal ob auf der Seite der Konsument:innen oder der Produzent:innen.

Die Durchdringung unserer Begehren und Lüste mit der Welt der Ware reduziert die Fähigkeit zu lieben auf die Dynamik von Mangel und Befriedigung. Ich möchte nicht abstreiten, dass das Bedürfnis, geliebt zu werden, auch als Mangel erfahren werden kann. Wenn wir geliebt werden, wird dieser Mangel behoben, unser Bedürfnis befriedigt. Doch der Konsum verspricht darüber hinaus, dass wir, um geliebt zu werden, uns nur mit den richtigen Produkten eindecken müssen, die uns erst attraktiv und schön und begehrenswert machen. In der Tat vermag es ein nices Outfit, ein interessantes Parfüm, gutes Make-up oder eine passende Frisur, Aufmerksamkeit auf eine:n zu ziehen oder eine bestimmte Gruppenzugehörigkeit zu betonen. Es kann dabei helfen, geliebt zu werden. Aber man wird nicht um der Produkte willen geliebt: Das ist die Lüge, die die Ökonomisierung des Begehrens uns auftischt.[23] Man wird um seiner selbst willen geliebt. Wir müssen allerdings noch einen Schritt weiter gehen, denn die Welt der Ware will uns auch glaubhaft machen, dass Liebe vor allem daraus besteht, geliebt zu werden und einen Mangel an Geliebtwerden durch Konsum zu beheben. Die Liebe besteht nicht nur aus dem Verlangen, geliebt zu werden, sondern auch daraus, andere Menschen zu lieben und zu begehren.

Wenn wir lieben, stellt die Liebe keine Ressource dar, die wie ein Kuchen in Stücke geschnitten und verteilt wird. An der Liebe herrscht kein Mangel – in manchen Religionen wird gelehrt, man könnte die ganze Welt lieben, mit all ihren Lebewesen, ja sogar das Universum. Liebe ist überreich vorhanden. Sie braucht keine Ökonomie, die ihre Knappheit verwaltet, sie braucht keine Wirtschaft, die sie durch Produkte kanalisiert oder sogar hervorruft. Jeder Mensch kann lieben, also Liebe geben, unabhängig von Klasse, *Rasse*[24] oder Geschlecht, unabhängig von Alter und Gesundheit, unabhängig von Nation oder Religion. Liebe vereinigt das Geliebtwerden und das Lieben. Das Wissen um diese Zweiseitigkeit der Liebe findet sich auch in der antiken Mythologie der

Griech:innen wieder: Eros, der Gott der begehrlichen Liebe, ist in Platons »Symposion« das Kind von Penia, der Göttin der Armut, und Poros, dem Gott des Reichtums und der Fülle. Zur Liebe gehört immer beides, der Mangel *und* der Überfluss.

Dennoch kann das Geben von Liebe ebenso als Teil eines Tauschgeschäftes interpretiert werden wie das Geliebtwerden. Frauen wurden im klassischen Diktat der Romantik[25] dazu gedrängt, zu lieben, Liebe zu geben, sich für die Liebe zu ihrem (oder zumindest einem) Mann aufzuopfern. Männer hingegen hatten die angenehme Rolle zu erfüllen, nichts zu tun, außer geliebt zu werden. Das Geben von Liebe bedeutete also, den weiblichen Teil der heterosexistischen Partnerschaft zu leisten. Doch was bedeutet hier zu lieben? Hingabe kann auch eine Unterwerfung sein, Fürsorge ein hübscheres Wort für schweißtreibende Care-Arbeit. In dieselbe alte Falle treibt uns auch heute noch eine kapitalistische Gesellschaft. Denn wenn wir unsere intimen Beziehungen als Konsumverhältnisse führen, verschiebt sowohl das Geliebtwerden als auch das Lieben seinen Sinn. An die Stelle der emotionalen Öffnung, der charakterlichen Zuwendung oder der intimen Annäherung steht dann ein Tauschhandel: Ich drücke mein Geschlecht, meine Sexualität und meinen Status durch Produkte aus, um geliebt zu werden. Meine Fähigkeit zu lieben wiederum wird durch die Ökonomisierung der Liebe zu bloßer Care-Arbeit herabgewürdigt – dann liebe ich nur, um geliebt zu werden.

Ich möchte meine Utopie der Liebe von der Freundschaft her entwickeln, nicht von der Wirtschaft. Wir lieben unsere Freund:innen über viele Jahre und Jahrzehnte, einige ein Leben lang. Man geht durch Höhen und Tiefen, man liebt und wird geliebt. Man liebt sich nicht für sein Äußeres und nicht für sein Hab und Gut. Man liebt sich für den gelebten Kontakt, für die Nähe und das offene Ohr, für die zärtliche Berührung und den festen Halt, für die tausend Albernheiten und kleinen Streits, für die wilden

Nächte und die freien Tage: Das sollte uns in der kapitalistischen Gegenwart Vorbild für die Liebe sein. Auch wenn die Werbung eine andere Wahrheit predigt.

Zur Wahrheit gehört allerdings auch: Unsere Freundschaften, unsere Dates und Partner:innen – vielleicht sogar die eine große Liebe – finden wir heutzutage immer öfter online. Die moderne Welt verfügt nicht nur über Werbung, die Menschen mit Produkten verknüpft, sondern ebenso über Technologien, die Menschen untereinander verknüpfen. Hängt beides vielleicht zusammen?

4.

WISCH UND WEG: DIE DYNAMIK DES ONLINE-DATINGS

»Der Computer Nummer drei
sucht für mich den richtigen Boy
Und die Liebe ist garantiert für beide dabei.
Der Computer weiß genau
für jeden Mann die richtige Frau,
Und das Glück fällt im Augenblick aus seiner Kartei.
(…)
Lange war ich einsam, heut' bin ich verliebt,
und nur darum ist das so,
weil es die Technik und die Wissenschaft und
Elektronenhirne gibt.«

France Gall in »Der Computer Nr. 3«

So verheißungsvoll sang es France Gall in einem Schlager der 1960er(!): Computer sind für das moderne Liebesleben unerlässlich. Die Verbreitung von Dating-Apps muss eigentlich kaum mehr mit Studien belegt werden.[1] Es reicht, wahlweise aus dem Fenster zu schauen, mit seinen Freund:innen zu sprechen oder die *Investor Relation Summaries* des erfolgreichsten Dating-Unternehmens der Welt zu lesen, The Matching Group. (Der Name ist kein Scherz!) Der Konzern unterhält Marken wie Tinder, OkCupid oder Match.com. Seine Umsätze belaufen sich auf über drei Milliarden US-Dollar pro Jahr; ein lukrativer Markt, Menschen so lange wie möglich als Single und so kurz wie nötig verpartnert zu halten. So swipen jeden Tag Millionen Menschen auf der gesamten Welt um die attraktivsten Profile. Ein Drittel der Deutschen hat bereits Online-Dating genutzt,[2] bei den 16- bis 29-Jährigen sogar über 40 Prozent[3] – und diese Zahlen sind schon drei bis vier Jahre alt. Damit die Fülle an Profilen nicht überfordert, sorgen Algorithmen für eine individuell abgestimmte Auswahl. Doch ob France Gall recht behält und wir uns dank »Elektronenhirnen« aus der Einsamkeit erheben, bleibt eine offene Frage.

Zweifelsfrei wird beim Online-Dating[4] auf der gesamten Klaviatur der ökonomischen und sexuellen Begehren gespielt: Es fühlt sich manchmal wie Shopping an, wenn man die Profile hin- und herwischt, ein reger Handel der Selbstporträts. Das Modell des Marktes drängt sich auf und könnte das beobachtete Verhalten auf den Dating-Plattformen ökonomisch erklären.[5] Welche Eigenschaften werden auf den Plattformen nachgefragt, an welchen herrscht Knappheit? Welche Profile sind besonders erfolgreich? Und wie verhält sich welche Usergruppe? Das ist aber nur der erste Schritt. Denn es geht ja darum, Menschen im realen Leben und nicht nur online zu treffen. Wie erfolgreich sind also Dating-Apps bei der Vermittlung von Partnerschaften, Sexbeziehungen, Freundschaften oder einer F+? Ermöglichen sie in ihrer weiten Verbreitung und Anonymität neue Formen intimer Beziehungen?

All diese Fragen lassen sich empirisch beantworten: Durch die massenhafte Verbreitung des Online-Datings werden schier unglaubliche Datenmengen generiert, die interessante Studien ermöglichen. Es folgen ihre mal überraschenden, mal gruseligen Ergebnisse, wobei ich sogleich eine methodische Einschränkung machen muss. Auf Online-Dating-Plattformen werden die User:innen fast immer verpflichtet, sich entweder als Mann oder als Frau zu fixieren. Dieses streng binäre System führt dazu, dass so gut wie alle folgenden Studien das Verhalten von heterosexuellen Männern und Frauen untersuchen, andere sexuelle Orientierungen oder geschlechtliche Identitäten sind deutlich unterrepräsentiert.

Um zu wissen, welche Eigenschaften auf dem Markt des Online-Datings eigentlich nachgefragt werden und worauf sich Knappheiten beziehen, werde ich zunächst über die Vorlieben der User:innen auf Dating-Plattformen sprechen. Die Aussagen sind arg allgemein gehalten: Männer wollen dies, Frauen wollen das, usw. Natürlich handelt es sich um Studien, die auf einer bestimmten Plattform zu einer bestimmten Zeit bestimmte Verhaltensweisen statistisch untersuchen. Aus einer breiten Masse an verschiedenen Menschen werden Trends oder Kategorien bestimmt, keine eisern gültigen Naturgesetze über »die« Männer und »die« Frauen.

Also auf geht's! Lasst uns gemeinsam in eine Welt voller Stereotype eintauchen. Zum Beispiel das hier: Männer *aller* Altersgruppen legen bei potenziellen Partnerinnen mehr Wert auf Sex-Appeal als Frauen.[6] So verwundert auch nicht, dass der Matching-Erfolg von Frauen extrem abfällt, wenn ihr Gewicht und Körpergröße ein gewisses Maß überschreiten. Im Gegenzug wird bei Männern hoher Wert auf sozioökonomischen Status und Bildung gelegt.[7] In einer der größten bislang durchgeführten Studien, mit Daten von ungefähr einer halben Million User:innen auf der Plattform Hinge wurden die wichtigsten Variablen für einen erfolgreichen Match ermittelt.[8] Je ähnlicher sich Menschen in Bezug auf Bildung, Religion, *Rasse*[9], Beziehungspräferenz sowie Schüchternheit/Offenheit[10] sind, desto höher die Wahrscheinlichkeit eines Matches. Das Phänomen »Gleich und gleich gesellt sich gern« nennt sich in der Literatur »Homophilie« (siehe dazu auch Kapitel 7) und erstreckt sich beim Online-Dating auch über völlig banale bis abstrakte Faktoren: User:innen mit demselben Betriebssystem matchen 8,9 Prozent eher. Noch wichtiger ist derselbe Anfangsbuchstabe des Vornamens, welcher den Erfolg um 11,3 Prozent steigert.

Die Homophilie gilt allerdings nicht für sämtliche Qualitäten. Insbesondere in Sachen Körpergröße sollten Frauen optimalerweise zwischen 1,55 und 1,70 Metern liegen. Der Idealwert hängt von der Größe des Mannes ab und lässt sich mit folgender Gleichung easy mit nur einem Semester Ingenieursmathematik ausrechnen:[11]

Effektive Match-Rate (EMR) in Abhängigkeit der Größe des Mannes *m* und der Größe der Frau *f*:

$$EMR(f, m) = \sum_{i=0}^{2} \sum_{j=0}^{2} a_{ij} f^i m^j$$

$$\text{wobei } a_{ij} = \begin{pmatrix} 3,172 & -90,01 & 0,64 \\ -99,49 & 2,83 & -0,02 \\ 0,78 & -0,02 & 0 \end{pmatrix}$$

Einer der stärksten Unterschiede zwischen Männern und Frauen zeigt sich allerdings nicht bei der Körpergröße, sondern in der Alterspräferenz. Hier lassen sich bezeichnende Statistiken von OkCupid heranziehen. Der Mathematiker Christian Rudder, einer der Mitgründer der bekannten Online-Dating-Plattform, veröffentlichte 2014 eine entsprechende Auswertung der Daten seines Unternehmens. Für Frauen waren die attraktivsten Männer stets ungefähr in ihrem Alter. In ihren 20ern sollten die schönsten Männer ein bis drei Jahre älter als die Frauen sein, ab Mitte 30 wären etwas jüngere Männer das Ideal. Ab Ende 40 steigt das beste Alter wieder an und nähert sich der Gleichaltrigkeit. *Nichts* von dieser Dynamik ist auch nur *annähernd* bei Männern zu finden. Durch *alle* Altersgruppen hinweg werden Frauen zwischen 21 und 23 Jahren als am attraktivsten eingestuft. Einziger »Ausreißer« sind die 45-jährigen Männer, bei denen die 24-jährigen Frauen auf Platz eins stehen.[12]

Natürlich bildet das Ideal nicht gleich die Realität ab, doch Männer ab 30 zeigen eigentlich kaum noch Interesse an gleichaltrigen Frauen (bloß jeder fünfte), was mit dem Alter immer weiter absinkt.[13] »Ältere« Frauen – und das sind gemäß der hier zitierten Studie mehr als drei Jahre Altersdifferenz – sind noch wesentlich unbeliebter und ziehen über alle Altersgruppen nur fünf bis zehn Prozent der Männer an. Entsprechend bleibt aus statistischen Gründen nur eine Folge übrig: dass die Vorliebe für jüngere Frauen steigt und steigt. Interessant erscheint mir, dass bei Frauen eine ähnliche Struktur vorliegt, nur weniger stark ausgeprägt. Obwohl etwa ein Drittel der Frauen stabil gleichaltrige Partner bevorzugt, nimmt der Wunsch nach älteren Partnern im Laufe der Jahrzehnte konstant ab und fällt ab 60 rapide. Mit 70 hat ein überragender Teil der Frauen keine Lust mehr auf ältere Männer.

Die bisherigen Studien zeigten keinen zeitlichen Verlauf, sondern immer nur Stichproben, sodass nicht klar ist, ob sich die Vorlieben auch über die Zeit verändern. Das ändert eine aktuelle, äußerst umfangreiche Studie von Rachel Dinh u. a.:[14] Sie analysiert über einen Zeitraum von zehn Jahren ca. 150 000 Profile der britischen Plattform eharmony samt dem jeweiligen Verhalten ihrer User:innen. Bei eharmony handelt es sich, anders als etwa Tinder, nicht um eine Plattform, die zu großen Teilen für den Gelegenheitssex genutzt wird,[15] eher stehen romantische

Partnerschaften im Vordergrund. Aus den Ergebnissen der Studie lässt sich schließen, dass es immer mehrere Dimensionen sind, welche den Datingerfolg beeinflussen.[16] Doch über den Zeitraum, in dem das User:innenverhalten untersucht wurde, lässt sich ein bedeutender Wandel feststellen. Die Faktoren des Einkommens und der Bildung verloren massiv an Bedeutung, auch die Religionszugehörigkeit rangiert ganz weit unten. Nur das Alter scheint nach wie vor für beide Geschlechter eines der wichtigeren Kriterien zu sein. Die mit Abstand relevantesten Bedingungen eines erfolgreichen Matches bilden allerdings die Antworten auf die wirklich existenziellen Fragen des Zusammenlebens: Rauchst du oder nicht? Trinkst du regelmäßig Alkohol oder nicht? Hast du Kinder, und möchtest du welche haben? Wer hier mit den Vorstellungen seines Gegenübers zusammenkommt, darf sich mit hoher Wahrscheinlichkeit auf ein Treffen freuen. Hierin unterscheiden sich weder Männer noch Frauen.

Aus den bislang vorgestellten Zahlen und Fakten lassen sich einige Hypothesen ableiten, die das ökonomische Verhalten der beteiligten Akteure betreffen.

These 1: Da die Anzahl der User:innen auf den Plattformen äußerst hoch ist, sinkt die Zeit, welche aufgewendet wird, um ein Profil zu bewerten.

So kann die Angebotsseite effizienter ausgelotet werden, um das bestmögliche Date zu finden. Innerhalb weniger Sekunden muss ein Profil überzeugen. Ein:e durchschnittliche:r Recruiter:in größerer Konzerne braucht ca. sieben Sekunden, um eine Bewerbung einzuschätzen (so zumindest behauptet es die Unternehmensberatung Ladders)[17]. Und in der Tat: Laut der bereits zitierten Hinge-Studie liegt das ungefähr auf demselben Niveau, das ein männlicher User mit einem Profil verbringt (6,7 Sek. +- 4,7).[18]

These 2: Die ungleiche Verteilung der Likes führt zur generellen Orientierung an der begehrtesten Gruppe.
Die Kriterien, nach denen Männer mit Vorliebe suchen, fokussieren sie auf eine äußerst begrenzte Zielgruppe: junge, kleine, schlanke, sportliche, möglichst attraktive Frauen. Das heißt nicht sogleich, dass es hier nur um *casual sex* ginge.[19] Aber die Konkurrenz steigt für gewisse Usergruppen extrem. Insbesondere ältere Frauen sind dazu angehalten, sich optisch zu verjüngen, um hier noch mitzuhalten.[20] Die Plattform stellt keine Diversität dar, sondern erzeugt einen einheitlichen Zwang für alle »low performer«.

These 3: Männer sind auf Online-Dating-Plattformen aktiver als Frauen.
Das Design der meisten Dating-Plattformen wird zu einem ökonomischen Spiel, da die Anzahl der Menschen, die man für einen Match nach rechts wischen kann, begrenzt ist. Wenn ein Mann weiß, dass seine Wahrscheinlichkeit, eine besagte junge, schlanke, etc. Frau zu matchen, durch die männliche Konkurrenz niedrig ist, spart er seine Likes am besten für eben jene Profile auf. Durch den starken Wettbewerb, der einen Großteil der Männer auf wenige Profile konzentriert, sind Männer selbst bei zahlenmäßiger Gleichheit doppelt so aktiv auf Dating-Plattformen wie Frauen.[21]

These 4: Bestehende Ungleichheiten der Aktivität verstärken sich mit der Zeit selbst.
Die Geschwindigkeit des Matchings (These 1), die starke Altersdiskriminierung (These 2) und die konkurrenzbedingte höhere Aktivität von Männern (These 3) mündet in einigen Tatsachen, die den meisten Leser:innen bekannt sein dürften: Männer erhalten in der Regel weniger Nachrichten als Frauen,[22] initiieren öfter Gespräche[23] und bekommen dabei weniger Antworten[24]. Dabei bringt es übrigens rein gar nichts, wenn Männer mehr schreiben.[25] Der wirklich erschreckende Punkt aber ist: Diese

Entwicklungen haben sich über die letzten Jahre *massiv* verschärft.[26] Dabei könnte es sich um einen sich selbst verstärkenden Prozess handeln. Denn je mehr Nachrichten Frauen bekommen, desto weniger können oder wollen sie lesen und beantworten. So bleibt den Männern spieltheoretisch eigentlich nichts anderes übrig, als *noch mehr* nach rechts zu wischen und *noch mehr* Nachrichten zu schreiben, um evtl. doch noch ein Date zu landen.[27] Nicht weil Männer eben Männer und Frauen eben Frauen sind, sondern weil sie die Plattformökonomie dazu zwingt. Mobiles Dating (mit Smartphones) intensivierte den Trend in den letzten Jahren noch weiter. Wer ein Smartphone verwendet, besucht mehr Profile, schreibt mehr Nachrichten, bekommt mehr Matches.[28] Für Frauen gilt es im Gegenzug, unter diesem Kreuzfeuer der Nachrichten immer selektiver werden zu *müssen*.[29] Entsprechend verbringen Frauen etwa doppelt so lang auf einem Profil wie Männer, um sich die Sache genau anzuschauen.[30]

Die Ergebnisse der groß angelegten Untersuchungen des Online-Datings zeigen unterschiedliche Präferenzen zwischen den Geschlechtern, was zu starker Konkurrenz und entsprechend zu unterschiedlichen Strategien und Zielen des Online-Datings führt. Sowohl Männer als auch Frauen suchen im Online-Dating nach schnellem Sex, nach Beziehungen, nach Freundschaften, nach Zeitvertreib. Aber Männer wählen hierfür eine »promiske« Kommunikationsform – sie matchen innerhalb ihrer Alterskriterien alles, was nicht bei drei auf den Bäumen ist, und pfeffern Matches in der Regel mit Nachrichten zu. Das Online-Dating konfrontiert alle Menschen, die eine F+ zwischen einer Frau und einem Mann suchen, mit herben geschlechtlichen Stereotypen: Männer wollen Sex mit so vielen jungen Frauen wie möglich, weshalb insbesondere jüngere Frauen den Weg harter Selektion gehen, um diesem Ansturm irgendwie gerecht werden zu können, während ältere Frauen die App deprimiert und frustriert deinstallieren. Zwar zeigt ein Blick in die Vergangenheit, dass auch schon früher Männer eher mehr potenzielle Partnerinnen auswählten, wohingegen Frauen vorsichtiger agierten. Aber eben nicht so heftig wie heute.

Die Kritik am ökonomischen Design der Plattformen soll nicht über die Tatsache hinwegtäuschen, dass das Verhalten von Männern und Frauen auch immer noch handfesten, patriarchalen Strukturen unterliegt, egal wie sehr die Infrastruktur von Online-Dating-Plattformen zu einem gewissen Verhalten anreizt. Eva Illouz stellt fest, dass »Frauen ihre sexuelle Wahl nicht losgelöst von dem Umstand treffen, daß ihr sozioökonomischer Status im Fall einer Mutterschaft unmittelbar von einem einzigen Mann abhängt«.[31] Die von Frauen verfolgte Sexualstrategie besteht somit in der Exklusivität, die eine hohe Bindungsbereitschaft sowohl voraussetzt als auch verlangt[32] – egal ob online oder offline. Im Gegenzug gewinnen Männer durch den patriarchal erzwungenen weiblichen Bindungswillen an gesellschaftlichem Status, denn die ihrerseits gewählte Strategie sexueller Ungebundenheit demonstriert die Macht der Männer über von ihnen abhängige Frauen. Das impliziert den häufigen Wechsel von Sexualpartnerinnen. Er verhilft außerdem zu Rang und Namen im Kampf der Männer unter sich, denn je höher die Anzahl an Sexualkontakten, desto »männlicher« ist man.[33] Die emotionale Unverfügbarkeit der Männer in Bezug auf liebevolle Bindungen wird also doppelt patriarchal belohnt.

Kurz gesagt: Stereotype Geschlechterrollen und männliche Sexualnormen bereiten eine bestimmte Kommunikation auf Dating-Plattformen vor, die sich – einmal in ihrer Dynamik losgetreten – immer weiter in die Extreme hineinsteigert, angetrieben durch das marktförmige Design der Dating Apps. Die User:innen werden kraft der technischen Infrastruktur noch tiefer in ihre gesellschaftlich bereits vorgegebene Geschlechterrolle gepresst, ob sie das wollen oder nicht. Die Ökonomie des Online-Datings verschärft eine Geschlechterspannung, die eine:n hoffnungslos stimmt.[34] Die versprochene Freiheit des Internets scheint doch wieder auf die alten Konflikte von Frau versus Mann, Liebe versus Sex, Freiheit versus Commitment zurückzufallen. Der pessimistische Ausblick darf allerdings nicht vergessen lassen, was für einen wichtigen Stellenwert das Online-Dating für Millionen von Menschen einnimmt. Ich selbst habe viele meiner Freund:innen und alle meiner bisherigen Partner:innen über Dating-Apps kennengelernt. Auch unter durchökonomisierten Bedingungen auf Plattformen wie Tinder und Co. sind Menschen immer noch in der Lage, vielfältige, glückliche und verantwortungsvolle Bindungen aufzubauen. Die scharfen Kontrastierungen zwischen den Geschlechtern und ihren Bedürfnissen fangen an zu bröckeln, wenn wir aufhören, uns allein am klassischen »Romantikdiktat«[35] zu orientieren. Auch heterosexuelle cis Frauen suchen online nach Gelegenheitssex, auch ihre männlichen Pendants nach festen Beziehungen.[36] Nicht jede Liebe muss romantisch sein, nicht jeder Sex außerhalb einer festen Beziehung muss ohne Liebe stattfinden. Das wissen wir Queers seit jeher und ich glaube, dass viele heterosexuelle Menschen von queeren Lebens- und Liebesweisen eine Menge lernen können.

Die Soziologin Andrea Newerla stellt zu Recht fest, dass die Überhöhung der heterosexuellen, romantischen, monogamen Partnerschaft alle anderen Formen der intimen Beziehungen ausblendet, die durch die Flexibilität des Online-Datings ermöglicht werden.[37] Sie plädiert für die Anerkennung »mobiler Intimitäten«, also intimer Beziehungen, die in Bewegung sein dürfen, sowohl in ihrem Inhalt als auch in ihrer Form. Online-Dating-Plattformen schreiben ihren User:innen nicht vor, nach welchen Kriterien sie zu swipen oder sich nach einem Match zu verhalten haben. Deshalb haben die Beziehungen, die sich im Chat entwickeln, nicht notwendig eine feste Richtung oder ein bestimmtes Ziel. In der zufälligen Begegnung zweier völlig unbekannter Menschen, allein ermöglicht durch einen Algorithmus und einen Server, der zwei Smartphones irgendwo auf der Welt miteinander verbindet, entsteht die Möglichkeit eines Zwischenraums außerhalb von Norm und Tradition. Gleichgesinnte lassen sich schneller finden – für Freundschaften, für polyamore Beziehungsnetzwerke, für schnellen Sex, aber eben auch für die »Liebe fürs Leben«. Manche Menschen suchen auch nach gemeinsamen Aktivitäten, Reisen und bloßer Unterhaltung.[38] Wie Newerla in ihren Interviews feststellt, erfahren die User:innen beim Online-Dating eine Offenheit, in der sich Beziehungen entwickeln können, die aufregend und einschüchternd zugleich ist.[39]

Zahlreiche Studien, die die Motive hinter und Resultate von Online-Dating untersuchen, bilden eine Vielfalt an Beziehungsformen ab, die durch diese Offenheit entstehen.[40] Das mag auch der Grund dafür sein, dass sich niemals Dating-Apps speziell für sexuelle Freundschaften entwickelt haben. Social-Dating-Apps wie Tinder, OkCupid und Bumble funktionieren dafür ausgezeichnet, auch bei allen Problemen der Geschlechterverhältnisse, die ich oben ausgeführt habe. Wer online deutlich macht, was sie oder er sucht, wird in der Regel fündig werden. Angebote, die sich an das Matchmaking für potenzielle Freund:innen richten (etwa Bumble BFF, Meetup, Hangouts), bleiben bis heute Nischenprodukte.

Um die Fallstricke des Heterosexismus im Online-Dating zu umgehen und um die Suche nach sexuellen Freundschaften zwischen Männern und Frauen so erfolgreich wie möglich zu gestalten, möchte ich zum Abschluss des Kapitels Folgendes empfehlen:

- *Klarheit der Motive*: Die Offenheit des Social Datings kann überfordern, doch wer souverän mit ihr umgeht, wird mit einer großen Freiheit belohnt. Wir werden dazu angehalten, über unsere Beziehungen, über unsere Wünsche, über unsere Intimitäten und Begehren zu sprechen, um zueinanderzufinden. Das sollte im Chat oder bei den nachfolgenden Treffen immer wieder Thema sein. Wo keine vorgefertigten Beziehungsskripte existieren, müssen wir uns unsere Geschichten eben selbst schreiben.

- *Orientierung an der Freundschaft*: Zu einer sexuellen Freundschaft gehört nicht nur Sex, sondern auch Freundschaft. Es ist wichtig, sich als Charaktere kennenzulernen, mit Interessen und Hobbys und Zielen, zu denen mehr gehört als bloß sexuelle Bedürfnisse. Die heterosexistische Verengung von Frauen auf ihren Körper und von Männern auf ihren Status kann durch wahrhaftiges Interesse an Menschen mit all ihren Komplexitäten überwunden werden.
- *Zurückhaltung bei Männern*: An alle heterosexuellen cis männlichen Leser – bitte atmet ab und zu mal durch, bevor ihr nach rechts wischt. Weniger ist in vielen Fällen mehr. Überlegt euch gut, ob es wirklich passt. Das würde nicht nur die Frauen auf der anderen Seite entspannen, sondern auch das eigene Wohlbefinden fördern: Wie Studien zeigen konnten, sinkt die Zufriedenheit bei steigender Anzahl an Swipes.[41]

Wenn das Online-Dating – trotz seiner Fallstricke – zu einem erfolgreichen Match und angenehmen Treffen führt, kann eine sexuelle Freundschaft entstehen. Doch welche Rolle *genau* spielt dabei eigentlich der Sex?

5.

FUCKING FRIENDS (WITHOUT FUCKING IT UP)

Über meine ganze Arbeit hinweg spreche ich immer wieder von »freundschaftlichem Sex«. Ich könnte auch einfach nur »Sex mit Freund:innen« sagen, aber lege besonderen Wert darauf, die körperliche Intimität sprachlich nicht von der Freundschaft abzutrennen, sondern beides miteinander zu verschränken. Anstoß hierfür gab mir unter anderem ein Interview mit dem Philosophen Michel Foucault, der über Homosexualität sagte:

> »Zudem muß man der Tendenz mißtrauen, wonach die Frage der Homosexualität zurückführt auf die Frage: ›Wer bin ich? Was ist das Geheimnis meines Begehrens?‹ Vielleicht sollte man eher fragen: ›Was für Beziehungen können über die Homosexualität aufgebaut, entworfen, erweitert und von Fall zu Fall verschieden gestaltet werden?‹«[1]

Dieser Absatz hat viel in mir bewegt. Auch ich möchte mit der Frage nach der Sexualität in einer Freundschaft nicht nach dem besonderen »Geheimnis« suchen, das mir beantwortet, warum ich meine Freund:innen sexuell begehre. Damit würde wieder eine Trennung eröffnet, die den Sex an der einen Stelle verortet, die Freundschaft an einer anderen und dann fragt: Wodurch wird die Kluft überbrückt? Wie kommt man von dem einen zum anderen? Mich aber treiben Variationen der Foucault'schen Frage um, welche die Einheit der sexuellen und freundschaftlichen Intimität voraussetzt, um von dort aus auf die Suche zu gehen: Welche Form findet eine Freundschaft, die sich über das Sexuelle entwickelt und erweitert, vertieft und begründet? Was bedeutet freundschaftlicher Sex, und welche freundschaftlichen Beziehungen können wir über ihn aufbauen? Wie unterscheidet der freundschaftliche Sex sich von Sex, den man aus bloß hedonistischen Gründen hat, also Gelegenheitssex? Was bedeutet es, sexuelles Begehren in Freundschaften zuzulassen und freundschaftliche Lust als solche wahrzunehmen?

Es ist eine beliebte evolutionäre Theorie, dass vor allem Männer nach Gelegenheitssex streben, weil er biologisch gesehen »billig« ist. Zur erfolgreichen Fortpflanzung muss ein Mensch mit Penis nur einen Teelöffel Flüssigkeit beisteuern. Abgesehen von der fragwürdigen Prämisse, dass sich die Dynamik der menschlichen Sexualität auf die Fortpflanzung reduziert, lässt sich spätestens im Zeitalter des Online-Datings klar nachweisen: Menschen aller Geschlechter genießen *casual sex*, ohne jede andere Form der Bindung oder Beziehung. Heutzutage haben sich in vielen Gesellschaften Geschlechtsverkehr und Reproduktion voneinander getrennt, sodass man Sex unabhängig von der körperlichen Ausstattung als durchweg biologisch »billig« bezeichnen könnte. Menschen mit Zugang zu Verhütungsmitteln und nicht kriminalisierter Abtreibung steht gleichermaßen die Option offen, sich sexuell jederzeit in jede Richtung zu entfalten.

Oft wird die F+ mit einer solchen »freien« Sexualität in Verbindung gebracht. Für die Soziologin Eva Illouz, die bereits im Kapitel über Emotionspsychologie zur Sprache kam, stellt die F+ sogar hauptsächlich eine Beziehungsform dar, welche unverbindlichen Sex – also Gelegenheitssex – ermöglicht.[2] Trotzdem beschreibt Illouz den Gelegenheitssex als eine Umgangsform, die von jeder Beziehung absieht, also auch der Freundschaft. In jedem Fall erblickt sie die literarische Reinform des Gelegenheitssex und damit einer »beziehungslosen« Sexualität in Erica Jongs feministischem Roman »Angst vorm Fliegen« (1973). Das Buch beginnt damit, dass die 29-jährige Protagonistin in einem Flug mit 117 Psychoanalytikern sitzt, mit denen sie mehr oder weniger allen vögeln will. Um sich von ihrer Flugangst abzuhalten, entwickelt sie die sexuelle Fantasie des »Spontanficks«, den die Autorin folgendermaßen beschreibt:

> »Der Spontanfick war mehr als ein Fick. Er war ein platonisches Ideal. (...) [W]enn man zusammenkam, fielen die Reißverschlüsse weg wie Rosenblätter, die Unterwäsche wehte in einem Atemzug fort wie Löwenzahnflaum. Zungen verschlangen sich und wurden flüssig. (...) Der Spontanfick ist absolut rein. Er ist frei von jeglichen Hintergedanken. Es gibt kein Machtspiel. Der Mann ›nimmt‹ nicht und die Frau ›gibt‹ nicht. Niemand versucht, den Mann zu betrügen oder die Frau zu demütigen. Niemand versucht, irgendetwas zu beweisen oder etwas aus jemandem herauszuholen.«[3]

Der Spontanfick ist schnell und heiß. Er ist frei von Schuld oder Scham und wird nur für den sexuellen Lustgewinn betrieben.[4] Die Geschlechter stehen auf Augenhöhe, weil es nicht um Rollen, Funktionen oder Status geht, sondern um reine Geilheit. Da treffen sich zwei Menschen, zufällig, an irgendeinem Ort. Ihre sich begehrenden Körper prallen aufeinander, aneinander, ineinander, um sich in wunderbarer, roher Lust zu lieben. Im Englischen gibt es das geflügelte Wort des »random acts of kindness«, zufällige Akte der Freundlichkeit und Zugewandtheit. Neben der Freiheit und Gleichheit, die Jong in den Vordergrund ihrer Definition des »Spontanficks« stellt, spricht auch eine ganz profunde Nächstenliebe aus dem Gelegenheitssex: Wir kennen uns nicht, aber wir tun uns Gutes. Einfach so. Ohne Hintergedanken. Ohne Machtspiele.

Das klingt erst mal utopisch und wild, aber ist es in der Realität wirklich so einfach? Im Laufe des Buches stellt sich die Protagonistin diese Frage immer wieder. Als es zu einer Situation kommt, die eigentlich einem fantasierten Spontanfick entspricht, aber in der die Protagonistin das Gefühl hat, keine Kontrolle über das Geschehen zu haben, entgleitet ihr jegliche Lust. Angst macht sich breit. Der Spontanfick, so stellt sich heraus, birgt das Risiko zum Übergriff. Die Freiheit des Spontanficks trügt, weil sie die Möglichkeit der sexuellen Gewalt völlig ausblendet.

Das sieht auch Eva Illouz und problematisiert, dass der Gelegenheitssex eine Geschlechtergleichheit suggeriert, obwohl er eigentlich als eine »männliche Form von Sexualität«[5] angesehen werden muss. Sie belegt ihre Behauptung mit zwei Gründen:[6]

1. *Sexueller Doppelstandard:* Männer haben schon immer mehr sexuelle Freiheiten als Frauen genossen. Da der Gelegenheitssex eine besonders liberale Form der sexuellen Beziehung darstellt, spielt es historisch auf ein männliches Privileg an. Zu fast allen Zeiten wurden im Westen Frauen für außerehelichen Sex härter bestraft als Männer. Zudem gilt männliche Promiskuität als Zeichen sexueller Macht, bei Frauen als unweiblich und moralisch verwerflich. Die Jungfräulichkeit war ein zu schützendes Gut,

wohingegen sexuelle Eskapaden der Männer mit einem weitgehend kriegerischen Vokabular beschrieben wurden, was ihrer Männlichkeit zutrug: Noch heute sprechen wir von »erobern«, »besteigen«, »rumkriegen« usw. Wenn Männer viel vögeln, gelten sie als sexuell erfolgreich und erfahren – und Frauen als »Schlampen«.[7]

2. *Emotionale Unabhängigkeit:* Der Gelegenheitssex unterscheidet sich vom partnerschaftlichen Sex, weil ihm romantische Gefühle fehlen, er also – so Illouz – weniger emotional aufgeladen ist. Für Frauen gestaltet sich der Zugang zum Sex aber emotionaler, weil er für sie größere Risiken birgt, auch ökonomisch. Lange Zeit konnten viele Frauen nur im Schatten ihrer männlichen Protegés zu gesellschaftlicher und ökonomischer Anerkennung gelangen. Frauen waren gezwungen, ihre ökonomische Lebenssituation in ihre Entscheidung für oder gegen ein sexuelles Verhältnis miteinzubeziehen. Etwas, was den leiblichen Körper und seinen Platz in der Welt derart stark betrifft, regt Gefühle. Die gesellschaftliche Benachteiligung von Frauen bis in die Gegenwart macht ihren Zugang zum Sex emotionaler, weil er sie etwas angeht, weil er sie existenziell etwas angeht, weil er unter Umständen die materielle Grundlage ihres Lebens vollständig umkrempelt. Frauen sind nicht emotionaler, weil sie eben emotionaler »sind«, sondern weil sie emotionaler sein *müssen*. Der Gelegenheitssex trägt deshalb eine patriarchale Prägung, weil er eine emotionale Distanziertheit voraussetzt, die Männern aus obigen Gründen leichter fällt. Wenn der Gelegenheitssex in der heutigen Zeit zum Zeichen einer besonders liberalen und aufgeklärten

> Haltung geworden ist, lastet der Druck auf Frauen, sich entsprechend sexuell offen und emotional distanziert zu verhalten. Sie werden also zwangsläufig in ein patriarchales Muster gepresst, ob sie das nun wollen oder nicht.[8]

Ich habe mich in ein feministisches Dilemma manövriert. Auf der einen Seite betont Jong eine sexpositive, emanzipierte, entfesselte weibliche Sexualität, auf der anderen Seite zeigt Illouz ihre patriarchalen und ökonomischen Schattenseiten auf. Der Gelegenheitssex verwirklicht eine eher »männliche« Erotik, die für viele Frauen gleichermaßen befreiend wie bedrängend sein kann. Wäre es also besser, mit Maß und Kontrolle die eigenen Begierden zu zügeln? Dann würde man aber wieder in den patriarchalen Stereotyp der keuschen, »reinen« Frau zurückfallen. Vielleicht hilft ein Blick in die Empirie, denn bisher wurde nur auf theoretischer Ebene argumentiert. Illouz untermauert ihre Thesen zum Gelegenheitssex mit US-amerikanischen Studien, die das Phänomen des Hookups an Hochschulen in den 2000ern behandeln.[9] Aus ihnen zieht die Soziologin Lisa Wade einen ähnlich vernichtenden Schluss:

> »Da das Ideal, das [beim Hookup] hochgehalten wird, eine stereotypisch männliche Art ist, sich sexuell zu betätigen, streben sowohl Männer als auch Frauen nach ›bedeutungslosem Sex‹. Gefühle auszudrücken wird als schwach angesehen. Die stark männlich geprägte ›Hookup‹-Kultur fordert Rücksichtslosigkeit, belohnt Gefühlskälte und bestraft Freundlichkeit.«[10]

Wie wir wissen, kann ein Hookup nicht ohne Weiteres mit einer F+, einer Fickbeziehung, einem ONS oder einem Booty-Call gleichgesetzt werden. In allen Szenarien bestehen unterschiedliche Handlungsräume, soziale Erwartungen, emotionale Intensitäten oder sexuelle Codes. Zudem kann die US-amerikanische Hochschulkultur sehr junger, vor allem *weißer* und mittelständischer Student:innen nicht kritiklos auf andere Gesellschaften und Schichten übertragen werden.[11] Um das Bild zumindest für den deutschen universitären Raum etwas geradezurücken, möchte ich einen Blick in die 2017 erschienene Studie »Sexualität von Studierenden im Internetzeitalter« von Silja Matthiesen u. a. werfen. Die Ergebnisse der Studie zeigen, dass der Gelegenheitssex sich auf einen bestimmten Lebensabschnitt beschränkt:[12] In der Studienzeit geht es auch darum, unverbindliche sexuelle Erfahrungen zu sammeln und sich auszuprobieren, bis die Beziehung als eine dauerhafte, auf Familiengründung ausgelegte Bindung eintritt. Deshalb verwundert es nicht, dass zwar die Hälfte aller Student:innen bereits regelmäßig Gelegenheitssex hatte, davon aber fast ausschließlich in Single-Zeiten. Das in der US-amerikanischen Forschung dominierende Hookup-Stereotyp des Partysex stellt nur einen kleinen Anteil der berichteten Szenarien dar. Der Gelegenheitssex als neue »Norm« einer modernen Sexualität sollte deshalb nicht überschätzt werden. Das oben beschriebene Dilemma wiegt vielleicht nicht so schwer oder nur in einem gewissen Alter. Die ersten Erfahrungen mit Gelegenheitssex formen dennoch die Erwartungen und Vorstellungen junger Menschen in Bezug auf Geschlecht, Intimität und Sexualität. Deshalb möchte ich die eigenartige Beziehung in den Blick nehmen, die bei wiederholtem Gelegenheitssex mit derselben Person entstehen kann. Oben hatte ich von einer »beziehungslosen« Sexualität gesprochen; in Anführungszeichen, weil es unmöglich ist, sich nicht auf eine andere Person zu beziehen, wenn man mit ihr interagiert. Ebenso ist es ja auch unmöglich, nicht zu kommunizieren. Das aktive Nicht-Herausbilden einer Beziehung erzeugt immer eine Beziehung, so wie das aktive Nicht-Kommunizieren immer etwas kommuniziert. Es gibt einen Spruch, der heißt: »Eine Beziehung heißt sich zu beziehen.« Worauf also bezieht sich der Gelegenheitssex? Auf die eigene Befriedigung und auf sonst nichts. D:ie Andere wird in den Worten Eva Illouz' bloßes »Mittel zur Selbstentfaltung und Bestätigung der eigenen Autonomie«[13].

Dieses Phänomen nennt Illouz eine »negative Beziehung«, also das soziologische Phänomen bewusster, geradezu aktiver »Nichtherausbildung von Bindungen«[14] – ich sollte hinzufügen: von festen und klaren Bindungen. Man kann jederzeit frei wählen, die Beziehung einzugehen, zu intensivieren, zu lockern, zu beenden. In der letzten Zeit hat sich für eine solche Beziehung der Begriff Situationship ausgebreitet, eine Beziehung nur für den Moment, für einen Tag, für eine Woche, für ein paar Dates, bis der Zauber verflogen ist. Die Situationship erinnert an den Kauf von Produkten: Man kann sie – vermeintlich ohne Konsequenzen – wie ein Abo kündigen, wie ein kaputtes Spielzeug einfach in die Mülltonne hauen. Ich glaube deshalb, dass die Freiheit der Situationship eigentlich eine Freiheit des Konsums und vor allem auch des Wegwerfens ist.

Es verwundert mich nicht, dass der Begriff Situationship groß geworden ist,[15] als langsam alle Coronamaßnahmen weggefallen sind. Viele Coronabeziehungen haben sich aufgelöst, da sie nur der besonderen, pandemischen Situation geschuldet waren. Da wurden unglaublich viele Menschen mit ihren Enttäuschungen, Trennungsschmerzen und emotionalen Wunden allein zurückgelassen. Sie wurden ausgenutzt für eine zeitweilige Illusion von Partnerschaft, für eine Performance von Intimität und Vertrauen. Und als das Bedürfnis des oder der anderen weg war, wurden sie geghostet, was im Online-Dating heute fast schon als völlig normale Reaktion gilt.

Eine »Situation« hat keine Vergangenheit, keine Zukunft und keine Geschichte. Deshalb bleibt sie ihrem Wesen nach unbestimmt. Es ist unklar, wann sie beginnt, wie sie abläuft, wann und wie sie endet. Es gibt keine gemeinsame Norm oder Abmachung, welche die Beziehung strukturieren könnte. Über die Situationship darf nicht gesprochen werden, weil dann Erwartungen und Verpflichtungen entstehen würden, die über die gegenwärtige Situation hinausreichten. Es geht nur um Sex und den momentanen Wunsch nach Nähe. Die Situationship ist vollkommen darauf angewiesen, dass beide aufeinander Bock haben.

All das schafft eine große Unsicherheit. Die Beteiligten leben in einem Zustand des fortwährenden Zweifels. Je instabiler die Beziehung, desto stabiler die Ängste, welche Minderwertigkeitskomplexe bedienen: »Wenn ich nicht gut genug bin, werde ich verlassen oder geghostet.« Denn welchen Grund hätte es auch, in einer völlig unverbindlichen Beziehung dramatische Zeichen des Abschieds zu setzen, wenn man sie beendet?[16] So schnell der Kontakt erfolgt, so schnell bricht er auch wieder ab, so schnell *muss* er abbrechen, eben weil es um »nichts« geht. Wie eine Geschäftsbeziehung, die einfach so und mit professioneller Distanz einseitig aufgekündigt werden kann, wenn sich ein besserer Deal anbahnt.

Wer mitbekommt, dass die eigenen Freund:innen in solchen Beziehungen stecken, würde vermutlich laut schreien, dass sie bitte sofort Reißaus nehmen sollten, um keine emotionalen Schäden davonzutragen. Es handelt sich in der Tat um toxisch unverbindliche Beziehungen, also Beziehungen, die toxisch *casual* sind. Sie befindet sich an der Grenzlinie zum emotionalen Missbrauch und überschreitet sie von Zeit zu Zeit auch. Deshalb möchte ich vorschlagen, die starke Tendenz zu Situationships in Anlehnung an *toxic masculinity* (toxische Männlichkeit) als *toxic casuality*[17] zu bezeichnen. Etwas vereinfacht gesagt könnte man einer Beziehung dann *toxic casuality* diagnostizieren, wenn sie zwei Eigenschaften aufweist:

1. Die Beziehung hat keine Regeln. (Das führt zu Sätzen wie: »Wir schauen einfach mal, wie es sich entwickelt. Jede:r von uns genießt weiter in vollen Zügen seine individuellen Freiheiten.«)
2. Es darf nie über die Beziehung gesprochen werden.

Gegen eine solche Vorstellung von Beziehung und Sexualität schreibe ich dieses Buch, gegen eine solche Praxis von Beziehung und Sexualität setze ich das Modell der sexuellen Freundschaft. Die F+ setzt die Freundschaft an erste Stelle, nicht den Sex: »Freundschaft plus« heißt eben nicht »Sex plus«. Weder eine F+ noch die ihr eigene Sexualität können meiner Ansicht nach als *casual* gelten, will die Freundschaft als Freundschaft ernst genommen werden, auch wenn eine andere Vorstellung das populäre Bild der F+ prägt. Ich möchte den klassischen Gegensatz von Gelegenheitssex versus Liebe[18] durch die Realität der sexuellen Freundschaft und der freundschaftlichen Sexualität auflösen. Die freundschaftliche Lust drückt ein ehrliches Begehren aus, welches sich auf d:ie Andere, meine:n Freund:in richtet. Da herrscht nicht nur Geilheit, die irgendwie Befriedigung erlangen will; und selbst wenn es so wäre, dann würde die Freundschaft sie in emotionale Intimität umkehren. Freundschaftlicher Sex stiftet Bedeutung, weil er über die eigene Lust hinausgeht und auf die freundschaftliche Beziehung selbst verweist. Ich fühle mich zu:r Anderen nicht primär zugeneigt, weil ihre körperliche Erscheinung sexuelle Attraktion auslöst, sondern weil mich die freundschaftliche Liebe zu ihr zieht, weil ich meine Freund:innen vom Grunde meines Herzens liebe, weil ich sie respektiere und ihnen nah sein möchte. Seelisch und körperlich.

Freundschaftliche Sexualität drückt ein freundschaftliches Verhältnis aus, sie erweitert und festigt es. Das geschieht nicht nur, weil man durch die gemeinsame Sexualität Zuneigung und Fürsorge zeigt. Ich teile dabei die Meinung bell hooks', Liebe konzeptuell von Zuneigung und Fürsorge abzutrennen. Es sei, so hooks, durchaus möglich, in einer fürsorglichen und von Zuneigung geprägten Beziehung dennoch keine Liebe zu empfangen.[19] Während Fürsorge und Zuneigung auf eine Situation bezogen bleiben, und dabei manchmal Ausdruck von Liebe sein können, weist die Liebe immer über den Akt hinaus, auf die Beziehung selbst. Deshalb prägt Liebe den freundschaftlichen Sex. Sexuelle Freundschaft und freundschaftliche Sexualität sind zwei Seiten ein und derselben Medaille. Über freundschaftlichen Sex darf aus all diesen Gründen nicht nur gesprochen werden, über freundschaftlichen Sex *will* gesprochen werden: weil Freund:innen darüber reden, was sie gemeinsam erleben, was sie aneinander wertschätzen, was sie aneinander lieben.

Wenn es um die Liebe geht, unterscheidet sich der freundschaftliche Sex weit weniger vom partnerschaftlichen als vom Gelegenheitssex. Doch wo bestehen die Differenzen zwischen der Sexualität mit Freund:innen und Partner:innen? Kulturell gesehen folgt die Sexualität unter Partner:innen, vor allem unter heterosexuellen Menschen, einem klaren Skript:[20] Sex gehört hauptsächlich[21] in eine monogame,[22] romantische Beziehung, insbesondere penetrativer Sex definiert[23] und erfüllt die partnerschaftliche Sexualität[24]. Leidenschaftlichkeit steht am Anfang der Beziehung und vergeht mit der Zeit – ein Problem, dem sich Heerscharen von Beziehungsratgebern widmen. Für Sex unter Freund:innen haben wir hingegen keine vergleichbaren Erzählungen. Sexuelle Intimität gehört nicht grundlegend zur freundschaftlichen Beziehung, sodass die körperliche Intimität kommen und gehen kann, ohne dass es gleich Krise und Beziehungsprobleme bedeutet. Freundschaftliche Sexualität darf viel leichtfüßiger, zwangloser und flüchtiger sein, sie darf stattfinden, wenn sie eben stattfindet, ohne dass sie einer ähnlich strengen Beobachtung und Beurteilung unterliegt wie in einer Partnerschaft. Freilich haben sich mit den Filmen über die F+ bereits sehr früh

Klischees herausgebildet, die den Sex unter Freund:innen als besonders wild und befreit darstellen. Das halte ich für einen falschen Gegensatz. Sexuelle Freundschaften und romantische Partnerschaften unterscheiden sich nicht darin, was man gemeinsam im Bett anstellt.[25] Allerdings werden unter Freund:innen andere Themen rund um den Sex besprochen. Es konnte zum Beispiel gezeigt werden, dass Freund:innen in sexuellen Freundschaften offener über ihre verschiedenen sexuellen Kontakte außerhalb ihrer Zweierbeziehung reden, als das in Partnerschaften der Fall ist.

Beim freundschaftlichen Sex stellt sich auch weniger stark die Frage nach großen Leidenschaften. Es kann sogar im Gegenteil sein, dass er stets leidenschaftslos verläuft, oder dass sich die Leidenschaftlichkeit erst ganz allmählich entwickelt. Freundschaftlicher Sex lädt ein, langsam zu wachsen, mit einer Ruhe, die im Sturm junger Partnerschaften eher als merkwürdig wahrgenommen würde. Für den freundschaftlichen Sex entwickeln wir andere, neue Erzählungen, eine ganz eigene Erotik, die in der westlichen Sexualkultur so noch nicht existiert und von deren Leichtigkeit sich auch die partnerschaftliche Sexualität eine Menge abschauen könnte. In einer solchen Erotik der Freundschaft geht es nicht um Erwartungen oder einen rigiden Katalog an Regeln, sondern um eine zärtliche freundschaftliche Annäherung, die körperlich wird, aber keiner romantischen Linearität folgt. Lust unter Freund:innen speist sich nicht aus der Pflicht, miteinander zu schlafen, nur um sich zu beweisen, dass man »zusammen« ist. Es darf verspielter zugehen, voller Gelächter und Albernheiten – wie in den meisten Freundschaften üblich. Während in romantischen Beziehungen oft hohe Erwartungen an ein »geschlechtergerechtes« Verhalten bestehen, die mit Performancedruck und Versagensangst einhergehen,[26] unterliegt die Freundschaft solchen gesellschaftlichen Normen kaum. Das kann für Partnerschaften nur ein Gewinn sein.

So viel zur Theorie – aber wenn der Sex einmal ganz konkret betrachtet wird, in seiner erschütternden Intensität, mit schwitzenden, zuckenden, nassen Körpern, ekstatisch entrückt im ohnmächtigen Stöhnen der Erregung, wirkt meine Rede von der liebevollen Zugewandtheit und leidenschaftsloser Ruhe freundschaftlicher Sexualität etwas fehl am Platze. Unbezweifelbar vermögen wir, es »wie Tiere zu treiben«, mal richtig »die Sau rauszulassen«. Wenn wir hart »Bock« haben, wild »vögeln«, richtige »Schweinereien« im Bett oder sonst wo anstellen – dann haben wir offenkundig äußerst animalischen Sex. Passt eine solche Erotik zur sexuellen Freundschaft? Oder können wir sie nur mit Menschen pflegen, die nicht unsere Freund:innen sind? Wie leidenschaftlich darf eine F+ oder freundschaftlicher Sex sein? Wie gestaltet sich der Sex zwischen Freunden überhaupt? Oder, kurz und knapp: Dürfen Freund:innen miteinander ficken? (Warum würden sie das überhaupt wollen?) Darum soll es im folgenden Exkurs gehen.

ÜBERS FICKEN. ODER: WIE LEIDENSCHAFTLICH DARF F+ SEIN?

> »Schon wieder schüttelt mich
> der gliederlösende Eros,
> bittersüß, unbezähmbar,
> ein dunkles Tier.«
>
> *Sappho*[27]

Ficken. Was für ein Wort. Ich weiß, der Klang irritiert. Und das ist beabsichtigt. Es ist für mich immer eine kleine Überwindung, es zu schreiben oder zu lesen, wie ein Stich, ein empörender Stilbruch. Im Fick liegt etwas Verruchtes, Vulgäres, eine Grenzüberschreitung. Der schöne Sex, ist das nicht gleichartige Zärtlichkeit, empathische Einfühlung, gegenseitige Berührung? Und dann kommt das Ficken um die Ecke und zieht einen Riss. Der Sexologe Jack Morin weist auf die Verschränkung von Aggression und Lust hin, die sich im Ausruf »fuck« zeigt.[28] Was hat das Wort also in einer Abhandlung über sexuelle *Freundschaft* zu tun, wo sich erwartungsgemäß alles um Augenhöhe, Respekt und Konsens dreht? Weshalb ist der Begriff wichtig, könnten wir ihn nicht einfach durch »vögeln« oder »Sex haben« ersetzen und uns damit zufriedengeben? Wie lässt sich der Begriff auch für das Miteinander einer sexuellen Freundschaft fruchtbar machen? Warum ist das relevant?

Ficken klingt hart, leidenschaftlich, heiß und schnell, manchmal sogar brutal. Das passt zur sprachlichen Wurzel des Fickens, denn es bedeutete im Mittelhochdeutschen »reiben«, »mit Ruten schlagen«, später dann »hauen« und »stechen«. Seit einigen Jahrhunderten trägt es seine sexuelle Bedeutung. Ficken macht ein klares Gefälle auf: Da ist eine:r, d:ie fickt – und eine:r, d:ie gefickt wird. Eine:r gibt und eine:r wird gegeben. Klingt nicht gerade nach Konsens. Etwas zartfühlender und präziser würde ich deshalb sagen, dass eine:r gibt und eine:r sich *hingibt*, und nicht »genommen wird«, sondern »sich nehmen lässt«. Diese sprachlichen Feinheiten zeigen jedoch, dass das Ficken recht eng an der Gewalt geführt ist, wenn man nicht aufpasst. Dem Ficken wohnt eine radikale Körperlichkeit inne, die ernsthaft verletzen kann. Im sexuellen Kontext spreche ich deshalb von Überwältigung, wenn ich die eigentümliche Kraft der Leidenschaft benennen möchte, ohne damit Gewalt zu meinen. Der grundlegende Unterschied besteht für mich darin, dass Sex freiwillig ist und Gewalt nicht. Im Folgenden gehe ich also stets von sexuellem Konsens aus.

Meistens bezeichnet man den fickenden Teil des Paares als den *aktiven*, den gefickten als den *passiven*. Der aktive Part handelt wie ein souveränes Subjekt: Er ergreift Initiative, bestimmt und verantwortet Beginn, Ablauf und Dauer der sexuellen Handlung. Die passive Seite hingegen trägt »objekthafte« Qualitäten, stellt sich d:er anderen zur Verfügung. D:ie Passive folgt nach, empfängt, nimmt an und auf. Sprachlich zeichnet sich bereits eine stereotype, geschlechtliche Orientierung ab. Das Ficken (Aktivsein) ist männlich ausgerichtet und wird in der Regel mit dem Eindringen des erigierten Penis in einen anderen Körper gleichgesetzt. Das Geficktwerden (Passivsein) hingegen steht symbolisch dem stereotyp Weiblichen nah. Es bedeutet die Aufnahme des anderen Körpers in den eigenen, man wird penetriert. Die Überlagerung von sozialer Dynamik, Penetration und Geschlechtlichkeit hat eine lange Geschichte, die bis auf die alten Griechen zurückgeht.

In der Antike galten Aktivität und Passivität als zentrale sexuelle Eigenschaften von ethischem Rang. Für die moralische Beurteilung eines Aktes waren sie als Kategorien unabdingbar.[29] Aktivität signalisierte Selbstbestimmtheit, also die Sorge um sich selbst. Doch warum fassten die Griechen das Sexuelle überhaupt als ethisches Problem auf? Michel Foucault argumentiert dafür, dass die antiken Philosophen sich vorrangig mit dem tugendhaften Verhalten freier, griechischer Männer beschäftigten. Frauen und Sklaven waren beherrschtes Volk und boten dazu keinen Anlass. Nun hätte man ja einfach sagen können: Männer sind aktiv, Frauen sind passiv – und basta. Keine große Diskussion. Wäre da nicht die gleichgeschlechtliche Sexualität, welche im alten Griechenland zwischen jugendlichen Knaben und älteren Männern häufig gepflegt wurde. Die Päderastie wurde als ein Verhältnis interpretiert, welches dem älteren Teil Lust und dem jüngeren Teil Nutzen stiftet, etwa in Form von Erziehung und Geschenken. Gemäß der sozialen Stellung der beiden Männer musste der Ältere als aktiv und gebend auftreten, wobei ihm beim Sex die penetrierende Rolle zugewiesen wurde. Dem Jüngling fiel das passive und empfangende Verhalten zu, er wurde penetriert.[30] Das Dilemma bestand jedoch darin, dass der jüngere Mann (man wird es kaum glauben) selbst einmal zu einem älteren Mann werden würde. Um jeden Preis musste vermieden werden, dass er weibliche Eigenschaften trug, was seiner Männlichkeit und damit seinem gesellschaftlichen Ansehen nachträglich schaden würde. Der sexuelle Akt durfte also vom passiven Mann auf keinen Fall lustvoll genossen werden. Es war eine Gefälligkeit des Jünglings, die er gegen sozialen Statusgewinn mit maßvoller Zurückhaltung gewährte. In diesem Konfliktfeld verknüpften die griechischen Ethiker sexuelle Aktivität mit Penetration, politischer Macht und Männlichkeit. Foucault fasst zusammen: »Die Lustpraktiken werden mit denselben Kategorien reflektiert wie das Feld der sozialen Rivalitäten und Hierarchien: (...) Von da aus läßt sich verstehen, daß es im sexuellen Verhalten eine Rolle gibt, die an sich ehrenhaft und uneingeschränkt positiv ist: eben jene, die darin besteht, aktiv zu sein, zu beherrschen, zu penetrieren und so seine Überlegenheit durchzusetzen.«[31]

So wurden Aktivität und Passivität als geschlechtliche Kategorien aufgeladen und gingen in die westliche Kulturgeschichte ein. Der Mann: aktiv, penetrierend, politisch herrschend – die Frau: reaktiv oder passiv, penetriert-empfangend, politisch beherrscht, devot. Aktivität und Passivität können, einmal biologisch geschlechtlich fest fixiert, beim Sex nicht mehr spielerisch wechseln. Damit wird auf der (hetero-)sexuellen Ebene eine klare Rollenverteilung eingeführt. Der sozial verstärkte *Unterschied* der Geschlechter verwandelt sich in einen *Gegensatz* und konstruiert damit ein spezifisch heterosexuelles Begehren.[32] Die »heterosexuelle Matrix«, wie die feministische Theoretikerin Judith Butler sie nennt, geht über die Sexualität hinaus und umfasst neben körperlichen Merkmalen auch Sozialverhalten und Status. Wenn ich also Männer heterosexuell begehre, dann begehre ich nicht nur die als männlich bezeichnete Körperlichkeit, sondern auch eine männliche Subjektivität und eine männliche gesellschaftliche Stellung. Die Verschränkung von Macht, Geschlecht und Sexualverhalten fördert, so der Soziologe Pierre Bourdieu, ein bestimmtes Körperverhältnis: Männer und Frauen bewegen und verhalten sich anders in öffentlichen Räumen, in einer Partnerschaft, beim Sex – es kommt zu einer »Somatisierung [Verkörperung, OL] der Herrschaftsverhältnisse«[33].

Mit Foucault, Butler und Bourdieu muss ich mir deshalb die Frage gefallen lassen, wie das Konzept von sexueller Aktivität/Passivität in eine aufgeklärte feministische Moderne mit ihren ebenso modernen Beziehungsformen wie die F+ passt. Es könnte auch einfach nur die körperliche Fortschreibung des Patriarchats sein. Ich glaube jedoch, dass das Ficken und damit auch Aktivität/Passivität eine spezifische sexuelle Dynamik beschreiben, die an sich begehrenswert ist. Die sexpositive BDSM-Szene lebt leibhaftig vor, dass Menschen über verschiedene Kulturräume und Generationen hinweg unschuldige Freude an sexuellen Machtspielen haben. Deshalb ist es mir ein wichtiges Anliegen, für das Begehren, zu ficken oder gefickt zu werden, eine queer-feministische Perspektive zu entwickeln, denn die Rollen können getauscht werden. Dann verdeutlicht das Ficken/Geficktwerden kein Verhältnis von Mann und Frau mehr, sondern bloß den Gegensatz zweier Formen erotischer Körperlichkeit, die jederzeit neu ausgehandelt werden können. Damit beziehe ich mich eigentlich auf eine sehr ursprüngliche Perspektive auf die Begriffe »aktiv« und »passiv«. Denn Aktivität kommt vom Akt, der Handlung oder Bewegung. Die lateinische Wurzel *activus* ist eine direkte Übersetzung des Griechischen *energéōtikós*, der Energie. Als rein energetischer Begriff braucht die Aktivität etwas, an der sie sich vollzieht, auf die sie sich überträgt (oder beim Sex: übertragen darf). Und hier kommt die passive Seite ins Spiel, vom lateinischen *passio*: erleiden. Die passive Seite wird durch den energetischen Impuls der aktiven Seite geformt, erschüttert und in

Bewegung versetzt. Der Wechsel von Aktivität und Passivität ähnelt dem Spiel von Schwere und Schwung, dem Eindringen und In-sich-Aufnehmen – ein beiderseitiges Durchdrungenwerden. Die unaufhörliche Bewegung des Duos Aktiv/Passiv verleiht dem Fick jene geballte Kraft, die geradezu umwerfend heiß ist und im wörtlichen Sinne erotische Ekstase erzeugt (von griech. *ex-hístasthai* »aus sich heraustreten, außer sich sein«).

Wenn Aktivität aber vom Geschlecht abgelöst ist, also auch von einem steifen Penis, bedeutet Aktivsein nicht mehr Penetration, sondern das Geben von Impulsen, Einleiten von Handlungen, Bestimmung der Dauer, Intensität, Kraft, Frequenz usw. In einer solchen Beschreibung von Aktivität und Passivität verliert es an Bedeutung, *was* man genau miteinander macht und wer mit wem. Wichtig ist, *wie* wir miteinander körperlich werden, wie wir mit unseren Körpern agieren und auf unsere Körper reagieren. Die Rollen sind nicht mehr »naturgegeben«, sondern selbst gewählt. Der Fick ist kein bloßes animalisches Gerammel mehr, sondern ein einvernehmliches Spiel der Rollen, abseits von Mann und Frau und über die BDSM-Szene hinaus. Ein Spiel, dessen aktive und passive Seite in jeder Sekunde des Ficks neu ausgehandelt werden kann. Es ist ein Spiel, das natürlich auch Freund:innen spielen dürfen.[34]

Aber die Aktivität hatte nicht nur eine sexuelle, sondern auch eine politische Seite, die mit dem Status eines Subjekts zusammenhing. Wer passiv ist und das genießt, bestimmt sich nicht selbst und zeigt nach Ansicht der alten Griechen Schwäche (a.k.a. Unmännlichkeit). Auch der Philosoph Maurice Merleau-Ponty bemerkte die menschliche Fähigkeit, für eine:n Andere:n zum Objekt zu werden, konnte ihr aber nichts Positives abgewinnen: »[I]nsofern ich einen Leib habe, kann ich unter dem Blick des Anderen zum bloßen Gegenstand herabsinken und nicht mehr als Person für ihn zählen.«[35] Er übersieht, dass der passive Part sich auch aus souveräner Entscheidung in ein willenloses Stück

Fleisch verwandeln kann, über das frei verfügt werden darf. Die Verletzlichkeit, die darin liegt, sich im engsten Sinne des Wortes zum Lustobjekt zu machen, setzt ein hohes Maß an Vertrauen zur aktiven Person voraus. Passiv zu sein, bedeutet daher nicht die Aufgabe, sondern intensive Demonstration des eigenen Willens.

Der Konsens steckt den räumlichen und zeitlichen Rahmen ab, an dem die eigene Selbstbestimmung auf der Ebene sexueller Handlungen bewusst aufgegeben wird. Es sagt nichts über die soziale Stellung der Beteiligten aus, niemand büßt sein Selbst ein, ganz im Gegenteil. Beide Seiten führen auf ihre Weise zu einem gesteigerten Selbstgefühl, einer gesteigerten Souveränität. Daran kann aus Sicht einer sexuellen Freundschaft nichts ausgesetzt werden. Ficken macht Spaß, löst mit seiner geballten Körperlichkeit die wildesten Gefühle aus, überwältigt in leidenschaftlicher Lust. Es gibt keinen Grund, Freundschaften vor dieser aufwallenden Hitze zu verschließen, sie vom Kitzel der besonderen Erregung des Ficks abzutrennen.

6.

EINE KLEINE GESCHICHTE DER EHE

Freundschaftliche Sexualität – gleich, wie leidenschaftlich sie werden mag – setzt voraus, dass der Sex kulturell und moralisch aus der Partnerschaft herausgelöst wird. Denn das Sexuelle war, zumindest als *weißes*, bürgerliches heterosexuelles Ideal, fest in die christliche Ehe eingebettet. Solange das eheliche Gelübde heilig war, konnte der Sex nicht ohne Weiteres unabhängig werden.

Die großen Veränderungen, welchen Liebe, Sex und Partnerschaft in den letzten Jahrhunderten unterworfen waren, spiegeln sich allesamt in der Ehe wider. Bis heute tobt ein Kampf um diese eigentümliche Institution – so fordert etwa die feministische Schriftstellerin Emilia Roig ein radikales »Ende der Ehe«, die sie als patriarchales, koloniales, heterosexistisches Konstrukt hinter sich lassen will[1]. Damit reiht sie sich in eine Tradition ein, die von Friedrich Engels' »Der Ursprung der Familie«[2] (1884) bis zu Şeyda Kurts »Radikale Zärtlichkeit«[3] (2021) reicht. Und in der Tat ist die Ehe eng mit einer politischen Geschichte verflochten, die nicht nur die Themen Liebe und Sex, sondern auch *Rasse*, Klasse und Geschlecht umfasst.

Überhaupt ging es selten um Sex und Liebe selbst, sondern fast immer um eine politische Vorherrschaft, welche das Sexuelle und Romantische für ihre Zwecke instrumentalisierte. Keineswegs schlug sich die Liberalisierung dabei immer auf die Seite der progressiven Mächte oder feministischen Kämpfe. Auch vonseiten des monarchischen Adels, der reformatorischen Eiferer, der widerspenstigen Landbevölkerung gingen Impulse aus, die das heutige Bild der »befreiten Sexualität« im Westen prägen. Parallel zu dieser diversen Geschichte lässt sich auch das vereinfachte Schema von unterdrückenden Männern und unterdrückten Frauen historisch nicht aufrechterhalten. Liberale Männer setzten sich für die sexuelle Selbstbestimmung von Frauen ein, einige feministische Gruppen treten selbst heutzutage radikal gegen Pornografie, Prostitution oder Transrechte auf.

Mit anderen Worten: Es waren viele verschiedene Kämpfe, welche all die Verbote und Gebote, die die Ehe oder den Sex umhegten, nach und nach aufhoben, und sie wurden parallel, bisweilen sogar im Widerspruch zueinander und einander überlagernd geführt. In diesem Sinne kann ich nicht von »der« Geschichte der sexuellen Liberalisierung erzählen, weil es »die« sexuelle Liberalisierung (oder Repression) niemals gegeben hat. Was es gab und gibt, ist eine unglaubliche Vielfalt der Befreiungen und Unterdrückungen – und ich versuche, sie mit Schlaglichtern der westlichen Sexual- und Ehegeschichte zu illustrieren. Damit möchte ich zeigen, dass die F+ nicht aus Zufall entstanden ist, sondern vielmehr Ausdruck einer völlig neuen Auffassung von Partnerschaft und Geschlechterverhältnissen ist. Über die Bedingungen der sexuellen Freundschaft nachzudenken, heißt, über die Bedingungen der modernen Liebe nachzudenken.

In den Beispielen kommt der Ehe als Archetyp der Partnerschaft eine entscheidende Rolle zu. Als Rechtsinstitut muss die

Ehe jedoch mit Vorsicht behandelt werden: Manchmal spiegeln Gesetze gesellschaftliche Entwicklungen wider, manchmal nur die *moral panic* einer herrschenden Elite. Gesetzliche Bestimmungen sollen das konkrete Zusammenleben regeln, aber beschreiben in der Regel nur Grenzfälle und Ausnahmen. Sie geben keine Hinweise auf das normale, alltägliche Zusammenleben. Außerdem wurde schon immer außerhalb der Ehe gevögelt, weshalb eine Geschichte der ehelichen Sexualität immer nur einen Teilbereich der realen Erotik einer Gesellschaft abdeckt.[4] Die Heirat selbst war lange keine Selbstverständlichkeit; als sie noch an Besitz geknüpft war, musste man sich eine Ehe (bzw. keine Ehe) auch erst mal leisten können. Gerade unter der bäuerlichen Landbevölkerung war die Ehe primär eine Arbeitsgemeinschaft.[5]

Dennoch wurde insbesondere der Sex moralisch fest in die eheliche Gemeinschaft eingehegt, die als Ideal der Partnerschaft und der maßvollen körperlichen Intimität galt. Die Bedeutung der Institution Ehe nahm immer weiter zu. Im 19. Jahrhundert waren im Deutschen Reich knapp 90 Prozent der Bevölkerung bis 45 verheiratet, in den 1960er- und 1970er-Jahren fiel die Ledigenrate bei Männern in Deutschland sogar unter fünf Prozent.[6] Die Historikerin Monika Wienfort spricht in diesem Zusammenhang von einem »Golden Age of Marriage«[7]. Zur Ehe kann man daher stehen, wie man möchte – sie für bürgerlich und spießig, für überkommen und altmodisch halten. Aber dass sie bis in die Gegenwart eine immense Wirkung auf die westlichen Vorstellungen von Partnerschaft hat, ist unbestreitbar. Denn auch heute noch wird gut und gerne geheiratet.

DIE EHE IST EIN »WELTLICH DING« – MARTIN LUTHER UND DIE SÄKULARISIERUNG DER EHE

Eine frühe, aber folgenreiche Liberalisierung der ehelichen Sexualität beginnt bei Martin Luther. Mit seinen provokanten Vorstellungen bringt er die katholische Kirche gegen sich auf. Auch wenn er sich mit den Katholiken einig darüber zeigt, dass die fleischliche Lust sündhaft sei und der Sex ausschließlich innerhalb der Ehe stattfinden dürfe, entbrennt ein Streit über zwei zentrale Themen: Scheidung und Keuschheit.

Für die katholische Kirche war seit jeher glasklar, dass die Ehe ein Sakrament darstellt, weshalb sie nicht aufgelöst werden kann, allenfalls möglich sei eine sogenannte »Trennung von Tisch und Bett«. Für Nonsens hält das Luther, der die Hauptaufgabe der Ehe in der gemeinsamen, christlichen Erziehung des Nachwuchses sieht[8]. Und dazu gehörte eben auch die Fortpflanzung. Als wortwörtlichen Befehl versteht er das 1. Buch Mose, Vers 28: »Mehret euch und füllet die Erde!« Geht das aus verschiedenen Gründen nicht – etwa durch Impotenz oder Verweigerung der »ehelichen Pflichten« –, verteidigt Luther die Scheidung.[9] Wenn aber die Ehe ihren sakramentalen Charakter verliert, so verliert auch die Kirche ihre Zuständigkeit für Schließung und Scheidung der Ehe. Die Ehe, so Luther, ist ein »eusserlich weltlich ding (...) wie kleider und speise«[10] und entsprechend säkularisiert hat seiner Ansicht nach auch die Rechtsprechung abzulaufen. Man muss sich vergegenwärtigen, dass die katholische Kirche zu Zeiten Luthers als Gesetzgeberin und Richterin in allen Belangen der Ehe auftrat, weshalb die reformatorischen Angriffe doppelt schwer wogen. Mit diesen (und weiteren gegen die katholische Kirche gerichteten) Konzepten führt die Reformation zu einer »Entkopplung von Religion und Recht«[11], was die Grundlage der sexuellen Liberalisierung und ihrer Kriminalisierung bis in die Gegenwart bildete.

Doch nicht genug! Luther polemisiert in seiner Streitschrift *De votis monasticis* auch gegen das Zölibat und damit gegen die Keuschheit. Er hält fest, dass »Gott genugsam beweiset hat, dass unchristliche und schädliche Gelübde nicht zu halten sind«, worunter seiner Meinung nach auch das Keuschheitsgelübde fällt.[12] Luther stellt die Ehe und damit auch den Sex zur Fortpflanzung über das höchste Ideal des keuschen Lebens, was die katholische Kirche mit Entsetzen entgegennimmt.[13] Für ihn gilt es als sinnlos und unchristlich, den göttlichen Auftrag zur Fortpflanzung mit einer sozialen Schranke der sexuellen Enthaltsamkeit zu verhindern. Eine Frau, die diese soziale Schranke überwindet, ist die eigensinnige Katharina von Bora. Sie liest die aufrührerischen Schriften Luthers, flieht aus dem Kloster – und heiratet den Kirchenreformator. In den Augen der katholischen Kirche eine absolute Skandalehe.

Wenn Luther den Sex als Mittel zur ehelichen Fortpflanzung gegenüber der keuschen Lebensführung verteidigt, wertet er damit jedoch jede Form des sexuellen Miteinanders ab, die nicht auf Fortpflanzung oder Ehe ausgerichtet ist. Luthers Vorstellung der Ehe als eine liberale Erziehungsgemeinschaft knüpft den Sex fest an den familiären Nachwuchs. Viele reformatorische Eiferer ahnden den außerehelichen Geschlechtsverkehr entsprechend strenger als ihre katholischen Kollegen.[14] Die Puritaner etwa folgen Luther in seinen Positionen[15] und hetzen gegen nicht reproduktiven Sex auch innerhalb der Ehe, beispielsweise während der Menstruation.[16] Im englischen Norwich werden Mitte des 16. Jahrhunderts zahlreiche Prostituierte aus der Stadt gejagt, bei Rückkehr erwarten sie Brandeisen und Peitsche.[17] Die liberale Sexualisierung der Ehe und ein moderneres Scheidungsrecht im Protestantismus tragen einen Preis der Unterdrückung, den »Hurengänger«, Hedonist:innen und Sexarbeiterinnen zu zahlen haben. Mit der Aufwertung der Sexualität in der Ehe geht oft eine Abwertung der Sexualität außerhalb der Ehe einher.

Wo Luther versucht, das christliche Eherecht zu verweltlichen, sorgt der katholische Herrscher Karl V. für eine Säkularisierung der sexuellen Sünde von strafrechtlicher Seite. Zur ungefähr selben Zeit, wie Luther seine Schrift »von ehe-sachen« publiziert (in den 1530er-Jahren), verabschiedet der Reichstag von Regensburg das erste deutsche Strafgesetzbuch, die *Constitutio Criminalis Carolina* (CCC). In der neuen »Pönalisierung« – d. h. Bestrafung – wird in Deutschland erstmalig auch das »fleischliche Verbrechen« von staatlicher Seite geahndet. Keineswegs mehr wird das Sexuelle als Sünde abgehandelt, die man vor Gott zu verantworten hätte, sondern als strafrechtlich relevante Kriminalität, als Verstoß gegen die soziale Ordnung.[18] Die herrschende Macht profitiert dabei doppelt: Sie zeigt sich als starke Obrigkeit und signalisiert gleichzeitig Übereinstimmung mit den christlichen Werten.[19] So werden staatliche Gesetze religiös legitimiert, während die Kirchen ihre weltlichen Stellungen ausbauen. Die christlichen Normen spiegeln sich beispielsweise im Verbot des gleichgeschlechtlichen Sexualverkehrs wider.[20] Ebenso der Ehebruch wird mit schweren Strafen belegt. Illegal ist es allerdings auch, mit einer Frau durchzubrennen (egal ob sie das wollte oder nicht), insofern die Väter oder verlassenen Ehemänner klagen.[21] Hier treten religiöse Gründe zurück, es geht um ökonomische und patriarchale Macht: Die Gesetzgeber sehen das Rechtsgut einer dritten Partei verletzt, und zwar das der männlichen Vormünder der Frau.[22] Die unsichere Vaterschaft galt bei alldem als *das* zentrale Argument für die staatliche Bestrafung: Wenn eine Frau unehelich mit einem Mann schläft und ein Kind gebärt, geraten die Erbschaftsverhältnisse ins Wanken, außerdem müssen Unterhaltszahlungen geleistet werden. Der materielle Wohlstand ganzer Familien und Dynastien hängt bisweilen an der rechtlich verbürgten Institution der Ehe. Kein gutes Argument für polyamore Beziehungsstrukturen.

Ob nun bei den Katholiken oder den Lutheranern: Die Unterwerfung sexueller und partnerschaftlicher Normen unter weltliche Gerichte erleichtert es, mit rationalen Gründen für oder gegen die jeweiligen Gesetze vorzugehen. Wo die Politik und nicht mehr die Kirche die gesellschaftlichen Regeln vorgibt, entscheiden über die Liberalisierung die Sitten und Gebräuche des Volkes anstelle der Heiligen Schrift. Aber diese Sitten und Gebräuche gefallen den Herrschenden nicht immer – zum Beispiel in Bayern.

RUHE UND ORDNUNG? – SEXUELLE DOPPELMORAL IM 17. JAHRHUNDERT

Der erzkatholische, bayrische Herzog Maximilian I. (1573–1651) steht mit der Reformation auf Kriegsfuß. Mit Gewalt zwingt er seine Untertanen, die katholischen Sonntagsgottesdienste zu besuchen, und schaltet das Mitwirkungsrecht der Stände aus, um als absolutistischer Herrscher sein Land zu reformieren. Selbstredend streng fällt Maximilians neue Landes- und Polizeiordnung von 1616 aus. Ganze Abschnitte widmet er – immerhin Bayer – Gesetzen über Bier, und mit ebensolcher Kleinteiligkeit verfährt das Gesetz auch mit den »lasterhaften Vergehen« der verschiedenen Stände, um ein gerechtes Strafmaß zu bestimmen. Selbst den vorehelichen Geschlechtsverkehr will Maximilian verbieten und mahnt die Fürstentümer zu unterbinden, dass die beiden Beteiligten »vor offentlicher einsegnung mit einander hausen wie Eheleut«.[23]

Das Gesetz kann freilich kaum durchgesetzt werden, denn wie könnte eine konkrete Strafverfolgung aussehen? Sollte das Dorfgericht von etwa Nieder-Geiselhöring (oder weiß Gott wo) irgendwelchen neugierigen Jugendlichen nachstellen, die zwischen duftenden Heuballen ihre ersten sexuellen Erfahrungen machen? Zumal das durchschnittliche Heiratsalter zu ungefähr dieser Zeit in Bayern deutlich jenseits der 20 lag.[24] Wie lange hätten die jungen Leute denn warten sollen? In der Praxis gehen die Ordnungshüter deshalb weitaus lockerer mit den Untergebenen um, als es die Gesetze erfordern, allerdings mit deutlichen Unterschieden, was Geschlecht, Stand und Ruf angeht.

Der Historiker Franz Eder spricht deshalb von einer »Kluft zwischen den gesetzlichen Bestimmungen und der Gerichtspraxis«[25]. Ein anderes Beispiel dafür, dass Gesetze noch lange keine Realität abbilden, gibt der Historiker Robert Muchembled:[26] Er berichtet von dem Fall einer dorfbekannten Wirtsfrau im Somerset des 17. Jahrhunderts, die sich regelmäßig nackt auf die Straße legte, anderen Bauern beherzt in den Schritt griff und vor Wut auch mal das Haus eines missliebigen Nachbarn anpinkelte. Weder wurde sie von den Gerichten in den Kerker geschleift, noch lynchte sie ein moralisch empörter Mob. In der Regel und jenseits der polizeilichen Gewalt gehen die bäuerlichen Schichten wesentlich entspannter mit Sex um als die städtischen Herrschaften.[27] Politische Maßnahmen und Dekrete zur Regulation des Sexes innerhalb oder außerhalb der Ehe spiegeln weder die Moral der Bevölkerung noch ihre reale Wirkung wider. Aber sie geben einen Hinweis darauf, welche politische Funktion die Ehe oder die kontrollierte Sexualität gerade einnimmt.

Es wäre jedoch zu einfach, die Fronten so hart zwischen Stadt und Land zu ziehen. Der liberale Zeitgeist gebildeter urbaner Schichten spiegelt sich etwa in der dürftig zensierten Pornografie des katholischen Frankreichs wider.[28] 1655 erscheint das überaus populäre Büchlein »Die Schule der Mädchen«, in dem sich zwei Cousinen außerordentlich explizit über ihr Sexualleben unterhalten, beispielsweise ob ein Dildo aus Glas, gefüllt mit warmer Milch, besser sei als eine gut getrocknete Wurst. Das Skandalbuch wird mehrere Male neu aufgelegt. Fünf Jahre später veröffentlicht Nicolas Chorier einen ... na ja, heutzutage würden wir sagen: Lesbenporno auf Latein mit dem Titel »Satyra sotadica«, der auf den obszönen antiken Dichter Sotades anspielt und in libertinen Kreisen wohlbekannt war. Der französische Baron Claude de Chouvigny (1605–1655) bringt die Freizügigkeit der avantgardistischen Elite mit einem kurzen Reim aus dem Jahre 1648 auf den Punkt:

Für mich gibt es nur saufen, lachen, singen
und alles, was da kommt, bespringen.[29]

»SÜSSER ALS DIE LIEBE DER MÄNNER« – ROMANTISCHE FRAUENFREUNDSCHAFTEN IM 18. JAHRHUNDERT

In ihrem Werk »Surpassing the Love of Men« beschreibt die Historikerin Lillian Faderman romantische Freundschaften zwischen Frauen von der Renaissance bis zur Gegenwart. Im 18. Jahrhundert beobachtet sie einen regelrechten Boom der Freundschaftsliteratur, die sowohl von als auch für Frauen geschrieben wurde. Die Texte behandelten Freundschaften, die an Leidenschaftlichkeit und Sinnlichkeit einer heterosexuellen Liebesbeziehung in nichts nachstehen, auch wenn man wahrscheinlich nur selten miteinander schlief. Die erotische Dichte dieser Freundschaften war noch nicht einmal versteckt. Im anonymen Gedicht »Danebury: The Power Of Friendship« von 1777 geht es etwa um die Freundinnen Elfrida und Emma, die sich innig lieben. Am dramatischen Höhepunkt des Gedichts rettet Emma ihrer Freundin das Leben, indem sie ihr Gift aus der »pochenden Wunde« [*throbbing wound*] an der Brust von Elfrida saugt:[30]

Im Todesschlaf, in der Sinne Verlust,
Saugt Emma das Gift aus der offenen Brust!
So sank sie selbst als Opfer in ein Grab,
Da sie ihr eig'nes Leben für das teurere der Freundin gab.[31]

Die symbolische offene Wunde in der Brust steht als pochender Eingang ins Körperinnere für die Vulva, für das ungestillte Begehren – die Höhe der Brust für ein Zeichen tiefer Liebe.[32] Die Frauen in der Freundschaftsliteratur des 18. Jahrhunderts schätzen sich für ihre Stärken, für ihr Wissen, für ihre Einfühlsamkeit, für ihre Zärtlichkeit. Faderman resümiert: »Es wäre recht schwer, im 18. Jahrhundert eine Beschreibung der Liebe eines Mannes zu einer Frau zu finden, die eine so vollständige Kombination von körperlichen, geistigen und seelischen Tugenden enthält.«[33]

Die literarischen Darstellungen der Freundschaften zwischen den Frauen fallen derart leidenschaftlich aus, dass aus heutiger Sicht zweifelsfrei von einer lesbischen Beziehung gesprochen werden würde. Da Frauen kein sexuelles Begehren zugeschrieben wird, verbleibt die Beziehung »nur« auf einer emotionalen Ebene, aber selbst männliche Autoren wie der US-amerikanische Charles Brockden Brown (1771–1810) beschreiben die Sehnsucht zwischen ihren Protagonistinnen als »angefüllt von quälender Zärtlichkeit, herzzerreißenden Seufzern und einem Strom von so bitteren, aber köstlichen Tränen, dass es nicht leicht zu entscheiden war, ob das Vergnügen oder der Schmerz überwiegen sollte«.[34]

Die Epoche der Empfindsamkeit blüht in England im 18. Jahrhundert – doch auch die deutsche nachfolgende Frühromantik an der Schwelle zum 19. Jahrhundert spart an Gefühlsdichte nicht.[35] Als vielfältige Strömung umfasst »die« Romantik freilich sehr verschiedene Perspektiven auf Sexualität und Liebe. Gottlieb Fichte etwa sprach Frauen eine aktive, selbstbestimmte

Sexualität vollkommen ab, da sie ausschließlich und nur durch die Liebe zu ihrem Mann hindurch begehren könnten.[36] Das sehen viele seiner romantischen Kollegen anders. So beispielsweise Friedrich Schlegel, der mit seinem Roman *Lucinde* die erotisch aufgeladene Partnerschaft der gleichnamigen Hauptfigur beschreibt. Im Unterschied zu den englischen Frauenfreundschaften, wie ich sie oben beschrieben habe, geht es bei Schlegel ganz konkret und nicht einmal mehr symbolisch um Sex.

An die Protagonistin Lucinde schreibt ihr Geliebter Julius:

> *In den geschwollnen Adern tobt das wilde Blut, der Mund durstet nach Vereinigung, und unter den vielen Gestalten der Freude wählt und wechselt die Fantasie und findet keine, in der die Begierde sich endlich erfüllen und endlich Ruhe finden könnte.*[37]

Es sind Zeilen, die Lucinde über die Maßen genießt, wenn sie an anderer Stelle fragt: »Wer ist wohl leidenschaftlicher, Julius! Ich oder du?«[38] Beiden Liebenden wird ein passioniertes, aktives Begehren zugesprochen.[39] Schlegel setzt die Ehe damit unter deutlich sexuelle Vorzeichen, was zu dieser Zeit in höchstem Maße skandalwürdig erscheint, obwohl es sich um ein heterosexuelles Paar handelt.[40]

An Schlegels Frau Caroline schreibt Novalis 1799: »Vielleicht gehört der Sinnenrausch zur Liebe wie der Schlaf zum Leben.«[41] Und schließt damit alle Geschlechter ein. Die Frauen als sexuelle Wesen werden jedoch nicht nur von den Männern »entdeckt«, sondern auch von Autorinnen der Romantik vertreten. Bei Bettina von Arnim etwa zeigt sich das erotische Selbstbewusstsein unmittelbar, wenn sie im Gedicht *Eros* eine Klitorismetaphorik verwendet, die direkter eigentlich kaum sein könnte:

Mich dünkt, in Schlummer waren hingegossen
Die reinen Glieder, durch des Dufts Verbreiten
Und durch der Biene Summen, die zuzeiten
Vorüberstreift an zitternden Geschossen. (!)

Doch da beginnt mit einem Mal zu schwellen
Der Blume Kelch! Ins Freie nun gehoben,
Erkenn ich ihn im Tagesglanz, dem hellen.

Auch die Dichterin Karoline von Günderrode, die sich schon mit 26 Jahren erdolchte, teilt es ihrer Schwester unmissverständlich mit: »[I]ch bin ein Weib und habe Begierden wie ein Mann.«[42] Für eine starke weibliche Lust sollten Frauen allerdings noch die nächsten 150 Jahre kämpfen.

Das 18. Jahrhundert zelebriert also eine leidenschaftliche, zwar nicht immer sexuelle, aber tief erotische Liebe innerhalb und außerhalb der ehelichen Partnerschaft. Und das in aller Öffentlichkeit. Da Frauen jegliche gesellschaftliche Mitbestimmung versagt und jedes eigenständige sexuelle Begehren abgesprochen wird, werden sie selten ernst genommen. Aber die Zeichen stehen auf Veränderung. Frauen artikulieren sich und geben ihren Begehren und Sehnsüchten endlich eine Sprache. Der Drang nach Freiheit entfaltet sich in den folgenden Jahrhunderten unaufhörlich – eine Freiheit, die wir hierzulande (fast) für selbstverständlich halten.

PREUSSISCHER WIDERSTAND: DIE ZIVILE EHE IM 19. JAHRHUNDERT

So vielfältig die Meinungen über weibliche Sexualität ausfallen, so viele gegenläufige Entwicklungen gibt es auch im Eherecht: Im 19. Jahrhundert werden in einigen Ländern Ehegesetze gelockert, in anderen verschärft. Die Gründe dafür liegen weniger in den verschiedenen Einstellungen zu Liebe und Sexualität als vielmehr im Politikum des Bevölkerungswachstums. Spätestens seit Robert Malthus' (1766–1834) aufsehenerregenden Schriften zur Überbevölkerung sehen sich die Staaten angesichts explodierender Städte gezwungen, wilden Ehen einen Riegel vorzuschieben. So werden etwa in Österreich, in Hamburg oder Tirol im Laufe des 19. Jahrhunderts aufgrund hoher Bevölkerungsdichte eine Reihe von Eheverboten oder zumindest hohe Hürden für die Eheschließung eingeführt.[43] Denn wo keine Ehen, da weniger Kinder. Insbesondere für Frauen entstehen mit den neuen Sanktionen hohe ökonomische und soziale Risiken, sollten sie unverheiratet schwanger werden.

Etwas anders gelagert stellt sich die Ehefrage zum Beispiel in Preußen. Der Militärstaat hat junge, starke Soldaten und Arbeiter dringend nötig, zumal nach den Kriegsniederlagen gegen Napoleon nicht nur Männer fehlen, sondern auch die Flucht von Bäuer:innen befürchtet wird. In einer der großen Reformationen des Reiches, dem Oktoberedikt von 1807, wird die Leibeigenschaft abgeschafft und damit auch die Notwendigkeit, eine Heiratserlaubnis vom Gutsherrn einzuholen. Die Ehe wird für alle Stände geöffnet. Der nationalistische, antinapoleonische Dichter Ernst Moritz Arndt schreibt in seiner Lobrede »Der Bauernstand, politisch betrachtet« (1810):

Je mehr freie Bauern ein Land zählt, desto schwerer ist es zu unterjochen. Je mehr große Herren es hat, desto leichter.[44]

Die Gutsherren sind dabei nicht die einzige Partei, die in Sachen Ehe einen Machtverlust hinzunehmen hat. Auch die katholische Kirche zeigt sich alarmiert über das mangelnde Mitspracherecht: Das selbstbewusste, protestantisch geprägte Preußen hatte ein paar Jahre vorher mit dem Allgemeinen Preußischen Landrecht die Religionsausübung unter seine Aufsicht gestellt. Die konfessionellen »Mischehen« wurden darin so gelöst, dass einfach die Religion der Männer übernommen wurde. Die katholisch geprägten Rheingebiete, die dann 1815 Napoleon abgetrotzt wurden, stehen vor einer beängstigenden Zukunft: Irgendwelche dahergelaufenen preußischen Soldaten können sich dann hübsche katholische Rheinmädchen zur Frau nehmen und zum Kirchenübertritt zwingen! Heftige Spannungen zwischen den Bistümern und Preußen sind vorprogrammiert, was im Laufe des Jahrhunderts auch eskaliert. Reichskanzler Otto von Bismarck malträtiert die katholische Kirche mit zahlreichen Regularien, darunter auch ein neues Ehegesetz von 1875.[45]

Zum ersten Mal in der deutschen Geschichte wird flächendeckend eine Zivilehe eingeführt, also die Möglichkeit einer rein staatlich organisierten Heirat, ganz ohne Kirche. In § 41 des neuen Gesetzes heißt es unmissverständlich:

»Innerhalb des Gebietes des Deutschen Reichs kann eine Ehe rechtsgültig nur vor dem Standesbeamten geschlossen werden.«

Man muss es als gewaltigen Schritt des Militärstaates bezeichnen, vor dem Hintergrund der christlichen Geschichte Europas die eheliche Bevölkerungspolitik komplett aus den Händen der Kirche zu reißen. Auch die durchgesetzte Trennung der Ehe stand im Widerspruch zum katholischen Kanon. Explizit wird in § 77 die katholische »Trennung von Tisch und Bett« aufgegriffen, die fortan als wirksamer Grund der Eheauflösung gilt. Die Preußen vollziehen einen endgültigen Bruch mit der Kirche, was die Abtrennung der sexuellen Moral von den katholischen Idealen der Keuschheit nur weiter vorantreibt.

Gleichzeitig wird von Preußen eine quasi lutheranische Position in Bezug auf die Fortpflanzung eingenommen. Die Verweigerung der Fortpflanzung bzw. Unfruchtbarkeit wird nämlich als Scheidungsgrund im Gesetz festgehalten. Das Gesetz beinhaltet bereits einen unterschwellig rassisch-eugenischen[46] Ton, der erst mit den Nazis besonders deutlich und grausam an die Oberfläche treten wird.[47] Bevor wir zum nationalsozialistischen Eherecht kommen, folgt aber noch ein kurzes emanzipatorisches »Intermezzo« mit der sogenannten ersten deutschen Frauenbewegung.

DIE GROSSE FREIHEIT? – FRAUEN UND SEX ZU BEGINN DES 20. JAHRHUNDERTS

> »In reicherem, intimerem Verkehr werden wir erst
> die Möglichkeit haben,
> eine feinere Unterscheidungs-Fähigkeit zu beweisen
> für all die Nuancen
> von Kameradschaft, Freundschaft und Liebe.«[48]
>
> *Helene Stöcker in »Zur Reform der sexuellen Ethik«, 1905*

Das Jahr 1900 leitet in Deutschland für das Eherecht die Ära der vollkommenen Säkularisierung ein. Das Bürgerliche Gesetzbuch (BGB) tritt ab dem 1. Januar in Kraft und vereint unter anderem die verschiedenen deutschen Ehegesetze aus Bayern, Preußen, Württemberg usw. Das in Preußen bereits gültige »Zerrüttungsprinzip« findet Eingang ins Gesetz.[49] Falls eine »unüberwindbare Abneigung« der Eheleute besteht, kann die Ehe aufgelöst werden, womit man deutlich von den katholischen Regelungen Bayerns abweicht.[50] Die Abtrennung der Ehe von der Kirche ist also im gesamten Reichsgebiet beschlossene Sache. Christliche Regelungen haben entweder keine Wirkung mehr oder werden komplett der staatlichen Verantwortung übergeben.

Die großen Konflikte über die Institution der Ehe, wie sie vielleicht noch ein Jahrhundert vorher ausgetragen wurden, scheinen fürs Erste zum Erliegen zu kommen. Öffentliche Diskussionen über Liebe und Sexualität kreisen Anfang des 20. Jahrhunderts um andere Probleme: vor allem Prostitution, Verhütung und Homosexualität.[51] Dabei lässt sich mit der Verbürgerlichung der Sexualität eine Verschiebung der Diskurse beobachten. Wo früher christliche Normen und vielleicht so etwas wie Tugenden angeführt wurden, geben nun »wissenschaftliche« Fakten den Ton an. Ich muss an dieser Stelle die Wissenschaftlichkeit in Anführungsstriche setzen, da die neue Rationalität und Objektivität des Bürgertums grundlegend misogyn, rassistisch, klassistisch, antisemitisch und homophob durchzogen ist. Das komplette Programm der Diskriminierung wird präsentiert, egal in welche Richtung argumentiert wurde: Im Namen der »überschüssigen« Triebkraft des sexuell aktiven Mannes wird Prostitution verteidigt, als Gefahr für die »Volksgesundheit« durch Syphilis und Tripper verdammt. Wahlweise prangert das Bürgertum die unterstellte »Liederlichkeit« von Arbeiterfrauen an, um sich moralisch zu erheben. Wer auch die ausufernde männliche Sexualität nicht als Norm hinnehmen will, sondern ethisch problematisiert, kann sich mit kolonialistischen Argumenten behelfen und das Klischee des »sexuell ungezügelten Wilden« heranziehen. Aus ähnlich rassistischen Gründen wird die Polygamie abgelehnt, während andere Autoren die männliche Untreue explizit empfehlen, weil so Vergewaltigungen innerhalb der Ehe umgangen werden könnten.[52] Um der öffentlich skandalisierten Homosexualität eine besonders diskriminierende Note zu verleihen, lädt man sie zusätzlich antisemitisch auf.[53]

Aber ganz egal welchen Standpunkt man in diesen Diskussionen einnimmt – in zwei Punkten scheinen sich alle zu treffen:

1. Die meisten Männer haben kein sexuelles Interesse an ihren Ehefrauen.
2. Die meisten Frauen haben kein eigenständiges sexuelles Interesse, vor allem nicht außerhalb romantischer Gefühle.

Nur wenige radikale Feminist:innen wie Johanna Elberskirchen – die wir heute »sexpositiv« nennen würden – vertreten eine aktive, weibliche Lust und sogar parallele Sexualbeziehungen.[54] Elberskirchens Position ist insofern außergewöhnlich, als dass Frauen zu ihren Zeiten weiterhin in höchstem Maße von ihren Männern abhängig sind. Außereheliche Kontakte bedrohen sowohl die ökonomische Sicherheit als auch den sozialen Status der Frauen. Die meisten Sozialreformerinnen wie Helene Stöcker, Hedwig Dohm oder Ellen Key setzen sich entsprechend für eine Partnerschaft ein, die in der freien Wahl von individuellen Persönlichkeiten begründet liegt. So schreibt Letztere in ihrem Essay »Die Auswahl der Liebe« (1904):

> »Denn es wird dahin kommen, dass die Gatten sich über ihre gegenseitigen Verschiedenheiten immer mehr freuen und dieselben schützen werden; sie werden die antipathetischen [unangenehmen, OL] Gegensätze bei sich selbst immer mehr beherrschen; immer bewusster die sympathischen bei dem anderen zur Ausgleichung ihrer eigenen Einseitigkeit gebrauchen; immer mehr mit dem glücksfeindlichen Streben aufhören, den anderen nach ihrem eigenen Wesen umzuformen.«[55]

Es geht also nicht um das bloße »Interesse an der Geschlechtlichkeit des anderen«[56], in der sich Männer und Frauen *als* Mann bzw. *als* Frau begehren, sondern um echte Zuneigung von Charakteren, die sich nicht gegenseitig manipulieren und in Rollenbilder zwängen. Damit gleicht sich die eheliche Partnerwahl der freundschaftlichen an.

Doch nur, weil die sexuelle Passivität der Frau wissenschaftlich erwiesen scheint, heißt das nicht, dass der Sex deshalb keine Rolle mehr spielt. Im Gegenteil. Mit dem Aufkommen der Sexualwissenschaften durch bekannte Pioniere wie Magnus Hirschfeld, Sigmund Freud oder Richard von Krafft-Ebing ist der Sex aus der öffentlichen Debatte nicht mehr wegzudenken. Die Sexualität der Frau wird aber ausschließlich in die Ehe verlagert, will man im Rahmen der Moral bleiben. So schreibt Krafft-Ebing in seiner einflussreichen Schrift »Psychopathia Sexualis«: »Auf der Culturhöhe des heutigen gesellschaftlichen Lebens ist eine socialen sittlichen Interessen dienende sexuale Stellung des Weibes nur als Ehefrau denkbar.«[57]

Von der umfassenden Sexualisierung der Ehe zeugen auch die Eheratgeber zu Beginn des 20. Jahrhunderts. Ben Lindsey wurde schon in Kapitel 1 vorgestellt, im deutschen Raum steht der Frauenarzt Theodoor Hendrik van de Velde an der unangefochtenen Spitze der aufklärerischen Skandalautoren. Über Dutzende Auflagen hinweg ist das Werk »Die vollkommene Ehe« (1926) seit seiner Veröffentlichung bis heute erhältlich, ich selbst besitze die 78. Auflage von 1991. Dem Buch ist ein sagenhaft detailliertes Inhaltsverzeichnis vorangestellt, mit Hunderten Unterpunkten ähnlich ausführlich wie ein Bauplan. Die Sprache über das kühne Thema klingt bewusst wissenschaftlich-technisch. Man will ja nicht die Sittenwächter auf den Plan rufen. Im Kapitel »Die Geschlechtsvereinigung« ist unter dem Abschnitt »Vergattung mit einer unerfahrenen Frau nach vorhergehendem Reizspiel (Kurve C)« etwa von einer »Vergattungserregung« zu lesen, aber auch von der »besänftigende[n] Einwirkung der Bespritzung mit Sperma« auf den weiblichen Orgasmus (!). Für den Autoren steht fest, dass eine »wirklich gute, Körper und Geist nützende Vergattung *allen* Anforderungen der Natur gerecht zu werden hat und in keinerlei Weise beeinträchtigt werden darf.«[58] Auch nicht von der Kirche, von Gott oder von altbackenen Moralvorstellungen.

Der Beginn des 20. Jahrhunderts war also von einer umfassenden Erotisierung der nunmehr völlig verstaatlichten Ehe begleitet. Die erste Frauenbewegung macht zwar ihre Vorstellung der freien Partnerwahl laut, obwohl sie gleichzeitig noch an der unbedingten sexuellen Passivität der Frauen und in fast allen Fällen ihrer Verpartnerung festhält. Auch wenn der Sex sich immer weiter liberalisiert, so doch nur in der Ehe und vor allem auf Kosten marginalisierter Gruppen wie homosexueller, behinderter, Schwarzer oder jüdischer Menschen. Womit wir im dunkelsten Teil des Geschichtskapitels ankommen.

ZWISCHEN RASSISMUS UND REPRODUKTION: DIE EHE UNTER DEN NAZIS

Eigentlich sollte man erwarten, dass sich die progressive Kultur der 1920er-Jahre in den Folgejahren auch gesetzlich niederschlägt. Doch das feministische und sozialreformatorische Intermezzo währt nur kurz. Der rechte Backlash ist erfolgreich, die Nationalsozialisten kommen an die Macht. Für den Krieg bzw. eine Vormachtstellung in Europa brauchen sie möglichst viele junge »Arier«. Mit den Nürnberger Gesetzen von 1935 werden »Mischehen« zwischen Juden und Deutschen aufgrund von »Blutverschiedenheit« untersagt. Mit den neuen Ehegesetzen von 1938 werden außerdem geschlechtliche Verbindungen verboten, welche die »Erbgesundheit« beeinträchtigen. Der tief sitzende Antisemitismus und eugenische Rassismus verändern die Scheidungsgesetze der Nazis. Unfruchtbarkeit oder Verweigerung der Fortpflanzung werden (wie auch unter den Preußen) wieder ein klar definierter Ehescheidungsgrund.[59] Aus all diesen Motivationen erscheint es nur konsequent, das Mitspracherecht der Eltern ein für alle Mal zu beenden.[60] Solange aus einer »deutschen« Ehe Kinder hervorgehen, ist es egal, ob die Eltern die Verbindung gutheißen oder nicht – der Staat fördert und schützt diese Verbindung. Die rechtliche Entfernung der Eltern aus der Eheschließung bildet eine historische Zäsur, allerdings aus dem furchtbarsten aller denkbaren Gründe: Nicht weil zwei erwachsene souveräne Menschen eine Entscheidung füreinander treffen, sondern weil ein faschistischer Staat »rassisch reine« Soldaten für seine Vernichtungskriege benötigt.

Ebenso neuartig wie heute selbstverständlich beschließt die nationalsozialistische Regierung die erste deutsche finanzielle Familienförderung und unterstützt alleinerziehende Mütter. Dabei werden wieder Juden und Oppositionelle ausgeschlossen.[61] Immer wieder hat eine der angesehensten Expert:innen für Sexualität im Dritten Reich, Dagmar Herzog, darauf hingewiesen, dass die Nazis bei aller menschenverachtenden Politik keine *per se* sexualfeindliche Herrschaft betrieben, auch wenn ihnen das später vorgeworfen wurde. Sex war gut und wichtig, solange er eingehegt war in strikt rassistische, antisemitische, behindertenfeindliche und homophobe Strukturen.[62]

Von diesen wollen sich die Siegermächte juristisch weitestgehend befreien. Ein Jahr nach Kriegsende reformieren sie das Eherecht in der DDR und der BRD. Alle Paragrafen über Blutverschiedenheit, Erbbeeinträchtigung oder Fortpflanzungsverweigerung fallen weg. Die notwendige elterliche Zustimmung zur Ehe erhält keinen erneuten Einzug ins Gesetz, weil die freie Wahl sich liebender Individuen rechtlich verankert werden soll. Auch die Familienförderung bleibt erhalten. Anders steht es leider mit dem Homosexuellenparagrafen, der in der BRD anders als in der DDR sogar in seiner verschärften nationalsozialistischen Fassung übernommen wird. Nicht nur Anal- und Oralverkehr, sondern jede Form sexueller Handlungen sowie die bloße »wollüstige« Absicht sind demnach weiterhin strafbar. Die 1950er-Jahre beginnen unter ambivalenten Vorzeichen.

DIE HALBGARE RESTAURATION – DIE KLEINFAMILIE DER 1950ER

Einerseits besteht in der BRD großes Interesse, die dunkle Vergangenheit schnellstmöglich hinter sich zu lassen (auf Deutsch: zu verdrängen). Andererseits greift ein neuer Konservatismus um sich. Die CDU stellt den ersten Kanzler, und die Kirchen sehen ihre Chance gekommen, wieder an gesellschaftlichem Einfluss zu gewinnen. Entgegen der Naziherrschaft, die alles unter ihr politisches Regiment stellte, soll nun das schlechthin Private zu gesellschaftlichem Glück führen. Das moralische Ideal der bürgerlichen Kleinfamilie wird allseitig beschworen[63] und Menschen heiraten, was das Zeug hält. Die Ledigenraten sinken auf ein historisches Tief.[64] Auch im Parlament schlägt die Stunde einer konservativen Sexualmoral: In den 1950er-Jahren wird gesetzlich der Zugang zu Kondomen erschwert,[65] der nationalsozialistische Homosexuellenparagraf als verfassungsgemäß bestätigt. Familien sind, und hier sind wir wieder ganz bei Luther, für den Nachwuchs da. So hält es etwa der erste westdeutsche Familienminister, Franz-Josef Wuermeling, CDU, für eine »Deklassierung unserer Familien«, wenn das Kindergeld nicht schon ab dem zweiten, sondern erst ab dem dritten Kind ausgezahlt werden soll, weil so die Situation der kinderreichen zugunsten der »kinderlosen« (!) Familien immer schlechter werden würde.[66]

In der DDR verhält es sich ähnlich. Das Sowjet-Regime vertritt traditionelle Familienwerte, verbietet Homosexualität[67] und steht dem individuellen Lustempfinden eher kritisch gegenüber. Nach den gewaltigen Kriegsverlusten beschreitet die DDR einen politischen Kurs, der auf hohe Geburtenraten ausgelegt ist.[68] Abtreibung steht weiterhin unter Strafe, dafür werden anders als in der BRD Single-Mütter besser sozial abgesichert.[69] Durch die sozialistische Arbeitsidee, dass alle Erwachsenen unabhängig vom Geschlecht einer Erwerbstätigkeit nachgehen sollen, werden zahlreiche Institutionen geschaffen, um Frauen in gleich welcher Familienkonstellation die Arbeit zu ermöglichen.

Im Westen, wo das Bürgerliche Gesetzbuch mit seinen Ehegesetzen weiterhin gilt, gibt es vereinzelte Reformen, die auf die soziale Mobilität von Frauen abzielen. Ehemänner dürfen ab 1957 nicht mehr über den Wohnort ihrer Frauen bestimmen oder (in Ausnahmefällen) ihren Job kündigen.[70] Bis 1962 brauchten Frauen allerdings noch die Zustimmung ihres Mannes, ein eigenes Konto zu eröffnen, und erst 1977 wurde das Gesetz geändert, dass Frauen, die arbeiten wollten, hierzu die Erlaubnis ihrer Männer brauchten.[71] Aber das war es dann auch schon.

Inmitten des sexuellen Konservatismus rollt die »Sex-Welle« an: Mittlerweile prangen im sogenannten freien (oder eher: freizügigen) Westen an jeder Litfaßsäule aufreizende Frauen, die allerlei Produkte von Kernseife bis Kondensmilch bewerben. Der weltweit erfolgreiche Kinsey-Report erscheint 1955 auf Deutsch und deckt als größte jemals durchgeführte sexualwissenschaftliche Studie auf, wie wenig das Ideal der sexuellen Monokultur zur gelebten Realität passt. Bedeutende Intellektuelle wie Theodor W. Adorno polemisieren gegen die konservative Sexualmoral im einflussreichen Sammelband »Sexualität und Strafe«:

> »[E]ine neue, tiefere Form von Verdrängung ist erreicht, mit all ihrem zerstörerischen Potential. Während der

> Sexus eingegliedert ward, bleibt, was in ihm nicht sich eingliedern läßt, das eigentliche sexuelle Aroma, der Gesellschaft verhaßt.«[72]

Mit der Entdeckung von Penicillin sinkt die Furcht vor Syphilis und trägt zur Entstigmatisierung sexueller Kontakte bei.[73] Die bedeutendsten deutschen Sexualwissenschaftler:innen der Folgejahrzehnte werden an den Universitäten ausgebildet, die sich im Westen als Brutstätte einer legendären Bewegung herausstellen: die 68er[74]. Es wächst eine Generation heran, die in den Trümmern des Krieges geboren wurde und die nicht akzeptieren will, dass die Mehrheitsgesellschaft über ihre (Mit-)Täterschaft schweigt und allen Nazi-Mief der Vergangenheit in der grenzenlosen Spießigkeit des Kleinbürgertums oder der Einheitspartei ertränkt.

»WER NICHT GENIESST, WIRD UNGENIESSBAR« – DIE EHE-REFORMEN SEIT DEN 1968ERN

Die Vorstellungen, die die 68er von der Ehe haben, vereinen auf kuriose Weise viele Widersprüche und gegenläufige Bewegungen der Jahrzehnte zuvor. Für junge studentische Aktivist:innen Westdeutschlands gilt die Ehe als lustfeindliche Brutstätte des Faschismus.[75] Auf diesen Gedanken kommen sie durch einen der meistgelesenen Autoren der studentischen Revolte, Wilhelm Reich. Sein 1927 erschienenes und in den 1940ern wiederentdecktes Werk »Die Funktion des Orgasmus« wird zu einer Art Sex-Bibel der 68er. Kurz zusammengefasst, besagt seine Theorie: Wenn wir nur ungehemmt vögeln, löst sich der Faschismus in Luft auf.[76]

Dass Reich und seine studentische Gefolgschaft eigentlich stärker gegen den sexualfeindlichen Konservatismus der 1950er-

Jahre rebellieren als gegen die Faschisten, scheint nicht zu stören, im Gegenteil. Wir befinden uns ja inmitten eines Kampfes um die Verschärfung des Sexualstrafrechts, und um den politischen Gegner zu diffamieren, packt man in dieser Zeit am besten die Nazi-Keule aus.

Für die sogenannte Freie Liebe braucht es aber nicht nur eine politische Haltung, sondern auch Verhütungsmittel. Schon Wilhelm Reich weiß: »Die Sexualbefriedigung ist nicht identisch mit der Fortpflanzung. Der gesunde Mensch hat im Leben drei- bis viertausendmal Geschlechtsverkehr, doch durchschnittlich nur zwei bis drei Kinder. Empfängnisverhütungsmittel sind unbedingt notwendig für die sexuelle Gesundheit.«[77] Er wird bei Niederschrift dieser Gedanken nicht an die Pille gedacht haben, die es zu dieser Zeit noch nicht gab – wohl aber an Kondome. Die meisten Herren der Schöpfung sind sich aber offensichtlich zu fein, sie zu benutzen. Stattdessen wird die sexuelle Revolution erst mit der Einführung der Pille ausgerufen. Schon früh hat die Frauenbewegung sich gefragt, warum jetzt ausgerechnet Frauen diejenigen sein sollen, die ein Hormonpräparat schlucken, anstatt dass die Typen sich einfach einen Gummi kaufen.[78] Hier zeichnet sich deutlich ab, um wen sich die sexuelle Revolution in ihren Frühphasen eigentlich dreht: um Männer.

Die meisten der legendären Kommunen, in denen die freie Liebe vorgelebt wird, sind männergeführt. Viele Berichte zeugen im Nachhinein von sexueller Ausbeutung der Frauen. Wo die Rechte für Abtreibung breite Unterstützung finden, weil es auch um die Männer geht, finden sich beim Recht auf besseren Sex für Frauen schon gleich viel weniger Typen auf der Straße. Sprachlich präzise heißt es zu dieser Zeit: »Wer zweimal mit *derselben* pennt, gehört schon zum Establishment.« Nicht mit *demselben.* Männer wollen ihren Spaß und das war's. Entsprechend wütend äußert sich 1968 der feministische Frankfurter Weiberrat über den »sozialistische[n] Bumszwang«[79] der männlichen Genossen. Andere Frauen kommentieren, dass sie immer mit dem Gefühl leben: »[W]enn du das nicht machst, bist du 'ne Bürgerliche!«[80] Die Geschlechterkonflikte verschärfen sich[81] – aber Frauen hören nicht auf zu kämpfen.[82]

So entstehen infolge der 68er zahlreiche Gesetze, die Frauenrechte insbesondere in der Ehe durchsetzen. Um ein Bild davon zu erhalten, wie die gesetzliche Lage von Ehefrauen in Deutschland im Jahr 1968 war, möchte ich einmal aufzählen, was alles noch möglich war:

Frauen waren per Gesetz zum Führen des Haushalts verpflichtet[83] und mussten den Namen ihres Mannes annehmen.[84] Mütter hatten kein automatisches Sorgerecht für ihre nicht-ehelichen Kinder[85], die in Sachen Unterhalt und Erbe benachteiligt waren.[86] Es gab ein unterschiedliches Heiratsalter: Männer ab 21, Frauen ab 16 Jahre.[87] Ehebruch war natürlich strafbar.[88] Wenn es zu einer Trennung kam, zahlte die Person Unterhalt, die angeblich Schuld an dem Ende der Ehe war[89] – denn eine Ehe konnte man nicht wie heute einfach auflösen, wenn sie gescheitert war, sondern es brauchte spezielle Scheidungsgründe.[90] Vergewaltigung konnte innerhalb der Ehe nicht angezeigt werden, nur die milder bestrafte sexuelle Nötigung.[91] Erst 1998 wurde der »Kranzgeld«-Paragraf[92] abgeschafft, welcher einer Jungfrau einen Anspruch auf Entschädigung zusagte, wenn der Verlobte sein Eheversprechen nicht einlöste.

Die Ehe von heute hat also mit der Ehe von vor etwa 50 Jahren nur noch sehr wenig zu tun. Die starke Frauenbewegung der Post-68er erkämpfte an vielen Stellen geschlechtliche Gleichberechtigung vor dem Gesetz. An den beiden letzten Ungerechtigkeiten, dem Ehegattensplitting und dem Abstammungsrecht, wird momentan gearbeitet.[93] Auf einen der wichtigsten und am kontroversesten diskutierten Streitpunkte der Ehe kam ich aber noch nicht zu sprechen – die Homo-Ehe. Sie wurde erst 2017 eingeführt und löste die eingetragenen Lebenspartnerschaften von

2001 ab. Aber warum dauerte das so lange? In der Geschichte um Sex und Liebe darf ein wichtiges Kapitel meiner eigenen schwulen Community nicht fehlen – die Aids-Krise, die den tragischen Schlussakkord des Kapitels bildet.

ZURÜCK ZUR HETEROSEXUELLEN KERNFAMILIE?! DIE AIDS- UND DIE CORONA-KRISE

Ohne Zweifel ist die Ehe in den letzten Jahrzehnten freier, offener, gleichberechtigter geworden. Aber trotzdem muss der ideologische Status der heterosexuellen Kernfamilie deshalb nicht verschwinden. Wie stark außereheliche Sexualkontakte immer noch stigmatisiert sind, zeigte sich in der jüngeren deutschen Geschichte vor allem an zwei Ereignissen, die beide ähnlicher Natur waren: HIV/Aids und Corona. In beiden Fällen wurde überdeutlich, wie die pandemischen Maßnahmen sowohl die heterosexuelle Kernfamilie voraussetzten als auch forderten. Alle anderen Beziehungen oder freundschaftszentrierte Lebensweisen wurden nachrangig behandelt.

Von schwulen Männern wurde die Aids-Krise nicht nur deshalb als tiefer Einschnitt ihrer Biografien erlebt, weil so gut wie jeder von ihnen tote Freunde, Liebhaber, Bekannte und Partner zu beklagen hatte – sondern auch, weil eine gesamte Gesellschaft ihren Abscheu und Ekel vor dem »homosexuellen Begehren« massenmedial zum Ausdruck brachte. Am Anfang ist es noch still, zu still: In Deutschland kommt HIV/Aids erst 1983 in der öffentlichen Debatte an, obwohl schon zwei Jahre vergangen sind, seit das erste Mal im Westen über das Virus geschrieben wird. Zwei Jahre, in denen geschwiegen wird, da es ja »nur« Schwule und Junkies betrifft, das gesellschaftliche »Andere«. Und als sich das Blatt wendet, wird es skandalös. In den großen Zeitungen wird plötzlich über Promiskuität und Analsex geschrieben, beide gelten als alleinige Perversionen schwuler Männer, und zwar *aller* schwulen Männer. »So wurde in den Massenmedien das Bild von triebgesteuerten und leichtsinnigen schwulen Männern skizziert, die aus rein hedonistischen Gründen das Leben anderer aufs Spiel setzten«,[94] schreibt die Geschlechterhistorikerin Magdalena Beljan. Von christlich-konservativen Politikern ist Barbarisches zu hören. Da ist die Rede von »Randgruppen, die ausgedünnt werden müssten«[95] (Bayerns Kultusminister Hans Zehetmaier) von einem »Riesenheer tödlicher Virusträger«[96] (Bayerns Innenminister August Lang). Der junge Horst Seehofer schlägt vor, die Erkrankten in »speziellen Heimen« zu konzentrieren. Schwule Männer werden mit Begriffen der biologischen Kriegsführung versehen und HIV-Erkrankte öffentlich als »Virusbomben« beschimpft.[97] Der schwule Mann an sich stellt eine Gefahr für die gesamte Gesellschaft dar, zu der er offensichtlich nicht gehört.

Demgegenüber stand natürlich die gezügelte, saubere, gesunde Erotik der Ehe zwischen Mann und Frau. Heilig ist die heterosexuelle Monogamie, unheilig und mit Sünde beschlagen die homosexuelle Promiskuität. Sexuelle Freizügigkeit wird als moralisch verwerflich angesehen. Dass es ein natürliches, menschliches Bedürfnis sein kann, mit mehreren Menschen körperlich intim zu werden, und dieses Bedürfnis auch als höchstes staatlich und ethisch zu schützendes Gut zu betrachten, ist selbst nach Jahrhunderten der sexuellen Liberalisierung noch kein gesellschaftlich akzeptierter Standard.

Das hat erneut die Corona-Pandemie samt ihren Maßnahmen bewiesen. Auch hier wurde von der Politik, wie die Philosophin Jule Govrin schreibt, »unterschieden zwischen Körpern, die schützenswert erscheinen, und Körpern, die nicht als schutzwürdig erachtet wurden«.[98] Bei fast allen Maßnahmen war der »gemeinsame Haushalt« die wichtigste Referenz, was auf den ersten Blick geschlechtsneutral erscheint. Doch während des ersten Lockdowns im Winter 2020 war es in der überwiegenden Mehrheit der Bundesländer neben den ohnehin geltenden Beschränkungen nur erlaubt, mit der direkt verwandten, also »biologischen«, Familie Weihnachten oder Silvester zu feiern.[99] Vergleichbare Bestimmungen existierten für Trauerfälle und Hochzeiten sowie Krankenhausbesuche.[100] Wahlverwandtschaften, wie sie bei vielen Queers existieren (müssen), war die Zusammenkunft sowohl zu feierlichen als auch traurigen Anlässen per pandemischer Bestimmung strengstens verboten.

Die beiden großen Pandemien der letzten Jahrzehnte haben insbesondere queeren, aber auch allein lebenden Menschen vor Augen geführt, dass die Ehe mehr ist als nur eine zivilrechtliche Institution. Sie bildet nach wie vor ein wirkungsvolles Symbol für die erstrebenswerte »Normalität« heterosexueller und monogamer Beziehungen. Die heterosexuelle monogame Partnerschaft stellt weiterhin eine Norm dar, die aus historischen Gründen über allen anderen Intimbeziehungen steht. Dabei sollte die Ehe aber nicht als ein unverrückbarer, fugenloser Block betrachtet werden, gegen den man dann zum Beispiel die freiheitliche Diversität der Freundschaft setzt. Ein scheinbarer Gegensatz hilft niemandem weiter. In der Ehe spiegeln sich zahlreiche Errungenschaften gesellschaftlicher Anerkennung insbesondere von Frauen wider, die eine gerechtere Zukunft versprechen, nicht gegen die Freundschaft, sondern mit ihr. Die Ehe ist heutzutage mehr ein Symptom als eine Ursache der Unterdrückung geworden. Seit der jüngeren Vergangenheit ermöglicht sie eine lange unbekannte Gleichheit der Geschlechter in Paarbeziehungen, die sie zudem rechtlich absichert. Das kann man für spießig halten, aber wir leben nun mal in einer Gesellschaft des Privateigentums, das vor allem durch Lohnarbeit erwirtschaftet wird und damit einer einzigen Person zufällt. Jede Familie muss sich darauf verlassen können, dass dieses Eigentum gerecht untereinander aufgeteilt wird, im Falle des täglichen Lebens, im Falle der Scheidung, im Falle des Todes. Für alle juristischen Fragen, die dabei aufkommen, ist das Rechtsinstitut der Ehe eine einfache und erschwingliche Lösung, denn über private Anwält:innen aufgesetzte Verträge kosten eine Menge Geld. In Zukunft hoffe ich darauf, dass auch Freundschaften rechtlich sicher und unkompliziert in alle existenziellen Bereiche des Lebens integriert werden können: bei Erziehung, Pflege, Krankheit, Geburt und Tod sowie bei Belangen rund um Einkommen, Vermögen oder Erbe. Es ist an der Zeit, dass wir die Emanzipation, die in der Ehe bis heute erfolgt, auch in Freundschaften tragen. Wenn die sexuelle Freundschaft die Möglichkeit enthält, Kinder zu zeugen (und in jeder beliebigen Freundschaft großzuziehen), warum finden wir als Gesellschaft keine rechtliche Form, um gemeinsame Kindererziehung mit vielen Freund:innen zu ermöglichen, auch außerhalb der Ehe?

***

Die Entwicklung der sexuellen Freundschaft reiht sich auf jeden Fall organisch in die von mir skizzierte Eheentwicklung ein. Als sexuell offene und unromantische Beziehung konnte sie im Westen nur möglich werden, indem sich Sex und romantische Liebe voneinander trennten und auf ihre Weise liberalisierten. Außerdem erfolgte eine zunehmende Gleichstellung der verschiedenen Geschlechter und sexuellen Orientierungen. Dabei unterlag die Ehe als zentrales Verbindungsstück all dieser Punkte einer ganz besonderen Veränderung, die weder von einer Gruppe noch einer Politik noch einer bestimmten Ideologie vorangetrieben wurde. Mal erfolgten Liberalisierung und Gleichstellung von adeliger Seite, mal von religiöser. Mal von städtischer, mal von dörflicher. Mal ging es um Säkularisierung, mal um Eugenik, mal um Feminismus. Die Trennung von Sexualität, Liebe, Partnerschaft und Reproduktion wurde vor allem durch die Erfindung moderner

Verhütungsmittel wie Kondom und Pille im 20. Jahrhundert vorangetrieben. Ohne sie wäre eine heterosexuelle F+ nach wie vor großen Risiken ungewollter Schwangerschaften ausgesetzt.[101] In der Öffentlichkeit können wir uns heute ohne Probleme zu Beziehungen bekennen, die nichts anderem folgen als der Lust, ohne dabei gesellschaftliche Ächtung zu fürchten.[102] Die Geschichte der Ehe zeigt an, wie eine sexuelle Freundschaft möglich wurde – und auch, was in Zukunft noch möglich sein könnte. Für mich bildet die Ehe eine ermutigende Perspektive auf die grundsätzliche Wandelbarkeit menschlicher Beziehungen, über große Zeiträume und völlig auseinanderliegende Interessen hinweg.

Als sowohl religiöse als auch juristische Instanz ist die Ehe in vielen historischen Zeugnissen beschrieben. Ganz anders steht es um die Freundschaft, die zwar in unzähligen Romanen oder Briefen mitschwingt, selten aber als allgemeine Beziehungsform in den Blick genommen wurde. Staat und Religion waren anders als bei der Ehe nicht daran interessiert, der Vielfalt der Freundschaften eine feste Form zu verleihen. Um Freundschaft zu verstehen, muss man sie von den Rändern her denken, von ihren gesellschaftlichen Bedingungen und Konsequenzen.

7.

MEINE MÄCHTIGEN FREUNDE: MÄNNER, MACHT UND MACHENSCHAFTEN

Freundschaft ist politisch. So heißt es schon im ältesten erhaltenen Werk der europäischen Kulturgeschichte zum Thema Freundschaft. Gleich auf der ersten Seite des ersten Buches über die Freundschaft stellt Aristoteles in seiner »Nikomachischen Ethik« drei Funktionen auf, die eine freundschaftliche Beziehung erfüllt:[1]

1. Der eigene *Besitz* lässt sich gemeinsam genießen und besser schützen.
2. Man spornt einander zu besserer *Leistung* an.
3. Freundschaft stärkt die *Gemeinschaft der Polis* (also des Stadtstaates, in dem man lebt).

Aristoteles' ziemlich politische Vorstellung von Freundschaft hat wenig mit der intimen Zweisamkeit zu tun, die man heute vielleicht eher mit der Freundschaft verbindet. Es geht, etwas überspitzt formuliert, nur um Eigentum, Macht und Klüngel. Aber der Philosoph spricht zu einer gebildeten, wohlhabenden, einflussreichen Elite, d.h. zu freien griechischen Männern. Ihre »vollkommene« Freundschaft basiert, so Aristoteles, auf der Tugend, denn durch die Tugendhaftigkeit des Freundes erwirbt er seine Liebenswürdigkeit. Niedere Freundschaften hingegen, die nur für den Nutzen (Arbeit) oder den Lustgewinn (Sex, Tanz, ein gepflegtes Besäufnis) geschlossen werden, betrachtet er als wenig erstrebenswert, nebensächlich und unbeständig. Nun ist es für einen besitzenden, freien griechischen Mann recht einfach, von seinen Freunden weder Nutzen noch Lust zu erwarten. Er hat genug, um für sich selbst zu sorgen. Seine Frau ist sein Eigentum – für die Lust kann er sich an Konkubinen oder Knaben bedienen, als verfügten sie über keinen eigenen Willen. Doch wie steht es um die, die keine Rechte, keine Macht, keinen Besitz haben? Wie schließen Menschen Freundschaften in sozialen Verhältnissen, in denen sie (wie Karl Marx es einmal pointiert formulierte) als »ein erniedrigtes, ein geknechtetes, ein verlassenes, ein verächtliches Wesen« behandelt werden? Können sie es sich überhaupt *leisten*, keinen Nutzen aus der Freundschaft zu ziehen? Sind sie nicht durch die Mächte gezwungen, die sie unfrei gemacht haben, solidarische Bünde einzugehen – mit denen, die dabei helfen, etwas Brot für den Tag oder ein Dach für die Nacht zu beschaffen? Wie sollen die, die nichts haben, und erst recht kein Geld für Hochzeit oder Prostituierte, überhaupt das Bedürfnis nach körperlicher Nähe stillen, wenn nicht im Bund der Freundschaft? Und ich meine das noch nicht einmal sexuell, sondern einfach als geselliges, lustvolles Beisammensein. Können Menschen der Unterschicht folglich nur »niedere« Freundschaften führen? Auf all diese Fragen gibt die Theorie des Philosophen keine Antwort. Aristoteles hält die »Unfreien« – Sklaven und Frauen – zu einer tiefen Freundschaft für unfähig.

Insbesondere Frauen könnten aus charakterlichen Gründen keine Freundschaften führen, weil ihnen die Festigkeit des Willens und die Klarheit des Geistes fehle, um den hohen Verbindlichkeiten und intellektuellen Vibes einer echten Freundschaft zu entsprechen.

Über Jahrtausende hinweg wurde von bedeutenden Männern wiederholt, dass Frauen keine Freundschaften schließen könnten.[2] Wie man auf so eine Idee kommen kann, wird nur verständlich, wenn man die gesellschaftlichen Bedingungen der Freundschaft in den Blick nimmt. Damit man sich befreundet, muss man sich zunächst treffen, also aus dem Kreis der Familie heraustreten, in dem man aufgewachsen ist oder in dem man lebt. Freundschaften werden entsprechend oft an öffentlichen Orten geschlossen, zum Beispiel auf Foren oder Marktplätzen, auf der Arbeit oder im Nachtleben. Diese sind aber für Frauen (bzw. Sklaven) traditionell nicht zugänglich gewesen. Die deutsche Feministin Silvia Bovenschen erzählte einmal davon, wie sie noch Mitte der 1960er-Jahre selbstverständlich für eine Prostituierte gehalten wurde, wenn sie allein in einem Café saß. Frauen waren bis in die jüngste Vergangenheit dazu gezwungen oder zumindest gedrängt, ganztägig in der Küche, im Waschkeller oder im Kinderzimmer zu stehen – wo sollen denn Freundschaften entstehen, wenn nicht ausschließlich unter Müttern von Familien, deren *Väter* miteinander befreundet sind? Ähnlich gilt das, um bei Aristoteles zu bleiben, auch für Sklaven, die fest an einen Haushalt gebunden waren und sich nicht frei bewegen durften. Freundschaften unter den »Unfreien« blieben unsichtbar und waren abhängig von den Freundschaften freier Männer.

Was Freundschaft »ist«, ist also notwendig eine politische Frage. Die Freundschaft derer, die keine Macht haben, unterscheidet sich notwendig – also not-wendend – von der Freundschaft derer, die herrschen. Die Freundschaft der Mächtigen ist immer auch eine öffentliche Macht, eine Macht über die Öffentlichkeit. Mächtige Freunde zeigen sich nach außen als Freunde und können zusammen etwas bewegen. Die politische Philosophin Hannah Arendt spricht von Macht, wenn Menschen sich zusammenschließen und gemeinsam handeln. Deshalb ist die Freundschaft der Mächtigen auch oft eine Intensivierung der Macht, denn wenn jene Menschen, die bereits Macht innehaben, gemeinschaftlich in der Öffentlichkeit als Freunde handeln, wird ihre Macht durch die Freundschaft erweitert: Vetternwirtschaften entstehen. Es gibt die Rede von »politischen Freundschaften«, die sich durch Symbole der Eintracht und des Vertrauens unter Staatsoberhäuptern auszeichnen – wie zum Beispiel beim Sozialistischen Bruderkuss zu Zeiten der Sowjets.[3]

Dagegen steht die Freundschaft der Entmächtigten. Ich verstehe Hannah Arendt als ihre Fürsprecherin, gewissermaßen als Gegenspielerin zu Aristoteles. In einer Preisrede von 1959 wählte sie als übergreifendes Thema die Freundschaft – aus der Perspektive einer von den Nationalsozialisten verfolgten Jüdin. Ihr Ausgangspunkt ist zwar wie bei Aristoteles ein politischer, aber er kommt »von unten«[4]. Arendt musste als Jüdin leibhaftig erfahren, wie die herrschenden Machthaber, die Nationalsozialisten, Andersdenkende ausfindig machten, um sie systematisch zu vernichten. Die faschistische Gesellschaft war eine, die um jeden Preis Eindeutigkeit durchsetzen musste: in den Köpfen, in den Körpern, in den Ansichten und Herzen, in der ganzen Lebensweise – damit jede abweichende Meinung, die das Regime gefährden könnte, von vornherein verhindert wird. Für Arendt besteht die faschistische Barbarei in dieser totalitären Vereindeutigung der Welt. Die abstrakte Idee von Menschlichkeit, wie sie in der Aufklärung hervorgebracht wurde, leistete dagegen keinen Widerstand. Sie erwies sich als zahnlos gegen eine reaktionäre Verdunklung der Vernunft, die Arendt im Aufleben des europäischen Faschismus manifestiert sah.[5] Widerstand bot, so Arendt, nur die Freundschaft.

Denn in Zeiten der Unterdrückung wird Widerspruch und Streit zum Zeichen von Vertrauen. Es ist gefährlich, sich gegen die Herrschenden zu bekennen, auf Uneindeutigkeiten hinzuweisen, widerspenstig und unruhig zu bleiben. In der Freundschaft erblickt Arendt einen »Zwischenraum«, in dem das Gespräch frei geführt werden darf, in all der Vielfalt und Verschiedenheit jener, die miteinander sprechen. Der freundschaftliche Dialog ist genau das Gegenteil von faschistisch-totalitärer Vereindeutigung. Die Welt, so Arendt, hat *an sich* keinen Sinn, sie ist eine reine Ansammlung von Objekten – erst über das Gespräch wird sie zu einer Welt *von und für uns* –, also zu einer menschlichen Welt. Der Sinn wird durch das freundschaftliche Gespräch, durch Rede und Gegenrede, erst erzeugt. Und darin besteht die Vermenschlichung der Welt, die Menschlichkeit der Freundschaft. Das, was wahre Menschlichkeit hervorbringen kann, ist für Arendt vor allem die Freundschaft.

Auch der Soziologe Gerald Suttles begreift Freundschaft in diesem Sinne: Indem wir eben *nicht* gesellschaftlichen Rollen entsprechen, also ein Stück weit sozialen Normen und Institutionen zuwiderhandeln, zeigen wir uns einander als eigen-sinnige, selbstständige und souveräne Individuen. Das setzt voraus, dass ich meinem Gegenüber vertraue, dass diese:r meine ihm offenbarte Abweichung nicht verurteilt oder sanktioniert.[6]

Das bisher Gesagte macht klar, dass Freundschaften nicht im luftleeren Raum entstehen; sie fallen nicht vom Himmel. Sie entstehen an konkreten Orten. In Bars und Clubs und Kneipen, an Haltestellen und Theaterbühnen, in Wartezimmern und beim Sport, unter Nachbar:innen und beim Einkaufen, auf der Arbeit oder im Stadtrat. All diese Plätze sind öffentlich und damit sozial strukturiert, d. h. von Mächten und Hierarchien durchzogen. Für Kino- oder Konzertbesuche, für Sauftouren oder Reisen durch die halbe Welt braucht man Geld, das vielen fehlt. An Unis hat man es als Kind von Arbeiter:innen nicht leicht und wird weitaus weniger Arbeiter:innenkinder treffen als vielleicht noch im Umfeld des Elternhauses. Wer nicht gut genug aussieht und keinen Modegeschmack hat, kommt nicht in angesagte Clubs. Besonders rassifizierte Personen werden tagtäglich mit der Tatsache *weißer* Räume konfrontiert, die sie auf mal mehr und mal weniger subtile Weise ausschließen: durch abschätziges Mustern, durch Türsteher:innen, durch die unausgesprochenen Gesetze einer *weißen* Dominanzgesellschaft. In vielen Fällen sind diskriminierte Menschen darauf angewiesen, Nutzfreundschaften einzugehen, um Schutz zu finden. Auch wenn die Zeiten des antiken Griechenlands lange vorbei sind, bis in die Gegenwart sind Freundschaften ebenso wie öffentliche Räume, in denen sie entstehen, von gesellschaftlichen Herrschaftsverhältnissen durchdrungen.

Mit anderen Worten: Die Wahl der Freund:innen ist vielleicht frei. Die verfügbare Auswahl ist es nicht.

Dieser Aspekt bleibt in den meisten Freundschaftstheorien weithin unberücksichtigt. Gerade der Rückzug aus dem Öffentlichen und damit Politischen scheint die Moderne zu kennzeichnen. Der Staat hat, so der Soziologe Niklas Luhmann, nach und nach viele der einstmals ausschließlich familiären und freundschaftlichen Sorgearbeiten übernommen und die Freundschaft entsprechend entpolitisiert.[7] Dass Luhmanns rein private Freundschaft selbst schon einen privilegierten Zugang markiert, verdeutlicht Şeyda Kurt in ihrem Buch »Radikale Zärtlichkeit«. Sie berichtet vom Anschlag von Hanau, bei dem ein rechtsextremer Täter neun Menschen mit Migrationshintergrund erschoss.[8] Während Kurt Dutzende Anrufe und zahllose Nachrichten ereilten, traf sie später abends ihren deutschen Freund, der von nichts wusste. Er hatte sein Smartphone eben nicht auf laut gehabt, keine Lust, sein Social Media zu checken und so weiter. Kurt geriet darüber in Rage, weil ihr bewusst wurde, in welch unfassbarer Komfortzone ein *weißer* Deutscher lebt, selbst wenn ein rechtsextremer Anschlag in unmittelbarer Nähe passiert. Er lebt mit dem Privileg, bestimmte Informationen *nicht* zu erhalten, nicht erhalten zu *müssen*. Ihr als Mensch mit kurdisch-türkischer Migrationsgeschichte war das nicht möglich. Es handelt sich um das politische Vorrecht der Mächtigen, Freundschaften völlig entpolitisiert führen zu können. Freundschaften sind durch die Gesellschaft geformt, in der sie geschlossen werden.

Entlang aller Achsen der Diskriminierung lässt sich deshalb das gleiche Schema beobachten: Menschen gehen freundschaftliche Verhältnisse seltener ein, wenn ihr Geschlecht, ihre Herkunft, ihre Klasse, ihre Religion oder ihr Alter sich unterscheiden.[9] Zwei Erklärungen konkurrieren hierfür untereinander. Die erste Theorie argumentiert psychologisch, dass Menschen eine Vorliebe für ihresgleichen besitzen, was uns unter dem Stichwort »Homophilie« schon beim Online-Dating begegnet ist: Gleich und gleich gesellt sich gern. Gleichheit schafft Sicherheit und stiftet Vertrauen. Man weiß, was man erwarten kann, welche Sprache man miteinander spricht, man erkennt sich als bereits (in welcher Weise auch immer) Verbündete. Außerdem bilden gemeinsame Interessen auch eine gute Grundlage für gemeinsame Aktivitäten. Die andere Erklärung folgt der gerade vorgestellten politischen Perspektive: Menschen befreunden sich nicht über die Grenzen ihres eigenen Milieus hinweg, weil verschiedene Bevölkerungsgruppen physisch voneinander getrennt leben und arbeiten und es selten zu Kontakt kommt. Der Grund, dass etwa *weiße* und nicht *weiße* Menschen seltener befreundet sind, liegt nicht nur an rassistischer Voreingenommenheit, sondern auch an der Aufspaltung öffentlicher Räume durch einen gesellschaftlich tief verankerten und damit strukturellen Rassismus.[10] Doch ganz gleich, wie man die Ursachen bewertet, die Effekte sind real: In Deutschland hat jeder siebte Mensch mit türkischem oder kurdischem Migrationshintergrund nicht eine:n einzige:n ethnisch deutsche:n Freund:in.[11]

Die beiden Erklärungen für Homophilie verstärken sich sogar gegenseitig: Die Gräben der diskriminierenden Gewalt, die unsere Gesellschaft durchziehen, vertiefen die psychologisch bedingten Trennungen nur weiter.[12] Je nach sozialer Gruppe und gesellschaftlicher Diskriminierung tragen Freundschaften deshalb völlig verschiedene Bedeutungen. In einer Schwarzen Community, die unter täglichem Rassismus leidet, schafft Freundschaft solidarische Bündnisse, um den täglichen Kampf des Überlebens zu bestehen – wie adrienne maree brown argumentiert.[13] Die Freundschaft über *Rassen*grenzen hinweg kann eine unglaubliche emanzipatorische Kraft entfalten, wie Angela Davis anmerkt.[14] Kritisch entgegnet Mikki Kendall, dass solche Freundschaften auch als billige Aushängeschilder der ethischen Integrität von *Weißen* missbraucht werden können.[15] Schließlich finden sich Menschen, die unter ähnlichen Bedingungen leben, lieben und leiden, auch öfter als Freund:innen zusammen. Im Falle sexueller Minderheiten konnte zum Beispiel nachgewiesen werden, dass die Anzahl ebenfalls homosexueller Freund:innen steigt, je stärker man selbst unter dem sozialen Stigma der Homosexualität leidet. Queere Menschen befreunden sich mit queeren Menschen, um einen sicheren Raum zu schaffen.[16] Auch dazu können Freundschaften dienen. Ich habe eine Person interviewt, die in einem strenggläubigen, freikirchlichen Elternhaus aufgewachsen ist. Liebesbeziehungen wurden ausschließlich im Kontext der Ehe aufgefasst,[17] und mit dieser Vorstellung wurde sie als Kind erzogen. Nach dem Umzug in die Großstadt kam die Person mit dem Konzept der F+ in Kontakt und erfuhr erstmals körperlich intime Beziehungen abseits der christlich festgelegten Normen. Für sie bedeutet die sexuelle Freundschaft allein aus biografischen Gründen etwas völlig anderes als für einen von protestantisch-liberalen Eltern erzogenen Atheisten wie mich. Freundschaften, gleich wie persönlich sie sein mögen, erhalten ihr Profil also durch ein öffentliches Machtgefüge.[18]

In (insbesondere sexuellen) Freundschaften unter Männern und Frauen prallt das Ideal der Gleichheit in der privaten Freundschaft auf die geschlechtliche Ungleichheit in der Gesellschaft.* Nur weil eine Freundschaft unter Ungleichen besonderen Hindernissen gegenübersteht, wird sie deshalb aber nicht unmöglich. In der Freundschaft steckt ebenso wie in der romantischen Liebe eine Sprengkraft, die alle gesellschaftlichen Normen übersteigen kann – selbst wenn in der Regel das Gegenteil der Fall ist. Um die Hindernisse genauer zu verstehen, die insbesondere gemischtgeschlechtliche Freundschaften erschweren, lohnt ein Blick auf die Art und Weise, wie Männer und Frauen ihre Freundschaften führen.

Eine Mehrheit der Deutschen ist auch heutzutage der Meinung, dass sich Männer- und Frauenfreundschaften stark voneinander unterscheiden.[19] Das ist insofern bemerkenswert, als dass sich die gesellschaftliche Bedeutung und Bewertung der jeweiligen Freundschaften im Laufe des 20. Jahrhunderts einmal komplett auf den Kopf gestellt haben. Historisch gesehen fanden Frauenfreundschaften keinerlei öffentliche Beachtung. Als Ideal galt die von Männern gepflegte Freundschaft, die sich ganz im Sinne klassischer Denker wie Aristoteles, Cicero und Montaigne durch geistige Verbundenheit, ausgeprägte Bildung und ehrbare Tugenden auszeichnete. Das sexistische Bild des »Weibes«, nur dem Klatsch und Tratsch zugeneigt, erfüllte keine dieser Voraussetzungen einer wahrhaftigen Freundschaft. Das änderte sich erst allmählich im 18. Jahrhundert, als Frauen begannen, mit ihren Freundinnen oder über ihre eigenen Freundschaften zu

* Ähnliches gilt für Freundschaften von rassifizierten mit *weißen* Menschen, von behinderten und nicht behinderten Menschen, von Menschen unterschiedlicher Glaubensrichtungen oder sozioökonomischer Klassen. Da ich in diesem Buch vor allem über sexuelle Verhältnisse rede, fokussiere ich mich auf das Geschlecht der Freund:innen.

schreiben[20] – voller Leidenschaft, Liebe und tiefer Intimität. Die frauenfeindlichen Vorstellungen blieben zwar bestehen, aber mit der Zeit schufen sich Frauen ihre eigenen Geschichten, ihre eigenen Worte, ihre eigene Poesie. Ein schönes Beispiel für die Vielseitigkeit von Frauenfreundschaften bieten die Briefe von Karoline von Günderrode. Eine Freundin schreibt ihr zum Abschied die folgenden Sätze ausgewählter Zärtlichkeit:

> »Ich möchte Dich gar zu gerne küssen, liebe Line (...). Eben fällt mir ein Mittel ein, ich küsse den unterschriebnen Namen auf der vorigen Seite, und Du küßt ihn dann auch; er trägt so eine ganz eigne Wärme mit sich, daß er gewiß noch den Kuß wiedergibt, wenn Deine Lippen ihn berühren.«[21]

Dagegen erscheint der Ton ihrer Freundin Bettina von Arnim geradezu schroff:

> »Adieu, ich habe Dir da eine Menge vorgeschwätzt und bin sozusagen ganz in einen vertraulichen Ton gekommen, von dem ich doch nicht weiß, ob er gut aufgenommen wird.«[22]

Innige Frauenfreundschaften lassen sich ebenso wenig vereinheitlichen wie alle anderen Freundschaften auch. Sie stehen Männerfreundschaften in Sachen Leidenschaft, Nähe und Loyalität in nichts nach. Es zeichnet sich im Laufe der Zeit sogar ab, dass das Ideal der Freundschaft zukünftig in Frauenfreundschaften verwirklicht werden wird. Die Fähigkeit zur (freundschaftlichen) Intimität, die zwar bei allen Menschen gleichermaßen angelegt ist, scheint unter Frauen stärker kultiviert zu werden als unter Männern. Aber warum? Folgt man der These des Literaturwissenschaftlers Andreas Kraß, der sich intensiv mit Männerfreundschaften in der Geschichte auseinandergesetzt hat, stehen besonders innige Freundschaften von Männern unter dem Generalverdacht der Homosexualität.[23] Die Sache verschärft sich im voranschreitenden 19. Jahrhundert, da das herrschende Bürgertum eine rigorose Trennung der »Geschlechtscharaktere« in die Extreme treibt und mit dem Aufkommen der Sexualwissenschaft selbst die kleinsten Anzeichen homosexueller Regungen als Krankheit erachtet. Der Historiker Franz Eder resümiert: »Verhältnisse zwischen Männern sollten nun nicht nur anti-sexuell, sondern grundsätzlich anti-sensuell sein.«[24] Zusätzlich zu der männlichen Geschlechtsrolle, die sich deutlich von allem Weiblichen und Schwulen absetzen sowie gegen andere Männer durchsetzen muss, tritt die Härte der Industrialisierung. Arbeiter werden bis zu 16 Stunden pro Tag zu menschenunwürdig schwerer Arbeit gezwungen.[25] Im beginnenden 20. Jahrhundert werden ganze Generationen junger Männer an der Front der Weltkriege verheizt. Männer werden massenweise mit der Gewalt ihrer Geschlechtsrolle, mit der Gewalt ihrer Väter, mit der Gewalt in der Fabrik und mit der Gewalt des Krieges konfrontiert. Klaus Theweleit spricht in seiner Studie über Soldaten des ersten Weltkriegs von einem »Körperpanzer der Männer«, eine Art psychischer Schutzwall, um sich emotional gegen jene Gewalt zu immunisieren, die in diese Männerkörper von Kindesbeinen an eingeprügelt wurde.[26] Unter solchen Verhältnissen wird es verständlich, warum es für Männer besonders schwer ist, untereinander zartfühlende und emotional offene Beziehungen zu führen.

Die bitteren Früchte dieser Geschichte zeigen sich im späteren Verlauf des 20. Jahrhunderts. Der Autor Stuart Miller reiste in den 1980er-Jahren durch die USA und Europa und führte Hunderte Interviews mit Männern.[27] Wirkliche enge Freundschaften zwischen Männern zeichneten sich, so Miller, vor allem durch ihre Nichtexistenz aus. Das »Zeitalter der Frauenfreundschaften«

sei angebrochen. Doch worin bestehen heutzutage die Unterschiede zwischen den Freundschaften von Männern und Frauen? In der Freundschaftsforschung haben sich hier die Begriffe des Psychologen Paul Wright durchgesetzt, nach dem Frauen eher »face to face«-Freundschaften führen, deren Intimität auf emotionalem Austausch und gemeinsamen Werten beruht. Männer hingegen neigen zu »side by side«-Freundschaften, die vor allem auf geteilten Aktivitäten basieren.[28] Natürlich können auch Frauen in ihren Freundschaften gemeinsam etwas unternehmen, und auch Männer teilen untereinander ihre Verletzlichkeiten und Gefühle. Die Verschiedenheit ist nicht biologisch bedingt, sondern sozial gemacht, die Unterscheidung von side-by-side- bzw. face-to-face-Freundschaften ist eine statistische,[29] wenn auch eine gut belegte.

Das lässt sich auch für den deutschen Raum zeigen. Eine repräsentative Studie des Allensbach-Instituts fragte danach, wie Männer und Frauen ihre Freundschaften führen. Wenn sich Freund:innen gegenseitig helfen, werden Männer eher um praktische Dinge gebeten, etwa bei einem Umzug anzupacken, ein Auto zu reparieren und teure Gegenstände zu verleihen. Frauen hingegen wurden stärker für emotionale Hilfeleistungen in Anspruch genommen, zum Beispiel bei Krankheit oder Beziehungsproblemen. Nur die Hälfte aller befragten Männer spricht mit ihrem besten männlichen Freund offen über die Dinge, die sie bedrücken; gerade bei Beziehungsproblemen sind es noch weniger.[30] In den USA hat sich in den letzten Jahren die Anzahl an Männern, die keine Freunde haben oder gerne mehr hätten, rasant erhöht, was besonders für *weiße* Männer gilt. Egal, ob emotionaler Support, das Teilen von Gefühlen oder das Aussprechen von Zuneigung – auf allen Ebenen hängen Frauen die Männer ab.[31] Kaum überraschend bemerkt die Freundschaftsforscherin Erika Alleweldt: »Frauenfreundschaften [gelten] heute gegenüber Männerfreundschaften nicht nur als die intensiveren, intimeren und zufriedenstellenderen Freundschaften (...), sondern ihnen werden auch mehr Verwirklichungschancen eingeräumt.«[32]

Das Ideal der Freundschaft hat sich also in den letzten 200 Jahren einmal geschlechtlich umgekehrt. Wahrhaftige Freundschaften werden eher Frauen als Männern zugeschrieben. Die Chancen, dass Menschen geschlechterübergreifend echte Freund:innen werden, stehen denkbar schlecht. Im Prinzip sind wir alle mit den gleichen Fähigkeiten zu Wärme, Gegenseitigkeit, Zuneigung, Ehrlichkeit, Vertrauen usw. ausgestattet. Aber die Weise, Freundschaften zu führen, unterscheidet sich zwischen den Geschlechtern wesentlich. Die Erwartungen, die an Freundschaften gestellt werden, ebenso wie die freundschaftliche Praxis selbst, liegen bei Frauen und Männern oft meilenweit auseinander. Wenn sie aufeinanderprallen, entstehen altbekannte Konflikte.

In einem viel beachteten Zeitungsartikel mit dem Titel »Men Have No Friends and Women Bear the Burden« argumentiert die Autorin Melanie Hamlett, dass Männer sich in Freund- und Partnerschaften mit Frauen voll darauf verlassen, dass Frauen die gesamte emotionale Arbeit leisten. Sie sind es gewohnt, ihre Gefühle auszudrücken, einzuordnen und zu verarbeiten – und das auch für den Mann zu tun. Gewissermaßen dienen sie als kostenlose Therapeutinnen. Die Unfähigkeit von Männern, ihre Emotionen zu versprachlichen, wird in der Forschung mittlerweile sogar mit einem Begriff benannt, der sogenannten »normativ männlichen Alexithymie«.* Es konnte gezeigt werden, dass eine stärkere männliche Alexithymie mit einer höheren Zustimmung

* Der Begriff ist aus dem Griechischen abgeleitet: Die Vorsilbe A- bedeutet so viel wie »nicht«, lexi- kommt von léxis, was Sprechen heißt, und -thymie von thumós, dem Herzen. Alexithymie kann also wortwörtlich übersetzt werden als: »unfähig, von Herzen zu sprechen«, also seine Emotionen in Worten auszudrücken.

zu klassischen Männlichkeitsidealen einhergeht.[33] Das dunkle Erbe des Sexismus, das Männer und Frauen Jahrhunderte psychisch, physisch und moralisch voneinander trennte, lässt sich nicht so leicht abschütteln. Wie aktuelle Analysen feststellen, waren in den 1980er-Jahren noch neun von zehn Freund:innen gleichgeschlechtlich.[34] In Deutschland zählten um die Jahrtausendwende 85 bis 90 Prozent der besten Freund:innen zum gleichen Geschlecht.[35] Noch immer sind Freundschaften stark geschlechtlich getrennt, aber eine Trendwende – auch wenn deutlich untererforscht[36] – deutet sich an. In einer aktuellen Studie an jungen Erwachsenen aus Deutschland geben nur noch ein Drittel an, keinerlei Freundschaften zum anderen Geschlecht zu pflegen.[37] Als einer der stärksten Faktoren, die bei Männern gemischtgeschlechtliche Freundschaften verhindern, stellt sich die Homophobie heraus. Die Forscher:innen erklären sich den Zusammenhang wie folgt: Je schwulenfeindlicher heterosexuelle Männer sind, desto eher verbinden sie weibliches Verhalten von Männern – also auch starke Emotionen – mit Homosexualität. Da Freundschaften mit Frauen weitaus emotionaler geführt werden als mit Männern, entsteht also der Eindruck, dass man in gemischtgeschlechtlichen Freundschaften verweiblicht. Deshalb gingen homophobe Männer seltener Freundschaften mit Frauen ein.

Nach all dem Gesagten wird überdeutlich: Wenn Männer und Frauen heutzutage befreundet sein wollen, müssen insbesondere heterosexuelle Männer hart an sich arbeiten. An ihrer emotionalen Offenheit, an ihrem emotionalen Ausdruck, an ihrer Verletzlichkeit, an ihrer internalisierten Frauen- und Schwulenfeindlichkeit, an ihrem männlichen Konkurrenzgebaren. Solange Gefühle haben und Gefühle zeigen als schwach (und damit weiblich) gilt, können wir die Sache mit der Freundschaft vergessen. Im Film *Harry und Sally* war es der Sex, der freundschaftliche Beziehungen zwischen heterosexuellen Frauen und Männern verhinderte – vielleicht liegt der Konflikt aber mehr im Kopf als im Beckenboden begründet. Die männliche Sozialisierung scheint hier wichtiger zu sein als ein besonderer männlicher Sexualtrieb.

Dagegen wird in der Regel mit evolutionsbiologischen Theorien argumentiert. Kaum vergeht eine Diskussion über das Thema, in der man(n) nicht irgendwann auf das Thema urzeitlicher Jäger und das ominöse Sexualhormon Testosteron zu sprechen kommt. Deshalb möchte ich auf einen kleinen Ausflug in die Biologie unseres Sexualverhaltens nicht verzichten.

EXKURS: MYTHOS MÄNNLICHE TRIEBE

Wegen irgendwas mit Evolutionsbiologie haben Menschen mit Penis angeblich immer Bock, was ja von vornherein alle Freundschaften zwischen den Geschlechtern zunichtemachen würde. In 99 Prozent der Fälle erhofft sich der Typ mehr von der Angelegenheit, so die Behauptung. Ein passendes filmisches Beispiel für diesen biologischen Sexismus liefert die deutsche »Komödie« *Warum Männer nicht zuhören und Frauen schlecht einparken* (2007). Sie basiert auf dem gleichnamigen »Sachbuch« von Allan und Barbara Pease (1998). Ausgang aller Geschlechterkonflikte bildet, so der Film, das Affengehirn, denn wie wir alle wissen, so der filmische Erzähler:

> »Der impulsive Geschlechtstrieb des Mannes dient der größtmöglichen Verbreitung seiner Gene. Das weibliche Gehirn ist, zumindest außerhalb der Zeit des Eisprungs, anders programmiert. Nämlich einen Mann zu suchen, der die Verpflichtung eingeht, sie und die gemeinsamen Kinder zu versorgen.«

Einer der bekanntesten Evolutionsbiologen der Gegenwart, David Buss, bringt dieses »Standardmodell« theoretisch versierter auf den Punkt. Weil Frauen schwanger werden können, und es sich dabei um einen zeit- und energieaufwendigen, nicht ganz ungefährlichen Prozess handelt, stellt Buss fest:

> »Da Frauen in unserer evolutionären Vergangenheit enorme Investitionen in Kauf nahmen, um Sex zu haben, begünstigte die Evolution Frauen, die bei der Auswahl ihrer Partner sehr wählerisch waren.«[38]

Auch wenn sich diese Umstände durch Verhütung und in vielen Teilen der Welt ausreichende Lebensmittel- oder Gesundheitsversorgung geändert haben, so Buss' Argument, bleiben wir dem über Jahrmillionen sich entwickelnden Sexualverhalten unterbewusst verhaftet. Deshalb erscheint es für Buss als Rätsel, wie Männer einen Wunsch nach festen, monogamen Beziehungen entwickeln konnten, ...

> »[d]a alles, was ein männlicher Urahne tun musste, um sich fortzupflanzen, darin bestand, eine Frau zu schwängern – Gelegenheitssex ohne Verpflichtung hätte dieses Ziel erreicht.«[39]

Buss lädt damit den *casual sex* der Gegenwart evolutionsbiologisch männlich auf. Das Prinzip des aktiv-promisken Mannes und der passiv-wählerischen Frau heißt in der Forschung bisweilen auch »Bateman-Prinzip«, was auf den Forscher Arnold Bateman zurückgeht, der sich ein höchst unscheinbares Tier für seine Experimente aussuchte: die Fruchtfliege. Batemans Experimente brachten Ende der 1940er-Jahre den Beweis, dass der Paarungserfolg der Fruchtfliegen von der klassischen sexuellen Rollenverteilung befördert wurde.[40] Die Übertragung auf Menschen ist naheliegend – immerhin teilen wir uns 50 Prozent der Gene mit den Mücken.[41] Aber Spaß beiseite: *Dass* es biologische Unterschiede zwischen Körpern gibt, die wir männlich und weiblich nennen, kann ich nicht bestreiten. Und *dass* unsere geschlechtliche Körperlichkeit auch unsere jeweiligen sexuellen Handlungsräume mitgestaltet, ebenso nicht. Aber wenn hochkomplexe Verhaltensweisen wie Paardynamiken, sexuelle Intimität oder familiäre bzw. freundschaftliche Rollenverteilungen einzig und allein auf Grundlage von Insektenforschung und imaginierten Vergangenheiten reduziert werden sollen, sollten wir vorsichtig werden.

Um naturwissenschaftlicher zu wirken, wird deshalb heute immer wieder auf die sagenumwobene Kraft des Sexualhormons Testosteron verwiesen. Im maskulinen Kampf ums Dasein zählen nach klassischer Jäger-und-Sammler-Erzählung Qualitäten wie Aggression, Risikobereitschaft, allgemein kompetitives Verhalten. All diese Verhaltensweisen werden mit Testosteron in Verbindung gebracht ... nur leider nicht ohne Weiteres von der Wissenschaft[42]. Keiner der Faktoren wird bei genauerer Überprüfung durch einen erhöhten Testosteronspiegel verursacht, entgegen der landläufigen Meinung. Der Neuroendokrinologe Robert Sapolsky bringt es auf den Punkt: »Das Gehirn kümmert sich nicht um die Schwankungen des Testosteronspiegels innerhalb des normalen Bereichs.«[43]

Selbst für das »Funktionieren« der männlichen Geschlechtsorgane ist nur ein bestimmter Grenzwert an Testosteron notwendig[44] – alles, was darüber hinausgeht, zeigt so gut wie keine Effekte.[45] Das sexuelle Begehren[46] ebenso wie sexuelle Aktivität[47] von cis Männern steht nur in einem schwachen Zusammenhang mit dem Testosteronlevel. Schließlich kann noch nicht einmal ohne weitere Begründung das Argument gelten, dass die hormonellen Unterschiede der Geschlechter zwangsläufig zu völlig unterschiedlichen Verhaltensweisen führen müssen. Da Testosteron für die Entwicklung des männlichen Körpers in hohen Konzentrationen notwendig ist, könnte sich gleichzeitig eine hohe neuronale Toleranz gegenüber dem Hormon herausgebildet haben, damit das Verhalten eben *nicht* abweicht.[48] In Gehirnen kann ein und dasselbe Verhalten durch völlig unterschiedliche Wege zustande kommen – so beispielsweise in Körpern mit hohen Testosteron- *oder* Östrogenwerten. Nur weil die meisten Männer im Vergleich zu Frauen einen höheren Testosteronspiegel haben, kann man deshalb keine Rückschlüsse auf ihr Verhalten ziehen.

Das heißt nicht, dass es keine messbaren Unterschiede in der Libido gibt, wie etwa Julius Frankenbach und Kolleg:innen in einer großen Meta-Studie aufzeigen. Gabelt man eine zufällige Frau und einen zufälligen Mann von der Straße auf, hat die Frau in einem Drittel der Fälle den stärkeren Sex Drive, in zwei Dritteln der Fälle der Mann.[49] Aber die Autor:innen der Untersuchung stellen auch fest, dass mit den Unterschieden über die Ursachen nichts ausgesagt ist.

Mit anderen Worten: Unser Sexualverhalten lässt sich nicht auf die geschlechtliche Biologie reduzieren. Wir schlafen viel zu häufig miteinander, als dass sich Sex bei Menschen nur auf die Fortpflanzung reduzieren ließe. Im Vergleich zu anderen Primaten ist insbesondere die Lust der Frauen – selbst in den Phasen vollkommener Unfruchtbarkeit – einzigartig.[50] Und nicht alle Männer wollen nur ihren Samen verspritzen und abhauen, egal, wie oft es wiederholt wird: Kein Tier auf der Erde weist so variable Muster in der Rolle der Väter auf wie der Mensch,[51] bei keiner anderen Spezies ist dokumentiert, dass Großväter für ihre Nachkommen sorgen.[52] Männer sind mehr als nur Fruchtfliegen-Pendants.

Menschen haben Sex, weil es ungeheuer viel Freude bereitet. Weil es guttut, einander Lust zu bereiten, sich in der verletzlichen Nähe, Verbundenheit, Leidenschaft, Zärtlichkeit und Vertraulichkeit zu spüren. Weil wir uns Halt geben, weil wir uns lebendig und in kitzelnder Erregung d:er anderen hingeben. Weil wir es auf Tausende lustvolle Weisen tun können. Weil Sex sozial verbindet,[53] weil er Sinn stiftet, weil er etwas bedeutet: für uns, die wir ihn miteinander haben. Menschen sind Kulturwesen, sie trachten nach Gemeinschaft. Es sind Kultur und Kooperation, die uns als Spezies evolutionär erfolgreich gemacht haben. Der Sex hat sich der Fortpflanzung enthoben, weil er genau in diese Kultur und Gesellschaft einfließt, sie erzeugt, erweitert, vertieft. Wir sind als Homo sapiens evolutionär dafür ausgestattet, Sex aus *sozialen* Gründen zu haben: für eine Partnerschaft, für einen ONS, für eine Freundschaft.

Aber welche konkreten Praktiken schöpfen aus der Freundschaft und setzen sich in einer geteilten Sexualität fort? Wie verdichtet sich sexuelles Wohlbefinden zu liebevoller Zuneigung? Wenn wir – egal, in welcher geschlechtlichen Kombination – als Freund:innen zusammenfinden und uns als Freund:innen lieben, wie gehen wir miteinander um?

8.

ALLES KONSENS, ALLES GUT? ÜBER UNSERE INTIMSTEN WIDERSPRÜCHE

Eines der schönsten Gedichte von Ingeborg Bachmann bilden die erotischen Verse »Römisches Nachtbild« (1956). Ich habe für die sexuelle Freundschaft viel aus der sanften und sinnlichen Bewegung gelernt, die Bachmanns Worte einfangen:

Römisches Nachtbild
Wenn das Schaukelbrett die sieben Hügel
nach oben entführt, gleitet es auch,
von uns beschwert und umschlungen,
ins finstere Wasser,

taucht in den Flussschlamm, bis in unsrem Schoß
die Fische sich sammeln.
Ist die Reihe an uns,
stoßen wir ab.

Es sinken die Hügel,
wir steigen und teilen
jeden Fisch mit der Nacht.

Keiner springt ab.
So gewiß ist's, daß nur die Liebe
und einer den andern erhöht.[1]

Ein wundervolles Gedicht – ein Gedicht voller Wunder: allein schon der Ort, eine italienische Stadt in der Dunkelheit. Ich erinnere mich an die schwülen Sommernächte Neapels, verführerische Blicke, klirrende Eiswürfel in Limonade, Menschenmassen, dicht aneinandergedrängt auf der Piazza Bellini. Das Gedicht ist in Bewegung und kommt entsprechend mit nur einem Adjektiv (»finster«) aus, dafür enthält es aber eine Menge von Verben. Es entführt und gleitet, beschwert und umschlingt, taucht und sammelt, stößt und sinkt, steigt und teilt, springt ab und erhöht. Die Metaphern des Auf und Nieder einer hügeligen Landschaft – der Körper oder Roms? – tragen sexuelle Züge. Die Nomen hingegen, Fische im Schoß und Flussschlamm, neigen sich dem Feuchten und Warmen zu, durchaus eng am Ekel geführt, aber doch zu deutlich Sinnbild für eine intensiv überströmende körperliche Erregung.[2]

Das Gedicht stellt Nähe durch Bewegung her: aufeinander zu, ineinandergleitend, lau und feucht. Aber wer bewegt sich im Gedicht? Von den zweien ist nichts gesagt, es wird nur von ihren sich begehrenden und berührenden Körpern gesprochen. Kennen sie sich? Vielleicht haben sie sich gerade in einer Bar kennengelernt. Da reichten ein paar Blicke, Fragmente von Gesprächen, Andeutungen von Berührungen. Und wenige Stunden später liegen sie dann auf durchwühlten Laken oder in warmen Flüssen, verwandelt in völlig nackte, verwundbare, entblößte, stöhnende, vor Erregung und Lust nass tropfende Geschöpfe. Sich gegenseitig aufnehmend und ineinander eindringend. Sich hineinliebend in d:ie andere:n mit Finger- und Zungenspitzen, mit Mündern und Muschis, mit Pos und Penissen und weiß Gott was alles noch. Dabei wird es zart, wild, laut und manchmal auch gefühlvoll. Gefühlvoll, weil wir beim Sex mit unseren empfindenden, erregten Körpern präsent sind. Weil wir uns berühren, leibhaftig, die ganze Zeit. Und weil im Körper Erinnerungen liegen, die durch Berührungen geweckt werden: alte Träume und Schmerzen, Sehnsüchte und Ängste. Wer »vernünftig« über die Fähigkeit der Menschen nachdenkt, diesen *Exzess* an Intimität spontan zu erzeugen, zu halten und auch noch zu genießen, kann eigentlich nur zu dem Schluss kommen, dass es sich um zeitweisen Wahnsinn handeln muss. Warum sollten wir uns vor einem unbekannten Menschen so verletzlich machen? Woher kommt das Vertrauen (oder der Leichtsinn), dass es einfach okay ist, sich in diesen überraschenden Momenten so zu öffnen, wie man sich fühlt, mit allen Emotionen, die da hochkommen können?

Bachmann beantwortet die Frage mit dem letzten Absatz. Ihr lyrisches Ich stellt fest: »Und keiner springt ab.« Da steht nicht: »Und keiner *konnte* abspringen.« Zwischen den beiden Liebenden herrscht kein Zwang, sie setzen ihr Spiel freiwillig fort. Sie beenden es nicht, weil sie spielen wollen. »So gewiß ist's«, heißt es dann. Man ist sich einander gewiss; beide wissen, dass ihre Liebe und sie einander erhöhen. Sie handeln einvernehmlich, weil sie sich wohlgesonnen sind. Das Gedicht vermittelt eine Grundstimmung der Zugewandtheit, der Offenheit, des Vertrauens, der Nähe und Liebe – oder kurz: großer Intimität.

Wenn wir miteinander schlafen, wenn wir uns befreunden und uns verlieben, dann werden wir in allen Fällen miteinander intim. Doch was bedeutet das eigentlich genau? Der Begriff Intimität[3] geht auf den lateinischen Superlativ *intimus* zurück: das Innerste oder Tiefste. Das, was im Innersten existiert, liegt auch im Tiefsten verborgen. Ein geschützter Bereich, den ich nicht jede:r zeigen kann und will. Das weist auf darüber liegende Schichten, die das Intime verdecken. Folglich ist das Intime seinem Wesen nach verborgen, nicht öffentlich. Dieses Private wird nur denen zuteil, die sich als Vertraute erwiesen haben, die meine Privat- oder Intimsphäre achten und schützen. Wenn wir uns einander vertraulich öffnen, ist das eine Sache nur zwischen uns und unter uns, wie ein gegenseitiger Schwur. Gewissermaßen handelt es sich bei der Intimität um eine Verschwörung, eine verschworene Gemeinschaft.[4] Ein solch »verschwörerisches« Miteinander ist auch die Freundschaft. Wenig überraschend wurde d:ie beste Freund:in schon vor Jahrhunderten *intimus* genannt, und noch in der jüngeren Gegenwart sang der Soul-Sänger Eddie Kendricks eine Ode auf die *Intimate Friends* (1977).

Das intime Geheimnis, welches man seinen Freund:innen mitteilt, liegt nun nicht unter dem Bett versteckt, sondern es liegt in eine:r selbst. Um es an die Oberfläche zu bringen, muss es gesagt oder gezeigt werden. Man legt Zeugnis ab von dem, was in eine:r ist. *Intimare* als Verb bedeutet auf Lateinisch sinngemäß: erzählen oder berichten. Wenn ich etwas von mir erzähle, erzähle ich es auch immer gleichzeitig mir selbst. Der intime Moment zeigt also in zwei Richtungen: als Offenbarung dem anderen Gegenüber wie in der Selbsterzählung auf mich selbst. Einem ähnlichen Gedankengang folgt der Paartherapeut David Schnarch, nach dem Intimität dann wächst, wenn wir gegenseitig »den Geist [engl. *mind*, OS] des anderen spiegeln«[5], uns also in unser Gegenüber einfühlen.[6] Die Spiegelung bezieht sich darauf, »die Gedanken, Gefühle und Motive des Betreffenden aus seinen Reaktionen und Verhaltensweisen herauslesen zu können«[7]. Deshalb stellt das Sprechen über eine Beziehung auch Intimität her, weil es erlaubt, eben jene Gedanken, Gefühle und Motive zu verstehen.[8]

Aus welchen Gründen ich mich in einer Situation einer anderen Person mitteile, hängt davon ab, was ich von der Intimität erwarte. Es gibt eine Intimität, die darauf angelegt ist, positiv erwidert zu werden, die mich in meiner Haltung bestärkt und unterstützt, die mir bedingungslos positive Aufmerksamkeit schenkt. Das nennt Schnarch *fremdbestätigte Intimität*, die »beinhaltet, dass ein Partner seine Gefühle, Wahrnehmungen, Zweifel, Ängste und inneren Wahrheiten offenbart und der andere diese entweder (a) akzeptiert, bestätigt und nachempfindet und/oder (b) sich auf ähnliche Weise offenbart«[9]. Fremdbestätigte Intimität ist von großer Wichtigkeit für liebevolle Routinen, alltägliche Fürsorge, gegenseitige Unterstützung. Von Menschen, die mir nah sind, möchte ich auch positive Bestärkung erfahren. Doch Intimität beinhaltet, so Schnarch, »nicht zwangsläufig, dass Sie (...) bekommen, was Sie sich wünschen«[10]. Die Intensität der Intimität kann beunruhigend wirken, und die eigenen Gefühle, Gedanken oder Motive können das Gegenüber verletzen. Die Intimität einer Beziehung, die nur auf Fremdbestätigung aus ist, flacht über die Zeit höchstwahrschcinlich ab.

Wenn die Selbstoffenbarung der Intimität unter Umständen eine (Selbst-)Konfrontation beinhaltet, wie kann sie die Beteiligten nicht notwendig voneinander entfernen (was die Intimität verringert), sondern einander annähern (was die Intimität vertieft)? Der Schlüssel liegt nach Schnarch darin, in diesen selteneren Momenten »sich selbst zu bestätigen und zu beruhigen«[11]. Die Ablehnung oder Nicht-Unterstützung einer intimen Offenbarung anzuerkennen, den möglichen Konflikt zuzulassen um der Beziehung willen, die man mit d:er Gegenüber führt, ermöglicht ein »positives ›Nicht-Einklangs‹-Erlebnis«[12] –, das, so Schnarch, eine *selbstbestätigte Intimität* herstellt. Die beiden Intimitäten lassen sich als Schwingungen beschreiben: Die fremdbestätigte Intimität ist wie ein Echo, in dem das Gesagte verlässlich zurückhallt. Die selbstbestätigte Intimität hingegen ist wie eine Resonanz, die das Gesagte weiterführt und auf andere Weise zurückwirft, als es empfangen wurde.

Schnarch fasst zusammen: »Intimität bedeutet, dass wir unseren eigenen Geist in Gegenwart unseres Partners spiegeln und gleichzeitig zulassen, dass auch unser Partner unseren Geist spiegelt. Manchmal akzeptiert oder bestätigt Ihr Partner Sie und manchmal nicht.«[13]

Das Konzept der selbstbestätigten Intimität ist für eine nicht sexuelle Freundschaft wichtig, in der eine:r der beiden gerne eine F+ führen würde. Von einer bedingungslos positiven Reaktion kann dabei natürlich nicht ausgegangen werden. Zum Sex soll sich niemand zwingen, vor allem keine Freund:innen. Wer sich dennoch ermutigt, den Schritt zu gehen, macht trotz einer möglichen Ablehnung klar: Es ist mir wichtig, dass wir eine ehrliche, offene und aufrichtige Beziehung miteinander führen, selbst wenn nicht alle meine Begehren erwidert werden sollten. Darin zeigt sich die selbstbestätigte Intimität. Mit ihr kann in der Freundschaft, selbst wenn keine gemeinsamen sexuellen Schritte vollzogen werden sollten und sich rein äußerlich nichts verändert hat, doch eine festere und engere Bindung entstehen als zuvor.[14]

David Schnarchs Vorstellungen von Intimität möchte ich mit den Ansichten der Psychologin Karen Prager erweitern, die die vielfältige Bedeutung der Begriffe intim/Intimität betont:[15] So kann das Verliebtheitsgefühl, die Schmetterlinge im Bauch, intim sein – womit Intimität so etwas wie eine Emotion wäre. Ich kann eine streichelnde Berührung einer geliebten Person als intim empfinden, also zärtlichen physischen Kontakt. Schon die bloße körperliche Anwesenheit anderer Menschen, zum Beispiel als Trauergemeinde, kann Intimität stiften. Wir können Geheimnisse teilen, womit Intimität den Austausch privater Informationen bedeutet; ebenso auch gemeinsames Schweigen. Wenn wir »intim miteinander sind«, bezeichnet Intimität eine Beziehungsform, aber auch den Grad der Beziehungstiefe, also wie eng wir miteinander verbunden sind oder dass wir uns seit Ewigkeiten kennen, in- und auswendig. Es kann auch aussagen, dass wir miteinander schlafen. Diese vielen verschiedenen Formen müssen berücksichtigt werden, wenn man verstehen möchte, was Intimität bedeutet.

Bei David Schnarch pflegt das Paar zum Beispiel schon eine intime Beziehung, aber intime Situationen (zum Beispiel einmaliger Sex) können auch völlig anonym stattfinden. Prager unterscheidet deshalb intime Interaktionen von intimen Beziehungen.[16] Zwar glaubt sie ebenso wie Schnarch, dass für Intimität etwas Persönliches geteilt werden muss,[17] schließt dabei aber auch nicht-sprachliche Gesten ein – denn nur so kann die Intimität einer flüchtigen Berührung oder die intime Interaktion von Eltern und Kind mit eingeschlossen werden. Außerdem müssen sich beide Seiten nicht gleichermaßen öffnen, um miteinander intim zu werden. Auch asymmetrische Verhältnisse wie das von beispielsweise Psychotherapeut:in und Klient:in können eindeutig intim sein. Interaktionen, in denen die Beteiligten beide etwas von sich offenbaren, werden in der Regel aber als intimer empfunden.

Außerdem legt Prager Wert auf die Zugewandtheit der Beteiligten: In einer intimen Situation erlebt man positive Anteilnahme oder Interesse[18] an sich, d:er Anderen oder der gemeinsamen Interaktion.[19] Alle Beteiligten glauben, dass ein gegenseitiges Verständnis vorliegt. Man fühlt sich gesehen und wertgeschätzt. Das heißt: Je persönlicher also die geteilten Informationen oder liebevollen Gesten sind, je stärker die Anteil nehmende, interessierte, verständnisvolle Reaktion des Gegenübers und je ausgeprägter die Gegenseitigkeit, desto intimer die Interaktion.[20]

Die selbstverständlich wirkende Definition erhält einen interessanten Turn, wenn man sie auf den Sex anwendet. Auf den ersten Blick handelt es sich beim Sex um eine klassisch intime Interaktion. Aber muss das so sein? Ist Sex wirklich immer intim? Ein Blick über den Tellerrand der Gegenwart in die feministische Literatur der 1970er-Jahre liefert eine eindeutige Antwort. So befragte die Sexualwissenschaftlerin Shere Hite Tausende Frauen nach ihrem sexuellen Erleben und veröffentlichte die Berichte 1976 im sogenannten »Hite-Report«, der zu einer der wichtigsten Arbeiten der sogenannten zweiten Welle des Feminismus avancierte. Mit 50 Millionen verkauften Exemplaren machte der Report die weibliche Libido und den weiblichen Orgasmus im Westen zu einem breiten, öffentlichen Gesprächsthema. Auf die Frage: »Wie haben die meisten Männer mit Ihnen Sex gehabt?«, antworteten die Frauen fast alle auf ähnliche Weise: »Ein kleines Vorspiel und dann das übliche Ende.«[21] Das übliche Ende, wenig überraschend, ist natürlich gleichbedeutend mit der Penetration des Mannes, bis er ejakuliert. Einer der männlichen Befragten beschrieb es so: »Ich gehe, wenn der Sex anfängt, sofort auf den Koitus los. Mir geht es um das Reale.«[22] Ein ähnlich düsteres Bild zeichnen die Interviews in Alice Schwarzers »Der »kleine Unterschied« und seine großen Folgen« (1975). Die darin befragte Lektorin Alexandra K., 33 Jahre, fasst pointiert zusammen: »Im Grund ist das, was ich mache, ein Sich-zur-Verfügung-Stellen für die Onanie des Mannes.«[23] Sex muss also keineswegs intim sein. Als »eheliche Pflicht« verstanden, erfüllt er in einer heterosexistischen Beziehung vor allem die Funktion männlicher Bedürfnisbefriedigung.

Dass Menschen miteinander schlafen, ob nun regelmäßig oder nicht, reicht nicht aus, um von einer intimen Interaktion zu sprechen. Sex, der nicht intim ist, basiert nicht auf Gegenseitigkeit, er geschieht ohne Interesse am Wohl der anderen Person. Er dient dem Trieb- oder eher Stressabbau, also einer reinen Funktion, weshalb er komplett unpersönlich ist. Sex wird nur dann intim, wenn sich die Beteiligten einvernehmlich einander zeigen wollen – in ihren Begehren, in ihren Grenzen, in ihren Hoffnungen, Ängsten und ekstatischen Erregungen. Ich meine das nicht unbedingt verbal, sondern auf der Oberfläche der Körper. Der Schriftsteller Paul Valéry schrieb einmal: »Das Tiefste am Menschen ist seine Haut.« Wer sich intim öffnet, zeigt sich dem Gegenüber unmittelbar, entblößt sich, wird nackt und in der Leidenschaft wehrlos, also kurzum: verletzlich. Beim intimen Sex offenbare ich ein zartes, tiefes, sehnsüchtiges Verlangen nach Nähe und Geborgenheit, mein ganzer Körper sagt zu:r Anderen: »Ich bin angewiesen auf dich.« Wenn beide Seiten sich auf solche Weisen in Verbindung setzen, füreinander sorgen, Verständnis für die gegenseitigen Bedürfnisse aufbringen, ein aufrichtiges Interesse am Wohl des Gegenübers zeigen: Erst dann kann von intimem Sex gesprochen werden. Dann löst das Spiel der Berührung und des Berührtwerdens, des Sehens und des Gesehenwerdens, des Schmeckens und Geschmecktwerdens usw. die Grenzen der Körperempfindungen auf – in Improvisation, Tanz, Naivität, Frieden, Hitze, Gemeinschaft.

Intimer Sex sollte deshalb nicht zu streng auf den »reinen« Geschlechtsverkehr hin gelesen werden. Wenn Fürsorge, Achtsamkeit, Verständnis, Interesse, Einvernehmlichkeit und Selbstoffenbarung für intimen Sex erforderlich sind, dann umfasst das mehr als nur Körperlichkeiten. Natürlich kann eine feste Umarmung, ein Gehaltenwerden, auch Ausdruck von Sorge oder Unterstützung sein, der die Verletzlichkeit auffängt und ein Gefühl von Sicherheit schafft. Aber um die ganzen Nuancen zu fassen, die den Sex umgeben – unsere Begehren, Attraktionen, der körperlich-geschlechtliche Ausdruck, die kulturellen Skripte und verführerischen Signale –, reicht es nicht aus, sich wie ein stummer Fisch anzufassen oder sich anfassen zu lassen. Fast kein sexueller Kontakt zu einem anderen Menschen beginnt ohne weitere Umstände mit Geschlechtsverkehr oder bleibt dabei. Bevor Menschen sich zu den abenteuerlichsten Weisen hinreißen lassen, ihre nackten Körper ineinander zu verschränken, lernen sie sich in den meisten Fällen vorher kennen, stimmen sich aufeinander ein. Es erfolgt, und hier bin ich wieder bei Ingeborg Bachmann, eine (ahnungsvolle) Annäherung. Wir nehmen Anzeichen auf, die auf Sympathie und Vertraulichkeit hindeuten, auch wenn noch keine ausgeprägten Gefühle vorhanden sind. Man unterhält sich, tauscht sich aus, vertraut auf das, was der Bauch sagt. Ob eben die Chemie stimmt. Vor dem Sex, während des Sex, nach dem Sex. Der Akt ist eingerahmt und durchdrungen von Annäherungen auf vielfältige Weise, die über den reinen Geschlechtsverkehr hinausgehen.

Intime Interaktionen sind in der Regel Teil intimer Beziehungen. Sie zeichnen sich im Gegensatz zu anderen Beziehungen durch wiederkehrende und auch erwartbare intime Interaktionen aus. Aber eine (intime) Beziehung besteht natürlich nicht nur aus der Anhäufung (intimer) Interaktionen, die miteinander nichts am Hut haben. Deshalb reicht es für eine sexuelle Freundschaft nicht aus, einfach nur miteinander zu schlafen (intime Interaktion), um deshalb schon eine Freundschaft zu führen (intime Beziehung). Weder muss der Sex intim sein noch muss wiederkehrend intimer Sex in eine intime Beziehung münden. Eine intime Beziehung enthält intime Interaktionen und ist dennoch mehr als die Summe ihrer Teile. Intime Beziehungen entstehen mit der Zeit, auch durch Interaktionen, die nicht direkt intim sind. Ein gutes Beispiel hierfür ist der Alltag, den man zum Beispiel in einer WG oder einer Partnerschaft erlebt. Gemeinsam einkaufen, Lasagne kochen und die Spülmaschine ausräumen sind nicht gerade, was die meisten Leute unter intimen Interaktionen verstehen würden. Und doch stellt sich nach einiger Zeit eine wertvolle Routine ein, die sich auf den Lebensrhythmus aller Beteiligten auswirkt. Der Alltag entfaltet eine langsame Kraft innerhalb der Beziehung(en), er schreibt sich ein in Entscheidungen, Rücksichtnahmen und die Sorge füreinander. Plötzlich entsteht, ohne dass wir besonders darauf hingearbeitet haben, oder besonders intim miteinander umgegangen sind, doch eine intime Beziehung untereinander.

Wenn es gut läuft, so Karen Prager, entstehen dabei drei Qualitäten intimer Beziehungen: *dauerhafte Gefühle der Zuneigung*

(»enduring affection«), gegenseitiges *Vertrauen* und *Stabilität oder Zusammenhalt* der Beziehung (»partner cohesiveness«).[24] Alle drei Dinge hängen miteinander zusammen: Dauerhafte Gefühle der Zuneigung entstehen durch wiederholte mehr oder weniger intime Interaktionen,[25] weil wir uns ehrlich, fürsorglich oder zugewandt einander öffnen. Es können ganz simple Dinge sein, die man gemeinsam tut, zum Beispiel Spazierengehen. Aber eben auch hoch sensible Aktivitäten wie Sex. Damit wächst das gegenseitige Vertrauen, weil man sich auch von verletzlichen Seiten gezeigt hat, aber im Anschluss nicht verletzt wurde. Mit geteilten Erfahrungen wachsen die Stabilität und der Zusammenhalt der Beziehung, man geht durch »dick und dünn«. Es entsteht ein Gefühl von Gemeinsamkeit. Feste Freundschaften zählen deshalb zu intimen Beziehungen, weil sie deren Kriterien umfänglich erfüllen: Freund:innen vertrauen und mögen sich, sie halten fest zusammen.

In der F+ existiert allerdings eine besondere Mischung der Intimitäten, da sich der Sex eher auf der interaktionalen Seite der Intimität verortet, wohingegen Freundschaft auf der Seite intimer Beziehungen liegt. In einem »klassischen« Verständnis von partnerschaftlicher Intimität würden die Tiefe und Nähe des Sexuellen durch die Tiefe und Nähe der Partnerschaft ermöglicht. Aber die sexuelle Leidenschaft liebt kurze und schnelle Wege. Sie lebt vom Neuen, von der Neugier, vom schlechthin Unbekannten.[26] Freundschaft hingegen braucht Zeit, sie entwickelt sich über viele geteilte Erlebnisse hinweg. Oder um es mit Hannah Arendt zu sagen: »Freundschaft ist wesensmäßig abhängig von ihrer Dauer – eine zwei Wochen alte Freundschaft existiert nicht.«[27] Wie geht die eher schnelle Leidenschaftlichkeit des Sex mit der eher langsamen Zärtlichkeit der Freundschaft zusammen? Wie verhalten sich beide Intimitäten zueinander? Sind sie notwendig gegensätzlich?

EXKURS: INTIME WIDERSPRÜCHE – WENN ES ZU SCHNELL GEHT

> »Wissen wir, was ein Körper vermag?«
>
> *Spinoza*

Die sexuelle Freundschaft unterscheidet sich von anderen Freundschaften durch eine heftige körperliche Intimität – und das manchmal schon zu Beginn der freundschaftlichen Beziehung.[28] Das Sexuelle öffnet Zugänge zu Gefühlen oder Erinnerungen, Schmerzen und Ängsten, Lüsten und Begierden. Wenn ich einen Menschen neu kennenlerne, um mich sexuell zu befreunden, und wir sofort von Anfang an miteinander schlafen, dann entfalten wir die Intimität der Beziehung durch den Sex wesentlich schneller als in anderen Freundschaften. Gespräche brauchen einfach länger, um ähnlich intensiv zu wirken. Es gibt also zwei unterschiedliche Geschwindigkeiten: Die sexuelle Intimität schießt von Anfang an leidenschaftlich nach oben. Die emotionale Intimität hingegen, die eine Freundschaft langfristig zusammenhält (also etwas wie Vertrautheit oder später Verbindlichkeit[29]), baut sich erst langsam mit der Zeit auf, wenn man sich eben besser kennenlernt.

Daraus entsteht eine einzigartige Spannung, die in den Anfangsphasen sexueller Freundschaften leicht mit Verknalltheit verwechselt werden kann, manchmal führt sie sogar dazu. Selbst im anbrechenden Zeitalter der F+ ist Geschlechtsverkehr keine besonders übliche Art und Weise, eine Freundschaft zu beginnen. Die eigentümliche, körperlich wirkende Kraft der sexuellen Freundschaft sollte also nicht unterschätzt werden. Oft sichern wir die Intensität (also gewissermaßen die Geschwindigkeit) der Intimität mit neuen Menschen durch Anonymität ab. Manche

Leute können bei One-Night-Stands gerade deshalb völlig loslassen, weil sie genau wissen, dass sie einander nie wiedersehen werden. Die Einmaligkeit schützt vor der emotionalen Verwirrung. In der sexuellen Freundschaft kann es einen solchen Schutz nicht geben, weil man sich ja nicht anonym befreunden kann. Wie geht man mit den unterschiedlichen »Geschwindigkeiten« der beiden Intimitäten um?

Eine Idee ist es natürlich, die Sache mit dem Plus in der F+ ein bisschen langsam anzugehen. Sexualität ist ein sensibles Thema, und wenn man ohnehin mehr Zeit mit der anderen Person verbringen möchte, wozu die Hektik? Andererseits basiert eine sexuelle Freundschaft auch auf dem physischen Miteinander.

Es fühlt sich fraglos krass an, wenn man – ohne sich zu kennen, also mit einem fast fremden Menschen – auf sexueller Ebene die richtigen Vibes spürt. Aber was ist daran so intensiv? Ist es nur die andere Person? Oder nicht vielmehr die eigene Neugier? Die Lust auf etwas Aufregendes und Unbekanntes? Die Erleichterung, nicht allein zu sein? Oder dass man den eigenen Körper besonders leidenschaftlich erlebt? (Vielleicht noch stärker während des Eisprungs?) Das sind alles Dinge, die erst mal mit eine:r selbst zu tun haben[30] – und nicht so sehr mit der anderen Person, die man gerade kennenlernt. Nur weil ein anderer Mensch in meinem Körper Lust und Erregung verursacht, trägt er oder sie deshalb nicht die volle Verantwortung dafür. Die Intensität der sexuellen Intimität am Beginn einer Beziehung kann eine derartige Strahlkraft entwickeln, dass sie oft das eigene Vermögen zu eben dieser Intensität überblendet und völlig beim Gegenüber verortet. Doch es ist immer noch der eigene Körper, der da fühlt, der eigene Körper, der auf diese Weise genießen kann. Dass man sich selbst so leicht im anderen vergisst, wird dadurch erleichtert, dass die beiden Beteiligten einander nicht kennen. Man steht ja noch am Anfang einer möglichen Freundschaft. Je weniger man voneinander weiß, desto größer und stärker können die Projektionen von Sehnsüchten oder Erwartungen auf das Gegenüber ausfallen, was wieder den eigenen Teil in der Lust vergessen macht.

Ich glaube, dass der Anfang einer sexuellen Freundschaft deshalb so intensiv ist, weil man auch mit sich selbst intim wird. Wenn man lernt, das Intimwerden mit sich selbst und das freundschaftliche Intimwerden mit einem neuen Menschen auseinanderzuhalten – dann betten sich die Gefühle der Zuneigung womöglich leichter in einen freundschaftlichen statt in einen romantischen Umgang ein. (Sofern man das wünscht.) Denn es kann nicht darum gehen, emotional einfach dichtzumachen. Das wird einer Freundschaft nicht gerecht.

Die Spannung zwischen sexueller Leidenschaft und Intimität einer Beziehung wird seit über einem Jahrhundert von der Paartherapie und entsprechender Ratgeberliteratur behandelt, allerdings aus der anderen Richtung. Nicht die fehlende Beziehung bei einem aufregenden Sexleben steht hier im Fokus, wie es oft bei einer F+ der Fall ist, sondern andersherum der Mangel an sexueller Leidenschaft in langjährigen Partnerschaften. Moderne Beziehungen stellen aber den Anspruch, beides zu vereinen, was historisch keineswegs immer so war.[31] Wie die Psychotherapeutin Esther Perel feststellt, liegt das Problem weniger darin begründet, dass sich die Paare nicht nah genug seien – sondern im Gegenteil viel zu nah.[32]

Wo die Liebe Qualitäten wie Nähe und Sicherheit anstrebt, will das leidenschaftliche Begehren das, was eben noch fern liegt und mit Neuheit, Risiko oder Unsicherheit behaftet ist. In einer intimen Beziehung sollen beide Seiten auf Augenhöhe agieren. Beim Sex ist es gerade die Ungleichheit, die reizen kann. Aus diesem Dilemma heraus rät Perel zur Distanz: Das Problem sei, dass die Seite der Liebe, der Verbindung, der romantischen Intimität so intensiv sei, dass die Partner:innen komplett miteinander verschmolzen seien. Sie folgt hier David Schnarch (siehe S. 151 in diesem Kapitel) und schlägt entsprechend vor, den Mut zu haben, wieder auf Distanz zu gehen, Konflikte auszuhalten, um endlich wieder Raum für Verbindungen und starke Gefühle zu schaffen. Distanz meint hier: sich seiner Verschiedenheiten bewusst zu werden, um wieder zu bemerken, was ich an mir und an d:er Anderen habe, was ich geben kann und was ich selbst brauche. Eigenständigkeit ist sexy.

Um miteinander intim zu werden, müssen wir uns also kennenlernen, uns selbst und unsere Umgangsweisen. Je näher wir uns sind, desto drängender werden die Fragen nach den eigenen Bedürfnissen, Hoffnungen und Wünschen, Ängsten und Sehnsüchten. Indem wir uns bewusst werden, was wir wollen, erfahren wir uns als Individuen mit eigenen Bedürfnissen und Grenzen. Dabei stellen sich Fragen wie: Was kann ich geben (oder nicht geben)? Was bin ich bereit zu geben? Wann wünsche ich mir Unterstützung, was möchte ich gemeinsam miteinander erleben? Wie möchte ich für jemanden sorgen oder umsorgt werden? Wie darf ich meine:r Gegenüber Lust verschaffen, und wie möchte ich, dass mit mir umgegangen wird? Wann erlaube ich, von d:er Anderen genommen zu werden? Auf welche Weise? Was will ich nehmen und was darf ich mir nehmen?[33]

All diese Fragen müssen sich Menschen stellen, die auf welche Weise auch immer miteinander intim werden. Es sind Fragen, die jede Person für sich individuell, frei und selbstbestimmt beantworten kann und muss. Die Antworten auf diese Fragen sollten – wenn denn welche gefunden werden – nur in Übereinstimmung mit allen Beteiligten umgesetzt werden. Damit wir uns nahkommen, müssen wir es aus freien Stücken tun. Deshalb setzt Intimität Konsens voraus. Die sexuelle Freundschaft, die ja nicht nur emotional, sondern auch körperlich intim wird, muss sich deshalb besonders intensiv mit dem Konsens auseinandersetzen.

ÜBER KONSENS

Sexuelle Freundschaften zwischen Frauen und Männern waren für Jahrhunderte quasi unmöglich. In patriarchalen und überdies christlichen Gesellschaften war die Jungfräulichkeit sowohl ökonomisch als auch religiös fest verwurzelt. Jeder körperlich intime Kontakt von Frauen zu anderen Männern gefährdete (potenziell) den Familienbesitz. Da Frauen so gut wie keinerlei Rechte hatten, wenn sie sexuellen Übergriffen durch Männer ausgesetzt waren,[34] konnte man ihnen auch nicht verdenken, dass sie mit fremden Männern nicht allzu oft sexuelle Beziehungen eingehen wollten. Schließlich war die frauenfeindliche Erzählung weit verbreitet, dass Frauen entweder dämonische Verführerinnen des Mannes seien[35] oder der Mann unendlich triebgesteuert sei, und eh nicht anders könnte, als Frauen zu überwältigen.[36] Notfalls gegen ihren Willen.

Seitdem vor allem Frauen über sexuelle und sexualisierte Gewalt* sprechen, sprechen sie also über Widerstand und Zustimmung sowie die Bedingungen, unter denen Widerstand und Zustimmung erfolgen oder misslingen. Da sich Machtstrukturen in unsere Beziehungen, in unsere romantischen und sexuellen Annäherungen, in unsere Interessen und Verhaltensweisen einschreiben, hat sich in den letzten Jahrzehnten feministischer Debatten der Konsens als politische und sexuelle Praktik herausgeschält. In vielen modernen Beziehungen gehört es zur Selbst-

* Der Unterschied zwischen sexueller und sexualisierter Gewalt besteht grob gesagt darin, dass sexuelle Gewalt dem Lustgewinn d:er Täter:in dient, sexualisierte Gewalt dem Machtgewinn. Sex ist bedauerlicherweise nicht das Gegenteil von Gewalt, woraus nicht folgt, dass beides identisch ist. Ich verstehe die Begriffe der sexuellen und sexualisierten Gewalt als Pole, die ineinander übergehen und nicht immer voneinander zu trennen sind.

verständlichkeit, das eigene Verhalten nicht mehr an geschlechtlichen Rollenbildern zu orientieren, sondern an gemeinsamer Aushandlung.[37] Konsensuelle Prozesse hinterfragen gegebene Routinen, sie nehmen nicht hin, dass »man« es schon immer so gemacht hat und deswegen auch weiterhin so tun muss, denn damit lässt sich alles rechtfertigen. Auch die Gewalt. In diesem Sinne wirkt Konsens herrschaftskritisch.[38]

Die Seite des Konsenses, welche den Widerstand betont, wird unter dem griffigen Slogan »Nein heißt nein« verhandelt. Wenn es um die Zustimmung geht, so lautet das Paradigma »Ja heißt ja«.

Mithu Sanyal weist in ihrem Buch *Vergewaltigung* darauf hin, dass die Debatte um »Nein heißt Nein« dem realen Problem entsprang, dass ein »Nein« von Frauen als ein höfliches »Ja« gelesen wurde, weil es sich für Frauen nicht gehörte, ihre Begehren offen zu zeigen, und die männliche Sexualität darauf angelegt war, den weiblichen Widerstand »leidenschaftlich« zu brechen.[39] »Nein heißt nein« verhindert die patriarchale Lesart des weiblichen Verhaltens, ein »Nein« als »Ja« zu verstehen, was man im englischen Diskurs auch *token resistance* nennt. Wenn Frauen Nein sagen, bedeutet das auch Nein. Das bedingungslose Nein bedeutet auch, dass bei jeder konsensuellen Aushandlung völlig klar sein muss, dass diese Aushandlung hier und jetzt endet. Das »Nein« muss dabei natürlich nicht immer verbal mitgeteilt werden. Wer sich wehrt und widersetzt, meint auch »Nein«. Reicht dabei schon ein körperliches Abwenden, ein leichtes Sich-Zurückziehen? Ab wann steht eine Geste für ein »Nein«, ab wann für ein »Noch nicht«? Die Verantwortung für eine deutliche Kommunikation samt einer Rechtfertigung, sollte sie misslingen, liegt weiterhin bei der betroffenen Person.

Aus diesen Gründen wurden die Rufe nach einer neuen Konsensethik laut, die sich auf das »Ja heißt ja« stützt. Nur, weil ein »Nein« nicht als solches wahrzunehmen war, darf deshalb nicht automatisch von einem »Ja« ausgegangen werden. Die Verantwortung verschiebt sich: Es liegt nun am Menschen, der eine Handlung initiieren möchte, sich hierfür ein ausdrückliches »Ja« von seine:r Gegenüber abzuholen. Das »Ja« ist ein selbstbestimmtes »Ja«, ein partizipierendes »Ja«, und kein fauler Kompromiss. In jüngeren Debatten wird deshalb auch von einem »enthusiastischen Konsens« gesprochen, der die freudige und offene Aktivität aller Beteiligten betont. Durch »Ja heißt ja« soll das Konstrukt sexueller Aktivität/Passivität zwischen Mann und Frau hinter sich gelassen werden. In gewisser Weise nehmen aber beide die aktive Rolle an, was vor allem für Frauen eine Veränderung ihres gesellschaftlich eingeprägten Sexualverhaltens erfordert. Es dämmert, dass der Konsens gleichberechtigt erscheint – der Weg dahin aber nicht.

Bei »Ja heißt ja« ebenso wie bei »Nein heißt nein« wird das Geschlecht gleichermaßen ausgeblendet, weil nicht gesagt wird, wer hier »Ja« oder »Nein« sagt. Es wird auch nicht gesagt, ob das »Ja« oder »Nein« eines Mannes etwas anderes bedeutet als die Antworten einer Frau. Auf einer rein situativen Ebene herrscht scheinbar Gleichheit, immerhin handelt es sich »nur« um sexuelle Praktiken, die niemand andere:n etwas angehen. Aber Sex findet nicht im luftleeren Raum der Konsenstheorie statt, sondern zwischen realen Menschen in realen politischen und gesellschaftlichen Verhältnissen. Für Frauen steht aufgrund von erhöhtem Risiko sexueller/sexualisierter Gewalt, sexueller Doppelmoral, ökonomischer Abhängigkeit von Männern und ungewollten Schwangerschaften etwas anderes auf dem Spiel, wenn sie »Ja« oder »Nein« sagen – was in überragendem Maße für Frauen gilt, die Schwarz oder eine Person of Color sind, weil sie historisch gesehen noch stärker unterdrückt und ausgebeutet wurden.[40] Eine Frau sagt »Ja« oder »Nein« unter anderen Bedingungen als Männer, ihre Antworten bedeuten deshalb etwas anderes. Nicht jede Frau unterliegt den gerade genannten Risiken oder Diskriminierungen, besonders in höheren gesellschaftlichen Klassen. Aber es zeigt, dass gesellschaftliche Privilegien in die Bedeutung einfließen, die der Konsens für die beteiligten Personen trägt.

Beide Formen des Konsenses lassen sich als informelle Verträge verstehen, die ein sexuelles Miteinander gleichberechtigt absichern. Deshalb dürfen die Beteiligten in keinem Machtverhältnis zueinander stehen, welches ein »Ja« erzwingt oder ein »Nein« unterdrückt oder übergeht – denn das wäre Gewalt. Im deutschen Recht ist Gewalt definiert als »der Einsatz von körperlich wirkender Kraft zu Überwindung oder Verhinderung von Gegenwehr«. Das heißt, dass sich Opfer von sexueller Gewalt nicht wehren müssen, damit von einer Nötigung gesprochen werden kann, denn Gewalt (ob reale oder angedrohte) ist ja auch das, was eine Gegenwehr verhindert.[41] Doch oftmals sind die Bedingungen, die ein »Ja« oder »Nein« gegen den eigenen Willen hervorbringen, subtiler. Sofern eine wirtschaftliche Existenz auf dem Spiel steht, verweigert man sich dem Geschlechtsverkehr, überlegt man sich das »Nein« lieber zweimal. Wenn ich einem anderen Menschen sexuell gefügig werde, weil ich Angst um die gemeinsame Beziehung habe oder weil ich das Gefühl habe, bestimmte gesellschaftliche Erwartungen erfüllen zu müssen, ist das zwar furchtbar, entspricht aber auch rechtlich gesehen keinem Zwang.[42] Für ein Opfer mögen solche juristischen Feinheiten oft wenig verständlich sein. Es fühlt sich in der Situation ohnmächtig und deshalb gezwungen, so oder so zu handeln.

Wenn ich aufgrund von hohem Alter, Krankheit, Pflegebedürftigkeit, Aufenthaltsstatus, Migrationshintergrund und Sprachbarrieren in einem fremden Land auf andere Menschen angewiesen bin, dann stehen sie auch in einem Machtverhältnis zu mir.[43] Die Anzeige des Missbrauchs eines Betreuungsverhältnisses (§ 174c StGB), insbesondere innerfamiliär, setzt eine emotionale

Distanz voraus, die Menschen zu bestrafen, die doch tagtäglich dabei helfen, den eigenen Alltag zu bewältigen. Für viele Menschen sind diese Abhängigkeiten – aus emotionalen, ökonomischen, gesundheitlichen, sprachlichen, nationalen, *rassischen*, geschlechtlichen Gründen heraus – reale Formen von Macht, die zwar durch den juristischen Begriff der Gewalt nicht gefasst werden, aber doch den gesetzlich vorausgesetzten Konsens unterwandern. Vielleicht kann ein Strafgesetzbuch all diese Differenzierungen nicht erfassen und muss es auch nicht. Aber eine Theorie des Konsenses darf vor den vielgestaltigen Dimensionen der Macht nicht haltmachen, sondern sollte sie ins Zentrum ihrer praktischen Auseinandersetzung stellen.[44]

Der heterosexuelle Konsens muss sich nicht zuletzt deshalb mit der Frage auseinandersetzen, inwiefern Frauen in einer patriarchalisch geprägten Gesellschaft frei über ihre Lust entscheiden. Frauen wird beigebracht, auf die emotionalen Bedürfnisse von Männern zu achten; sie werden diszipliniert, ihre eigenen Begehren zurückzustecken; wenn ihnen von klein auf klargemacht wird, dass Sex etwas ist, was Männer ihnen antun, und was sie zu erdulden haben.[45] Solange schließlich weibliches Begehren dafür verwendet wird, um männliche Gewalt zu rechtfertigen, sollte man sich als Frau unter Umständen gut überlegen, ob man in bestimmten Situationen wirklich »Ja« sagt oder nicht.[46]

Aus all den vorangegangenen Perspektiven kann eine Konsensethik nicht nur zwei Individuen etwas angehen, die sich gegenseitig vertraglich absichern. Wir müssen immer auch den gesellschaftlichen Rahmen umfassen, der die Bedingungen und Bedeutungen von »Ja« und »Nein« mit reflektiert. In einem reinen Spiel aus Frage (»Darf ich?«) und Antwort (»Ja« / »Nein«) sind sie nicht enthalten.

Selbst wenn der heterosexuelle Akt formal konsensuell erfolgt, können sich geschlechtliche Stereotypen leicht auf anderen Ebenen einschleichen. Wenn etwa ausschließlich der Mann fragt, ob er dies oder jenes tun darf, und die Frau darauf bloß reagiert, besteht das alte Bild aktiver Männlichkeit und passiver Weiblichkeit unverändert fort. Gehe ich davon aus, dass ein »Ja« oder »Nein« in einer offenen Atmosphäre geäußert wurde, ohne Unterschiede der Geschlechter und nicht unter Zwang oder Druck, stellt sich dennoch die generellere Frage, wozu eigentlich Zustimmung oder Ablehnung erteilt wird oder werden muss.

Ich verlagere die Perspektive jetzt von einer politischen zu einer eher erkenntnistheoretischen: Wie genau müssen Begehren und Grenzen kommuniziert werden? Wenn ich beispielsweise einem Kuss zustimme, was bedeutet das dann genau? Ein kleiner Schmatzer auf den Mund? Ein lang anhaltender Kontakt der Lippen? Oder doch ein Zungenkuss? Feucht, tief und mit ein bisschen am Kinn knabbern? Bedeutet das, jeden einzelnen Kuss konsensuell erfragen zu müssen? Oder frage ich mit dem Kuss nicht vielmehr nach einer bestimmten »Intimitätsebene« oder einem bestimmten Level an Intimität, das wir gemeinsam betreten, und das ich einfach nur »Kuss« nenne? Liegt beispielsweise das Streicheln der Kopfhaare (konsensuell zugestimmt) auf einer Ebene der Intimität wie das Streicheln des Halses (nur vermutet)? Die Einteilung des Sex sowohl in einzelne Akte als auch in Intimitätsebenen wird willkürlich gesetzt. Bevor es überhaupt zu einer Frage kommt, sind wir aber auch in der Lage, vorauseilende Antworten zu geben. Wenn ich geküsst werde, wenn mein Nacken gestreichelt wird und ich *mehr* will, dann kann ich diesen Wunsch nach Mehr auch zeigen, ohne danach gefragt zu werden. Es reicht ein »Ja«, ein »Oh mein Gott«, ein »Es ist so gut«, ein Stöhnen und eine physische Annäherung, um deutlich zu signalisieren, dass man bereit ist, einen Schritt weiterzugehen. Das ist nicht nur heiß, sondern verwandelt die konsensuelle Rückmeldung in eine Form des Dirty Talks: »Fuck, yes!«

Trotzdem bleibt die Frage: Wie oft muss nachgefragt werden? Wie oft muss man seine Zustimmung signalisieren? Eine einfache Antwort lautet: Lieber einmal zu oft als einmal zu wenig. Das würde allerdings eine Praxis erfordern, die eine konstante, geradezu extreme Verbalisierung *aller* sexuellen Handlungen verlangt, in kleinstmöglichen, quasi atomaren Schritten. Das würde den Sex jeglicher Spontaneität und Überraschung berauben, vor allem aber auch die süße Stille einander sich hingebender Körper beenden, die Lust finden im bloßen Kontakt von Haut auf Haut, von Bewegung in Bewegung, von Atem an Atem. Der Philosoph Jacques Derrida spricht vom Schweigen unter Freund:innen, wie es auch zum sexuellen Miteinander passt: »Vielmehr muß ihre Rede ein stillschweigend mitvernommenes Schweigen atmen.«[47] Körperliche Intimität braucht Momente und Räume der Ruhe.

Ich weiß, dass Argumente dieser Art gefährlich schnell in konservative Abgründe fallen, die mit der konstanten Verbalisierung das Ende der Erotik verkünden, deren Charakter nun mal auch in der Überschreitung und in der Ungewissheit liege, und nicht in lang anhaltend ausdiskutierten Handlungsplänen. In einer egalitären Gesellschaft ersticke die Erwartung, alles konsensuell aushandeln zu müssen und immer auf Augenhöhe zu agieren, die Möglichkeit, eine sexuell spannende Ungleichheit zu erzeugen. Weil diese Ansichten aber politisch nicht immer »korrekt« seien, würden sie umso mehr Fetische von Dominanz und Unterwerfung befeuern (in etwa so argumentiert Esther Perel[48]). Eva Illouz wendet zwar ein, dass »die Ungleichheit wahrscheinlich vielfach zersetzender für die Liebe [ist] als Gleichheit«[49], aber meiner Meinung nach werden hier Ursache und Wirkung verwechselt. Nur weil Konsens auf Gleichberechtigung beruht, muss er keine Gleichheit hervorbringen. Der Konsens kann jedoch unter der Bedingung der Gleichheit eine Ungleichheit absichern, die eben nicht in reale Machtverhältnisse kippt, sondern in lustvoll-spielerische.

Mit den Polemiken eines »hyperaktiven Konferenzkonsenses« versus eines »streng sprachlosen Gegrabsches« werden die Nuancen und Ressourcen übersehen, mit denen wir in der Lage sind, Fragen zu stellen und Antworten zu geben. Die Sprache ist nur eine Ebene, etwas konsensuell zu erfragen. Und auch eine verbalisierte Frage schützt nicht vor Übergriffigkeit. Worte können unangenehm berühren, bloßstellen, verunsichern und Grenzen überschreiten. Glücklicherweise haben wir noch ein weiteres Mittel zur Verfügung; denn alle Menschen lernen, mit ihren Körpern zu sprechen, sich anderen körperlich mitzuteilen. Auch der Körper selbst darf eine Frage stellen. Die Art und Weise, wie wir Berührungen einleiten, wie sich unsere Körper langsam annähern, fast nebensächlich, wie sich unsere Blicke berühren, wie unsere Finger zittern, der Atem stockt: All das sind Fragen, Antworten, tastende Versuche, die die konsensuelle Aushandlung sinnlich bereichern. Doch auch bei allen guten Vorsätzen kann die wortlose Geste überwältigen. Ohne Fragen geht es nicht. Ich spreche mich also nicht für ein Entweder-oder aus, sondern für eine Ergänzung von Stimme, Herz und Körper. Es gibt keine ideale Lösung, um eine Frage zu stellen, aber es gibt mehr als nur eine Möglichkeit.

Doch woher weiß ich, wonach ich überhaupt fragen möchte? Während bei »Nein heißt Nein« ein Bewusstsein der eigenen Grenzen erforderlich ist, muss bei »Ja heißt Ja« eine Kenntnis der eigenen Begehren existieren. Es wird von den Beteiligten verlangt, dass sie beides klar erkennen und deutlich mitteilen. Aber das Gehirn ist keine Festplatte, die per Klick gespeicherte Daten aufruft. Sexuelle Begehren liegen nicht als Textbausteine im Bewusstsein vor, die man einfach nur ablesen müsste. Vielmehr wird das Begehren durch eine Melange an Stimmungen, Attraktionen, Ängsten und Träumen, vergangenen Befriedigungen und vitalen Bedürfnissen, lustvollen Erfahrungen und kitzelnden Gefahren formiert. Als ein flüssiges Terrain wandelt sich das Begehren fortwährend, und was ich in einer gewissen Situation, mit einem gewissen Menschen, in einem gewissen Alter als reizvoll empfand, turnt mich an anderer Stelle, zu anderer Zeit, schon wieder ab. Ich kann widersprüchliche Begehren in mir tragen, selbstzerstörerische Lüste, toxische Sehnsüchte.[50] Wie kann ich mir bei diesem Chaos im Klaren darüber sein, was ich »eigentlich« will? Wie kann der Konsens das fordern? Meine Lust kann eine Sammlung ambivalenter, vager, ungerichteter, veränderbarer Wünsche sein. Ja, Sex muss ich nicht einmal aus Lust haben – manchmal fühle ich mich emotional verpflichtet, manchmal möchte ich einen Gefallen tun, manchmal mein Gesicht wahren, manchmal halte ich dem Performancedruck nicht stand etc.

Deshalb sind Techniken der Selbstbefragung erforderlich, um immer wieder festzustellen, »wo man steht«. Die Selbstbefragung meint wiederum keinen rationalen Fragebogen, den ich in mir selbst durchgehe. Grenzen oder Bedürfnisse werden nicht mit dem Kopf, sondern auch mit dem Körper festgestellt. Deren Bewusstsein und Artikulation setzt hohe Sicherheit und eine gewisse Erfahrung voraus. Für Menschen, die nur selten oder noch keinen Sex hatten, gestaltet sich das als herausfordernd. Die mittlerweile selbst Kindern leicht zugängliche harte Pornografie schreibt uns ein pornografisches Begehren ein, welches eine Studiosituation sexuell normalisiert und die Grenzen zwischen sexueller Fantasie und Realität verwischt.[51] Die stereotyp weibliche Geschlechtsprägung legt schließlich nur geringen Wert darauf, eigene Bedürfnisse als solche zu erkennen, sondern sorgt dafür, dass Frauen die Bedürfnisse von Männern zu ihren eigenen machen (egal, ob sie real sind oder eingebildet). Unsere Begehren sind also vielfältig, widersprüchlich, wandelbar sowie Machtungleichheiten unterworfen. Sie sind alles Mögliche, aber eines mit Sicherheit nur selten: eindeutig.

Selbst wenn ich wüsste, was ich will, macht das mein Gegenüber zu keine:r Gedankenleser:in. Eine subjektiv klare Haltung zu meinen Begehren reicht auch nicht aus. Ich muss sie zur Herstellung eines Konsenses auch deutlich kommunizieren. Wie bereits angemerkt, kann eine übertriebene Verbalisierung zu einem Offenbarungszwang führen, der aus der meditativen Stille der Körper reißt. Für schüchterne oder schamvolle Menschen kann ein solcher Umgang Stress verursachen, womit die konsensuelle Aushandlung psychologischen Druck ausübt. Es wird nicht mehr möglich, im Nachhinein sagen zu können: Ich glaube, mir war es doch zu viel. Der Konsens erfordert Konsens im Hier und Jetzt – nicht in der Zukunft oder der Vergangenheit. Ein Ausweg wäre, das Begehren (und seine Grenzen) nonverbal zu äußern, doch zu leicht werden Signale so verstanden, wie sie andere verstehen *möchten*.

Selbst wenn ich auf eine deutlich formulierte Frage meine ebenso deutliche Zustimmung erteile – muss ich wirklich vollends wissen, wozu ich zustimme? Ein Erfahrungswissen kann nicht immer gemeint sein: Wenn ich nur Handlungen zustimmen könnte, von denen ich *weiß*, dass sie sich für mich gut anfühlen, dann müsste ich irgendwann das erste Mal die Erfahrung einer solchen Handlung gemacht haben, ohne vorher gewusst zu haben, wie ich sie empfinde. Das gilt, sofern man noch keinen Sex hatte, für eigentlich alle sexuellen Handlungen. Aber natürlich sind auch erwachsene Menschen ohne sexuelle Erfahrungen konsensfähig. Demnach sind wir also in der Lage, konsensuell etwas zuzustimmen, ohne genau zu wissen, wozu wir eigentlich zugestimmt haben. Das bedeutet aber auch, dass ein konsensueller nicht so verlaufen muss, wie man sich ihn vorgestellt hat. Und das ist okay so. Allerdings verlagert sich damit das »Problem« des Konsenses weg von der Handlung, der im Vorhinein zugestimmt wurde, hin zur Frage, was passiert, wenn die Handlung nicht so ist, wie sich die Beteiligten das gedacht haben. Ab welchem Grad der Abweichung zwischen unserer Erwartung und der vorgefundenen Realität ist die Grenze zum sexuellen Übergriff überschritten?

Die Verletzlichkeit, die allen Menschen als verletzbare Wesen eigen ist, lässt sich durch den Konsens zwar ein Stück weit begrenzen, aber niemals vollendet aufheben. Meiner Ansicht nach stellt es einen verfehlten Anspruch an das Konsensprinzip dar, eine solche Sicherheit zu garantieren. Damit erkenne ich an, dass sich das menschliche Miteinander nicht auf einfache Formeln und Verhaltensregeln reduzieren lässt. Konsens fängt nicht alle sozialen Konstellationen und Machtverhältnisse auf oder bildet sie ab. Der Konsens trägt, wie Katherine Angel schreibt, »nicht das Gewicht all unserer emanzipatorischen Wünsche«.[52] Es kann kein Ziel einer ermächtigenden, befreienden Sexualität sein, unsere Lüste und körperlichen Umgangsformen in ein starres, überbordendes Regelwerk zu pressen, um sie strafrechtlich oder vertraglich zu regulieren. Der Sex lässt sich nicht durch Listen von Vorlieben und Verboten umfassen, auch wenn ich anerkenne, dass solche Aufzählungen für manche Menschen überhaupt erst eine Grundlage bilden, um über ihre eigenen sexuellen Begehren sprechen zu können.

Wie bereits erwähnt, wird von konservativer Seite oft hervorgebracht, dass die ewige Aushandlung des Konsenses alle Überraschung und Spontaneität der Erotik zerstört, alle knisternden Leidenschaften in Vorabsprachen durchrationalisiert. Solche Argumente verteidigen implizit sexuelle Gewalt, wenn sie die erotische Überschreitung nicht vom bedingungslosen Akt, Ohnmacht zu erzeugen, abgrenzen. (Bedingungslos meint hier die Abwesenheit aller Regeln und eben auch Absprachen.) Natürlich gibt es eine überwältigende Geilheit, die bis ins Mark erschüttert und angesichts derer man lebendig und voller Lust ohnmächtig sein darf. In diesen Momenten waltet die unbändige Lust, also Lust ohne Bande – zumindest dem eigenen Gefühl nach. Aber die

Ohnmacht, die wirklich lustvoll empfunden wird, muss konsensuell abgesichert sein, darf sich nur unter der Bedingung der Zustimmung frei entfalten. Der Übergriff, also eine nicht einvernehmliche Überschreitung der eigenen Intimsphäre, darf nicht mit der Überwältigung, also der bebenden, beiderseitigen Lust an einem grenzenlosen Wir, zusammenfallen. Das Beharren auf völlige Entgrenzung einer unter keinen Umständen mehr aufzuhaltenden Leidenschaft hingegen macht den Eros ununterscheidbar von nackter Gewalt.

Eine Erotik, wie ich sie fordere, speist ihre Überschreitung durch die erschütternde Kraft einer Erregung, die tief in unsere Körper reicht und all das an die Oberfläche holt, was wir aneinander und miteinander begehren wollen. Ich will eine Erotik gemeinsam, d. h. konsensuell erzeugter Lust, die die Grenzen des Schams, des Ekels und der Zweifel mit sich reißen kann. Ja, dabei besteht das Risiko des Übergriffs. Aber ich möchte es noch einmal ausdrücklich wiederholen: Eine Konsenstheorie, die die ungewollte Grenzüberschreitung als eine dem Sexuellen inhärente Gefahr nicht mitreflektiert, muss unvollständig bleiben. Wir können dem Konsens nicht zumuten, uns vor jeder Situation abzusichern. Es überspannt seine Kräfte. Wir können gemeinsam Grenzen setzen und unsere Bedürfnisse formulieren. Im Spiel der erhitzten Körper können wir darauf vertrauen, dass sie eingehalten werden. Doch mit all den Unsicherheiten, die ich aufgezählt habe, besteht unauflöslich die Gefahr, dass wir uns missverstehen, dass eine Grenze, die nicht überschritten werden sollte, dennoch überschritten wird.

Plädiere ich dafür, die Grenzüberschreitung einfach so hinzunehmen? Eindeutig nein. Müsste durch die Unzulänglichkeit des Konsens ein Trauma hinter jeder sexuellen Interaktion befürchtet werden? Auch das würde zu weit greifen. Sicherlich existieren bestimmte Ereignisse, die derart grausam sind, dass sie kein Mensch bewältigen kann, und die fast unausweichlich traumatisieren. Solche Katastrophen ereignen sich, auch im Sexuellen. Allerdings sollten diese Situationen in einem konsensuell umhegten Verhältnis nahezu ausgeschlossen sein. Ich bewege mich immer noch im Feld von Partnerschaften, Freundschaften, cuten Dates, also zugewandten Beziehungen (wohl wissend, dass die meisten physischen sexuellen Übergriffe innerhalb von Partnerschaften und den eigenen vier Wänden stattfinden[53]). Wenn ich von den ungewollten Grenzüberschreitungen im Konsens rede, dann meine ich vielmehr die subtileren Übergriffe, die kleinen Momente des Schweigens, des Ausharrens, des Erduldens. Den Moment der Realisierung, doch lieber »Nein« gesagt zu haben, überhaupt irgendetwas gesagt oder getan zu haben. Ich spreche von den Schmerzen, die Menschen verursachen, mit denen ich einwillige, körperlich intim zu werden. Von Menschen, denen ich vertraue und die ich – in welchem Sinne auch immer – liebe.

Die zentrale Frage, die ich mir auch unter dem Banner der konsensuellen Sexualität stellen muss, ist die: Wie bewältige ich den Schmerz des Übergriffs, wenn er aller Vorsicht und allem Konsens zum Trotz *doch* passierte?

Indem ich mit meinem Schmerz nicht allein gelassen werde. Nur wer andere an sich heranlässt, sich mit Menschen intim macht, liebevolle und sinnstiftende Beziehungen eingeht und pflegt, wird nicht allein sein. Er oder sie wird geliebt werden und deshalb gut sein. Eine solche liebevolle und sinnstiftende Beziehung ist auch die Freundschaft. Wenn in einer sexuellen Freundschaft beim Sex eine Grenze überschritten wird, dann fällt der Schmerz auf die Freundschaft selbst zurück. Wie alle anderen tiefen Beziehungen vermag auch sie nicht, Grenzüberschreitung gänzlich zu verhindern. Doch ich glaube fest daran, dass die Freundschaft eine Verbindung erzeugt, die so intim ist, dass sie den Schmerz einer Grenzverletzung in freundschaftlicher Geborgenheit auffangen und eine (Re-)Traumatisierung verhindern kann.* Darauf dürfen wir hoffen. Die Freundschaft, und in ihrer Körperlichkeit vielleicht noch stärker die sexuelle Freundschaft, soll als heilsame, als heilende Beziehung in unserem Leben wirken.

***

Freundschaft und Sexualität haben gemein, dass sie Nähe herstellen. Zwei Menschen werden intim miteinander. Man lernt sich kennen, auf emotionale und körperliche Weise, man öffnet und vertraut sich. Dabei ist es gerade das einvernehmliche, achtsame, wertschätzende, also kurzum konsensuelle Miteinander, das Intimität hervorbringt. Der Konsens klärt, wo alle Beteiligten stehen, die sich da annähern. Und er stellt sicher, dass die Intimität gegenseitig und anhaltend ist. Durch den Konsens lernen wir, die Ähnlichkeiten *und* Verschiedenheiten der Bedürfnisse, Begehren, Grenzen oder Ressourcen d:er Anderen kennen und schätzen.

Gleichzeitig bedingt die Intimität den Konsens. Die Sicherheit, die der Konsens schafft, ist keine Sicherheit minutiös geplanter Handlungsabläufe. Sondern eine Sicherheit, dass wir unser Bestes getan haben, um uns einander so behutsam und leidenschaftlich wie möglich anzunähern. Wenn Konsens fehlschlägt – und das wird er immer wieder, weil es zu seinem Wesen gehört –, dann braucht es eine intime Beziehung, um den Schmerz der Überschreitung in einen liebevollen Umgang einzubetten.

Kurz gesagt: Intimität braucht Konsens, und Konsens braucht Intimität. Beides gehört zur Praxis sexueller Freundschaften, die

* Ich lege großen Wert auf das Wort *kann*. Eine Freundschaft kann den Schmerz auffangen, sie muss es nicht. Jeder Mensch hat das Recht, beim Überschreiten der selbst gesetzten Grenzen eine unumkehrbare Entscheidung gegen die Beziehung zu treffen.

in höherem Maße als viele andere Freundschaften emotional *und* körperlich intim werden. Das unterscheidet die F+ maßgeblich von vielen anderen sexuellen Beziehungen. Gegenüber unverbindlichem Gelegenheitssex hat die F+ den wunderbaren Vorteil, dass es sich um Beziehungen zu vertrauten, das heißt auch: vertrauenswürdigen Menschen handelt. Sie geben sowohl die Sicherheit als auch den Mut, dass man sich einander mit den eigenen Begehren und Lüsten, mit den Ängsten, Zweifeln und Unsicherheiten anvertraut.

Mir ist wichtig, die Unzulänglichkeit des Konsenses auch im Namen der Intimität zu betonen, damit das eine nicht gegen das andere ausgespielt wird. Wenn in einer Freundschaft (oder in einer Partnerschaft) der Konsens fehlschlägt, so muss das nicht mit Geringschätzung oder der Missachtung von Grenzen und Bedürfnissen zu tun haben. Wenn ich in einer Freundschaft sage, dass mir etwas zu viel ist, dass ich das jetzt nicht möchte oder eine bereits begangene Handlung als unangenehm empfand, richtet sich das nicht notwendig gegen die Freundschaft. Nur in der Vorstellung, dass es so was wie einen perfekten Konsens gibt, mündet die Ansprache eines gescheiterten Konsenses immer in einer Schuldzuweisung. Gerade weil kein Konsens perfekt ist, braucht es die Intimität der Beziehung, damit nicht jedes Missverständnis sofort zur Auflösung einer langjährigen Bindung führt.

Zum Abschluss des Kapitels möchte ich noch einmal dazu ermutigen, darüber nachzudenken, mit welchen Menschen wir eigentlich auf diese Weise intim werden möchten. Mit welchen Menschen können wir in eine derart verletzliche und eben nicht verletzende Aushandlung gehen? Wem gegenüber kann und will ich mich auf diese Weise zeigen? Sexuelle Freundschaften sollten nur mit den Menschen eingegangen werden, mit denen man sich rundum wohlfühlt. Guter Sex reicht weder für Intimität noch für den Konsens aus, vor allem dann nicht, wenn er scheitert. Aber wenn die Entscheidung getroffen ist, gemeinsam die Schritte einer sexuellen Freundschaft zu gehen, dann öffnet sich eine wunderbare und sinnliche Weite.

Die allerdings mit zahlreichen Vorurteilen behaftet ist.

9.

EIN DING DER (UN-)MÖGLICHKEIT

Eine ideale Beziehung gibt es nicht, höchstens Beziehungsideale, aber die scheitern oft genug an der Realität. Wer sich mit wehenden Fahnen »Ethische Nichtmonogamie« (ENM)[1] oder »Radikale Zärtlichkeit«[2] in die Tinder-Bio schreibt, hat vielleicht gewisse Überzeugungen, die gut zu einer F+ passen. Aber eine politische Haltung oder ein sexuell liberaler Lifestyle müssen noch lange nicht mit den eigenen Emotionen, Bedürfnissen und Hoffnungen, Ängsten und Zweifeln übereinstimmen. Ich habe oft genug Paare erlebt, die ihre Beziehungen sexuell oder romantisch öffneten, weil sie das für ein erstrebenswertes Beziehungsideal hielten. Und als sie dann doch feststellen mussten, wie die Eifersucht an ihnen nagte, als d:ie Partner:in mit eine:r anderen im Bett lag, schämten sie sich ihrer politisch »unkorrekten« Gefühle so sehr, dass sie sie verschwiegen. Das Gespräch zwischen beiden kam ins Stocken, plötzlich waren da Bereiche, über die man nicht mehr reden durfte. Die Öffnung der Beziehung nach außen bewirkte eine Schließung der Beziehung nach innen.

Wer also (wie ich) über sexuelle Freundschaften nachdenkt und sie als Beziehungsform verteidigt, muss sich auch mit den

Einwänden gegen sie auseinandersetzen. Hier schon mal ein Spoiler: Sie werden sich größtenteils als berechtigt erweisen. Aber was soll dann der ganze vorangegangene Text, wenn ich zugebe, dass die Argumente *gegen* F+ stichhaltig sind? Jede Art, sich an Menschen zu binden, hat ihre Probleme und ihre unauflösbaren Konflikte. Wenn ich Argumente gegen monogame, heterosexuelle Ehen sammeln müsste, würden mir auch eine gute Menge einfallen. Trotzdem entscheiden Menschen regelmäßig und aus freien Stücken, sich völlig exklusiv aneinander zu binden. Eine tolle Sache, wenn es beide so wollen. Manche monogamen Ehen halten ein Leben lang, und es ist gut so. Manche halten ein Leben lang, und es ist die Hölle. Menschen führen seriell monogame Beziehungen und leiden konstant unter Verlustängsten. Aber es gibt auch andere, die diese zeitweiligen Gefährt:innen in gewissen Lebensabschnitten zu schätzen wissen. Ebenso steht es mit der F+: Sexuelle Freundschaften sind keine besseren Freundschaften, aber eben auch keine schlechteren. Keine Beziehungsform kann als uneingeschränkt »gut« gelten, und die F+ neigt schon aus historischen Gründen nicht zu Konfliktarmut. Mir liegt es deshalb am Herzen, auf die Probleme sexueller Freundschaften hinzuweisen, damit über sie gesprochen wird. Damit sich diese besonderen Freundschaften immer wieder selbst reflektieren, immer wieder in Kontakt mit sich selbst treten.

Vorwurf 1: Ihr seid doch eigentlich schon ein Paar.

Sexuelle Freundschaft kann nicht funktionieren, denn wenn sich zwei Menschen richtig gerne mögen, viel Zeit miteinander verbringen und dann auch noch miteinander schlafen, ist es doch eigentlich eine romantische Beziehung. Die sogenannte F+ ist nur eine Ausflucht, anstatt einfach mal ernst zu machen und sich zu dem zu bekennen, was man da hat: eine Partnerschaft.

Mit anderen Worten: In einer F+ verleugnen beide Beteiligten wissentlich oder unwissentlich ihre romantische Beziehung. Eine vulgäre Interpretation dieser Behauptung würde *alle* sexuellen Freundschaften als verleugnete Partnerschaften diffamieren. Sobald also zwei Freund:innen miteinander schlafen, haben sie sofort eine unterdrückte Romanze am Laufen. Treibt man das auf die Spitze, so wäre eine Freundschaft, in der ich und die andere Person *ein einziges Mal* etwas hatten, ab diesem Zeitpunkt in einer unauflöslichen Partnerschaft verbunden. Diese »romantische« Lesart des Vorwurfs können wir getrost ignorieren, weil sie an der Realität intimer Beziehungen komplett vorbeigeht.

Doch warum sollten Menschen überhaupt voreinander verstecken, dass sie »eigentlich« eine Partnerschaft führen? Mit der Soziologin Eva Illouz und dem Kommunikationswissenschaftler Paul Mongeau würde ich antworten, dass F+ als heterosexuelle Strategie der Partnergewinnung genutzt werden kann:[3] Insbesondere für Frauen ist das Risiko höher, weniger zu verdienen, häufiger sexueller Gewalt ausgesetzt zu sein und mit Schwangerschaft oder einem Kind allein gelassen zu werden. Deshalb entwickeln sie aus strukturellen Gründen häufig ein stärkeres Bedürfnis nach festen Bindungen und klaren Beziehungsformen. Außerdem werden Frauen in unserer Gesellschaft alle möglichen Sorgearbeiten aufgedrückt, weshalb ihnen schon allein durch die weibliche Geschlechtsprägung die Pflicht zu verantwortungsvollen und damit verbindlichen Beziehungen auferlegt ist. Für Männer hingegen kann es ein Zeichen patriarchaler Macht sein, sich diesen Commitments zu verweigern, weil Unabhängigkeit männlich ist und möglichst viele Sexualpartnerinnen zu haben auch. Die beiden Bedürfnisse stehen sich demnach direkt entgegen.

Wie schafft es die Frau also, das Herz des anderen für sich zu gewinnen? Durch Freundschaft. Sie ist eine Möglichkeit, sich auf sanfte Weise anzunähern und Verbindlichkeit zu erzeugen, da die sofortige Aussicht auf eine romantische Beziehung in einer

Verweigerung des Mannes enden würde. Nach dieser Lesart handelt es sich bei der F+ um einen heterosexistischen Tauschhandel: Die Frau gewährt dem Mann in ausreichendem Maße sexuelle Befriedigung, während er ihr im Gegenzug emotionale Zugewandtheit signalisiert und damit ein gewisses Maß an Stabilität für die Frau erzeugt. Allerdings nicht zu viel und nicht zu explizit – denn das Label »Partnerschaft« / »romantische Beziehung« würde zu viele neue Erwartungen schaffen, Commitment muss für den patriarchalen Gestus des Mannes ja gerade vermieden werden (siehe hierzu auch den zweiten Vorwurf).

Diese theoretische Überlegung zeigt sich empirisch: In Studien über die Motivation zu sexuellen Freundschaften gingen etwa ein Fünftel der Befragten eine F+ als Hebel zur romantischen Beziehung ein.[4] Die Strategie geht in zwei von drei Fällen auf – keine schlechte Quote.[5] Augenfällig ist die Asymmetrie der F+ als verleugneter Beziehung. Für den einen Part, meistens den Mann, handelt es sich um eine ganz normale Freundschaft, wenngleich mit sexuellen Dimensionen. Für den anderen Part aber ist die Freundschaft nur ein Übergangsphänomen, der Teil einer vorläufigen Abmachung ist, welche auf das eigentliche Ziel hinarbeitet: die feste und romantische Beziehung. Das erinnert an die F+-Filme aus dem ersten Kapitel, in denen sexuelle Freundschaften niemals als eigenständige Beziehungsform gelten durften. Aber kann ich mit einem Menschen, in den ich verliebt bin, befreundet sein wie mit allen anderen Menschen? Fühlt sich das Miteinander wie eine Freundschaft an? Oder nicht immer schon wie die Vorphase einer Beziehung, die eine völlig andere Qualität und eine romantische Tiefe besitzt, weil sie auf all die möglichen Zukünfte verweist, die sich in der angestrebten Partnerschaft entfalten könnten? Wenn nur eine:r von zweien wahrhaftig sagen kann: »Du bist mein:e Freund:in« – kann in einer solchen Konstellation überhaupt von Freundschaft gesprochen werden? Ich glaube nicht. Denn die Seite, die eine Beziehung wünscht, will gar nicht, dass eine Freundschaft entsteht. In diesem Fall greift die Kritik zu kurz, dass eine sexuelle Freundschaft nicht funktionieren kann, weil sie eigentlich eine verleugnete Beziehung ist. Denn wenn einer der Beteiligten eine romantische Beziehung will, dann soll ja gar keine Freundschaft entstehen. Die F+ darf nicht funktionieren; sie ist darauf ausgerichtet, sich mit der Anerkennung der gegenseitigen Liebe endlich selbst verleugnen zu dürfen. Eine einseitige Freundschaft ist keine Freundschaft, egal ob sie sexuell ist oder nicht.

Eine weitere Interpretation des Vorwurfs besteht darin, dass die Beziehung von beiden Seiten nicht gewollt und deshalb verleugnet wird, sodass alle Beteiligten den Zustand ihrer individuellen Autonomie wahren. Man bleibt lieber unverbindlich, ohne einsam in der Bude zu hocken. Die sexuelle Freundschaft dient als milder Beziehungsersatz, als »Romantik light«, was insbesondere für junge Menschen ein angenehmes Versuchsfeld sein kann, um ihre *daddy issues* nicht gleich in mehrjährigen Co-Abhängigkeiten einer festen Partnerschaft zu verkrusten.[6] Eva Illouz würde bei notorischem Bindungsunwillen bei gleichzeitiger Fortführung der sogenannten F+ aber irgendwann von einer »negativen Beziehung« sprechen (vgl. Kapitel 5).[7] Die sexuelle Freundschaft wird vorgeschoben, um sich jedwedes Commitment samt Beziehungsarbeit vom Leib zu halten. Es liegen leider keine Studien vor, welche die soziologische These der F+ als negative Beziehung untersuchen. Doch welchen Sinn hat die Verwendung des Begriffs »Freundschaft« in einer negativen Beziehung, in der es nach Illouz um die aktive »Nichtherausbildung von Bindungen«[8] geht? Verkommt die Freundschaft dann nicht zu einer leeren Worthülse? Der Vorwurf, dass eine sexuelle Freundschaft als negative Beziehung nicht funktioniert, bedeutet doch bloß, dass eine negative Beziehung nicht funktioniert, ob man sie nun F+ nennt oder nicht.

Ein dritter Einwand gegen den Vorwurf liegt darin, dass Menschen ihre Beziehung so bezeichnen dürfen, wie sie wollen. Menschen führen ähnliche Beziehungen und nennen sie verschieden, sie führen verschiedene Beziehungen und nennen sie gleich. Daran ist nichts auszusetzen. Wer Menschen in einer F+ vorwirft, sie würden ihre Beziehung verleugnen, sollte vorher auf die individuelle Geschichte der Beziehung blicken, um die konkrete Verwendung des Begriffs zu verstehen. Ich habe eine Person interviewt, die sich in mehreren ihrer Aussage nach »toxischen Partnerschaften« befunden hat und sich zum ersten Mal in einen Menschen verliebte, mit dem der Umgang viel liebevoller und offener war. Aufgrund der vergangenen Erfahrungen war die neue Beziehung so wenig vergleichbar, dass die Person sie nicht selbstverständlich eine »Partnerschaft« nennen konnte und wollte. Sie bezeichnete die Beziehung deshalb als besonders zärtliche F+. So würde ich den Begriff zwar nicht verwenden, aber bei der Benennung von Beziehungen gibt es keine Regeln und Gesetze. Wichtig ist, dass es zu den Biografien der Menschen passt, die ihre eigenen Beziehungen am besten selbst überblicken können. Fälle wie den gerade genannten gilt es zu berücksichtigen, auch wenn nach allen »äußeren Kriterien« eine klassische Partnerschaft gelebt wird. Menschen sollen frei über ihre Beziehungen entscheiden dürfen und damit auch über ihre Beziehungsbezeichnungen.

Es lässt sich festhalten: Der Behauptung, dass sexuelle Freundschaften »eigentlich« nur Partnerschaften seien (und damit eine Partnerschaft = Freundschaft + Sex + es eine »Partnerschaft« nennen), ist zu widersprechen. In den Beziehungen, die von mindestens einer Seite darauf angelegt sind, sich in Partnerschaften zu verwandeln, besteht das Funktionieren einer F+ gerade darin zu scheitern – außerdem handelt es sich um eine empirische Minderheit. In Beziehungen, die von beiden Seiten aus nicht als Partnerschaft angesehen werden sollen, um größtmögliche Autonomie zu wahren, dient F+ als reines Label für eine negative Beziehung, die an sich scheitern kann oder nicht – was aber mit dem Konzept von Freundschaft nichts am Hut hat. Die

Beziehungsbezeichnungen werden von einer je individuellen Geschichte geprägt. Und nur, weil Menschen miteinander schlafen oder nicht schlafen, lässt sich noch kein strukturell partnerschaftlicher Background annehmen: Ehen können ohne Sex auskommen, Affären ohne Liebe.

> ***Vorwurf 2: In der F+ verliebt sich eh eine:r.***
> *Sexuelle Freundschaft kann nicht funktionieren, weil immer eine:r mehr will und sich verliebt. Dann wird es kompliziert, die Differenzen der Erwartungen und Wünsche an die Freundschaft reißt sie auseinander. Der Part, der sich verliebt, ist stark vom anderen abhängig – und diese Asymmetrie macht verletzbar und verletzt.*

Wenn plötzlich Gefühle aufkommen, auch wenn es keine:r wollte, verändert das eine Beziehung fundamental. Der zweite Vorwurf unterscheidet sich vom ersten dadurch, dass es von keiner Seite aus eine Motivation gab, eine Beziehung einzugehen (oder eben nicht einzugehen). Die Liebe überrascht immer mindestens eine:n der Beteiligten. Dass eine F+ in eine Partnerschaft rutscht, ist nicht selten. Gemäß den Studien, die sich mit dem zeitlichen Verlauf sexueller Freundschaften auseinandersetzen, münden je zwei von elf in einer unbeabsichtigten Partnerschaft oder in einer Trennung.[9] Ich möchte an dieser Stelle behutsamer argumentieren als beim ersten Vorwurf, weil die sexuelle Freundschaft hier nicht als Konzept ausgenutzt wird, um eine bestimmte Form der romantischen oder negativen Beziehung herzustellen. Sondern es geht um eine zutiefst menschliche und wunderbare Gabe, die bisweilen schmerzt: die Fähigkeit, sich zu verlieben. Ich möchte kein Rezept an die Hand geben, um aus der sexuellen Freundschaft gerade noch eine aseptische körperliche Befriedigung herauszupressen, aber jedes weitere Gefühl zu unterbinden. Aber ich möchte ein Verständnis dafür schaffen, in welchem Rahmen sich romantische Liebe innerhalb einer Freundschaft entwickeln und wie man damit umgehen kann.

Warum ist es überhaupt schlimm, wenn sich Freund:innen ineinander verlieben, die miteinander schlafen? Immerhin passiert das auch, wenn Menschen nicht sexuell werden. Heutzutage scheint es der Normalfall zu sein, dass potenzielle Partner:innen als solche gedatet werden – und Beziehungen hauptsächlich mit vorher unbekannten Menschen eingegangen werden. In einer Welt, die wie die unsrige höchst mobil geworden ist, mutet die Partnersuche im Freundeskreis fast antik an. Allerdings trügt der Schein. Wie eine neuere Studie der Psychologin Danu Stinson und Kolleg:innen zeigt, liegt der Anteil der Student:innen, die eine romantische Beziehung mit einer Freund:in eingegangen sind, bei etwa zwei Drittel der Befragten.[10] Die aus Freundschaften entstehenden Partnerschaften stellen somit eher die Regel als die Ausnahme dar. Die Dominanz von Online-Dating-Apps mag diese Verhältnisse in Zukunft stärker verschieben.[11] Ich glaube, dass sie unsere Wahrnehmung davon, wie romantische Beziehungen heute geschlossen werden, maßgeblich verändert haben. Für eine Plattform wie Tinder ist es attraktiv, wenn sie das Bild vermittelt, dass sie die »neue Art zu daten« darstellt und sich potenzielle romantische Partner:innen heutzutage online rekrutieren – aus einer großen Masse einander völlig unbekannter Menschen und nicht aus analogen Freundeskreisen.

Es ist also erst mal nicht prinzipiell problematisch, sich in Freund:innen zu verlieben. Ein Leidensdruck entsteht nur dann, wenn Verliebtheit unterdrückt, verdrängt oder geheim gehalten werden soll. Aber lässt sich Liebe überhaupt verdrängen? Im Kapitel über Emotionen (vgl. Kapitel 2) habe ich die Liebe zumindest in Teilen als Entscheidung dargestellt. Denn unsere Emotionen entstehen dadurch, dass wir körperlichen Gefühlen einen sozialen Sinn verleihen. Je nach Beziehungsform kann dieser »soziale Sinn« verschieden ausfallen: Die Zuneigung, die ich gegenüber meine:r Partner:in emotional verspüre, ist eine andere als die gegenüber meinem Vater oder meinen Freund:innen, obwohl alles auf fast denselben Gefühlen basiert. Aber ich habe eine klare Idee davon, wie sich die verschiedenen Beziehungen voneinander unterscheiden. Die Entscheidung für oder gegen eine bestimmte Beziehungsform kann also die Emotion der Liebe verändern. Wenn das starke Gefühl von Hingezogenheit und Leidenschaft sich eher freundschaftlich einbettet, könnte man das zum Beispiel einen »friends crush« nennen, ohne in einem romantischen Sinne verknallt zu sein. Verliebtheit wird damit nicht unterdrückt, aber wandelt ihren Charakter.

Das lässt sich auch empirisch zeigen: Wer die F+ mehr als Vorform romantischer Beziehungen erachtet, neigt auch dazu, Gefühle der Anziehung als romantisch-liebevoll zu interpretieren. Das gilt sowohl für die Wahrnehmung der eigenen Emotionen als auch die des Gegenübers – man glaubt also auch eher, dass d:ie Andere verknallt ist, wenn sie Zuneigung zeigt.[12] Wer die sexuelle Freundschaft hingegen als eine in sich stabile, eindeutig nicht partnerschaftliche Beziehung ansieht und als solche kommuniziert und lebt, wird die Liebe, die zwischen den Freund:innen entsteht, vermutlich eher freundschaftlich wahrnehmen. Eine so saubere emotionale Trennung mag nicht für alle Menschen so klar zu leben oder zu erleben sein. Aber manchmal kann eine deutliche Vorstellung von oder Entscheidungen zu bestimmten Beziehungsformen helfen, Liebesgefühle besser zu differenzieren. Auch wenn die emotionale Kommunikation in sexuellen Freundschaften öfter widersprüchlich verläuft, weil die Beziehungsform eine komplizierte ist, unmöglich ist sie nicht.[13]

Wenn die romantische Liebe allerdings doch passiert – selbst wenn es keine:r will und selbst wenn der freundschaftliche Rahmen der bisherigen Beziehung ganz klar abgesteckt war –, prallen äußerst unterschiedliche Bedürfnisse aufeinander. Eine Freundschaft kann nicht einfach so fortgeführt werden, als wäre nichts geschehen. Wie geht man mit diesem Ungleichgewicht um? Bedeutet es grundsätzlich das Scheitern der sexuellen Freundschaft? Oder kann es das freundschaftliche Verhältnis sogar stärken?

Der Paartherapeut Schnarch unterteilt Paarbeziehungen (gleich ob freundschaftlich oder partnerschaftlich) in Bezug auf ein bestimmtes Bedürfnis in eine verlangensstärkere und eine verlangensschwächere Partei.[14] Normalerweise wird der verlangensstärkeren Seite ein aktives Wesen zugeschrieben: Sie setzt sich für ihre Bedürfnisse ein, eben weil sie so stark sind. Die andere, verlangensschwächere Seite, nimmt sie hin, erduldet in passiver Manier die auf sie einprasselnden Begehren. Ein oft auftretendes Beispiel: Person A hat ein starkes Verlangen nach Sex, Person B ein schwächeres. B hingegen wünscht sich heftigere emotionale Intimität, die A wiederum schwerfällt. A ist sexuell aktiv und B sexuell passiv – B ist emotional involviert und A emotional distanziert. In beiden Fällen fühlt sich die verlangensschwächere Seite wie gelähmt.

Als Paartherapeut geht es Schnarch darum, Perspektiven zu verändern, um Routinen zu durchbrechen und für alle Beteiligten ein selbstbestimmtes Handeln zu ermöglichen. Er dreht die obige Sichtweise deshalb um 180 Grad, um die vermeintliche Passivität in Aktivität zu wandeln – und andersherum. Seine These lautet, dass in einer Beziehung, in der beide Teile wohlwollend zueinander stehen (also kein Zwang und keine Gewalt herrschen), d:ie Verlangensschwächere die Situation immer »kontrolliert«. Sie kann entscheiden, wann was und wie in welchem Maße getan wird, eben weil d:ie andere mehr oder weniger immer will. D:ie Verlangensschwächere reguliert das Verhalten d:er Verlangensstärkeren. Wenn im obigen Beispiel B sagt: Lass uns miteinander schlafen! – dann geschieht das wahrscheinlich auch recht schnell. Und wenn A sagt: Lass uns jetzt über Gefühle sprechen! – dann wird B sobald nur irgend möglich das Gespräch suchen. In beiden Fällen ist es die verlangensstärkere Seite, die auf das Angebot reagiert, während die verlangensschwächere die Situation frei gewählt einleiten kann. Damit hebt sich die vermeintliche Passivität auf, da d:ie Verlangensschwächere selbstbestimmt agiert.

Wie steht es um die regulierte, verlangensstärkere Seite, wie gelangt sie zu Souveränität? Hier hilft uns die bereits in Kapitel 8 vorgestellte Theorie der eigen- und fremdbestätigten Intimität. In einer Situation starker Unterschiede weiß der verlangensstärkere Part, dass die Äußerung seiner Bedürfnisse in der Regel Zurückweisung erfährt. Durch das Konzept der selbstbestätigten Intimität kann es aber gelingen, auch in der (wohlwollenden) Zurückweisung eine Vertiefung der Beziehung zu erfahren. Schnarch empfiehlt nicht, sich zurückzuziehen, zu verstummen, sich nach außen hin gleichzumachen – sondern gerade die Verschiedenheit in der Beziehung zueinander zu reflektieren, offenzulegen, sie in aller Verletzlichkeit in das gemeinsame Miteinander zu reintegrieren. So kommen die Freund:innen wieder in Kontakt zueinander.

Beide Seiten bauen also nicht trotz, sondern gerade durch ihre Differenz Nähe auf. Der reaktive, verhaltensschwächere Part erhält seine Selbstwirksamkeit, weil er das Wann und Wieviel bestimmt. Die verlangensstärkere Seite zieht sie aus der selbstbestätigten Intimität. Unterschiede in einer Beziehung, gerade bei starken Gefühlen, können fruchtbar werden und zusammenbringen, anstatt notwendig zu trennen. Insbesondere die Freundschaft als vertrauensvolle Beziehung ist doch der beste Ort, um mit seinen Gefühlen nicht allein gelassen, nicht für sie kritisiert und nicht beschämt zu werden – sondern darauf zu bauen, dass man einem Liebesgeständnis mit Wertschätzung begegnet, auch wenn die Liebe nicht erwidert wird.

Ich halte fest: Es kann immer wieder passieren, dass sich Freund:innen ineinander verlieben. Sex setzt uns in ein höchst intimes körperliches Verhältnis, das Emotionen auslöst. Manchmal hilft es, sich über seine Beziehung im Klaren zu sein. Manchmal kann uns ein offener und reflektierter Umgang helfen, die Asymmetrie der Liebe in die Freundschaft zu integrieren. Manchmal kann die einseitige Liebe die Freundschaft vertiefen. Manchmal nicht. Liebe hat die Kraft, eine Freundschaft zu verwandeln, zu intensivieren, zu romantisieren oder vollkommen zu zerreißen. Der zweite Vorwurf kann also nicht entkräftet werden, aber darf in eine achtsamere Gestaltung der sexuellen Freundschaft einfließen.

> ***Vorwurf 3: Es kommt immer zu Erwartungen und Verpflichtungen.***
> *F+ kann nicht funktionieren, weil die emotionale Verbindung zwischen den Beteiligten zu Erwartungen und Verpflichtungen führt, die doch eigentlich mit einer solchen Beziehung vermieden werden sollten. Jede sexuelle Freundschaft schlittert unvermeidlich in Zwänge und Komplikationen, die sie dann immer näher an eine Partnerschaft heranrücken und gleichzeitig von einer Freundschaft immer mehr entfernen.*

Im Englischen nennt man die F+ auch eine Beziehung mit *no strings attached* – also ohne Verbindlichkeit. Die sexuelle Freundschaft lockt mit dem Versprechen, dass in ihr niemand irgendwelche Erwartungen erfüllen muss. Damit wird die verbindliche Partnerschaft von einer unverbindlichen F+ abgegrenzt. Wenn eine F+ aber vor allem als Freundschaft und nicht als reine Fickbeziehung aufgefasst wird (vgl. Kapitel 1 und 5), dann müsste man auch die Freundschaft selbst als unverbindlich bezeichnen. Ist eine solche Unterscheidung von Partnerschaft und Freundschaft wirklich gerechtfertigt?

In einer Freundschaft ist niemand austauschbar, wie man im Chor den Sopran oder bei einem Zug d:ie Lokführer:in auswechselt. Freund:innen sind sich einander unvergleichlich und einzigartig, sie fühlen sich dadurch geschätzt und gesehen. Die Unersetzlichkeit d:er Freund:in besteht darin, dass sie nicht auf eine Funktion reduziert werden kann, die ein:e x-beliebige Kandidat:in aus- und erfüllen könnte. Allein das innige Verhältnis zwischen den Freund:innen zählt, was eine funktionale von der individuellen Beziehung unterscheidet. Schaffen sie es nicht, einander nah zu bleiben, vertraut, zugewandt und zärtlich, dann verlieren sie sich als Freund:innen. Es darf deshalb in der Verantwortung beider Seiten liegen, ein freundschaftliches Verhalten zu erwarten und sich zu einem solchen Umgang auch zu verpflichten – sonst endet die Freundschaft.

Der Behauptung, dass Freundschaft völlig frei von Erwartungen und Verpflichtungen sei, muss also widersprochen werden. Der Sinn einer Beziehung liegt natürlich darin, sich zu *be*-ziehen anstatt sich zu *ent*-ziehen. Das heißt nicht Abhängigkeit, sondern ein bewusstes Austarieren von Nähe und Distanz. Natürlich gebe ich in der Selbstverpflichtung gegenüber der Freundschaft ein Stück weit meine individuelle Autonomie auf. Gleichzeitig gewinne ich jedoch an freundschaftlicher Gemeinschaft. Und weil ich meine Freund:innen frei wähle, erfahre ich in dieser Entscheidung zur Freundschaft, die mir eben nicht mehr alle Optionen offenhält, sondern mich auf die Freundschaft hin bindet, auch die wahrhafte Freiheit der Wahl.[15]

Der Vorwurf könnte also etwas subtiler lauten, dass vor allem in der F+ *bestimmte* Erwartungen entstehen, denen ich nicht nachkommen *möchte*. Solche Verpflichtungen habe ich nicht selbst gewählt, sondern sie werden entweder von außen – durch unbeteiligte Dritte oder die Gesellschaft – in die Beziehung hineingetragen oder existieren bereits als internalisierte Vorstellungen. Handle ich ihnen gemäß, so erfülle ich eine sozial geprägte Rolle. In einem familiären Kontext werden solche Rollen in der Regel akzeptiert, sie gehören zur Beziehungsstruktur der Verwandtschaft. Ich habe mich beispielsweise recht häufig mit meinem Bruder geprügelt, und die körperliche Gewalt untereinander wurde weitaus weniger sanktioniert als die gegen Nicht-Familienmitglieder oder meine Schwester. Es gehört (insbesondere unter männlich sozialisierten Brüdern) zu den Möglichkeiten der geschwisterlichen Beziehung, miteinander zu kämpfen. Wir haben das nicht ausgehandelt, doch es wurde uns gesellschaftlich zugestanden und vielleicht auch ein Stück gefordert, um unsere Autonomie zu behaupten. Eine andere Erwartungsstruktur weist die Partnerschaft auf. Hier gelten bestimmte Codes und Gebote, die zu kennen und einzuhalten sind. Manchmal sind es Kleinigkeiten: wer wen zum Essen einlädt. Ob man nachts noch eine Nachricht schreibt, um jedes Mal zu fragen, ob d:ie andere gut heimgekommen sei (was gleichzeitig die Funktion der Sorge und Kontrolle erfüllt). Ob man gemeinsam in den Urlaub fährt oder regelmäßig über die Beziehung spricht.

Die Freundschaft hingegen entzieht sich klaren Vorgaben und Skripten, es gibt keine Institutionen der Freundschaft (wie zum Beispiel die Ehe für eine Partnerschaft), keine Abläufe des Werbens und Kennenlernens, nicht einmal historisch, wenige stereotype Darstellungen von Freund:innen. In einer F+, die sich durch die geteilte Sexualität kulturell einer Partnerschaft annähert, ist deshalb besondere Vorsicht geboten: Handle ich, weil ich eine berechtigte Erwartung *als* Freund:in an diese Freundschaft habe? Oder handle ich, weil ich das Gefühl habe, eine Rolle auszufüllen, die normalerweise eher eine:r Partner:in zukommt? Worin liegt begründet, dass ich mich so verhalte? Besteht das Drama der F+ darin, dass sie partnerschaftliche Erwartungen hervorruft, ohne dass es gewollt wird?

Die F+ unterscheidet sich von anderen Freundschaften durch die Sexualität. Doch nur wenige Erwartungen an das Verhalten, die in einer Partnerschaft gelten, beziehen sich direkt auf den Sex. Vielmehr gehen sie mit dem sexuellen Verhältnis einher, so als würde man mit der F+ auch automatisch die ganze buckelige Verwandtschaft von erdrückenden Verpflichtungen mit in die Beziehung hineinlassen. Dem Vorwurf kann begegnet werden, indem die Gestaltung der Beziehung immer wieder an nicht sexuelle freundschaftliche Tätigkeiten angebunden wird. In einer Kultur, in der Sexualität stark mit Partnerschaften verknüpft ist, sollten Beziehungsroutinen besonders in sexuellen Freundschaften stärker reflektiert und besprochen werden, um sich nicht automatisch an einer romantischen Beziehung zu orientieren und in ungewünschte Muster zu fallen.

Es darf also zusammenfassend von jeder Freundschaft behauptet werden, dass sie gewisse Erwartungen und Verpflichtungen mit sich bringt. Sie mögen vielleicht geringer sein als in einer Partnerschaft,[16] aber sie verschwinden deshalb nicht völlig. Die Pflicht erhält durch die Freundschaft eine andere Wendung, da sie nicht von außen auferlegt, sondern von innen frei gewählt wird. Sich einem Menschen freundschaftlich zu verpflichten, bedeutet dann: Verantwortung zu tragen für das Wohlergehen de:r anderen, fürsorglich zu sein und die Möglichkeit zu bedenken, Konflikte in der Freundschaft auch als Vertiefung derselben zu verstehen. Solche Erwartungen möchte ich als Freund:in an meine Freund:innen stellen und stellen dürfen. Die Freundschaft fußt, ebenso wie die Partnerschaft, auf einem Versprechen der Liebe.

Vorwurf 4: F+ führt nur zu Beziehungsstress und Eifersucht.

Sexuelle Freundschaft kann nicht funktionieren, weil nicht davon ausgegangen werden darf, dass alle Beteiligten immer Single sind oder sich in offenen Partnerschaften befinden. Sobald eine:r der beiden eine sexuell exklusive Beziehung anstrebt, kann die F+ nicht fortgeführt werden. Außerdem passiert es oft genug, dass eine:r der Partner:innen in einer offenen Beziehung auf die Person eifersüchtig ist, mit der eine solche Freundschaft geführt wird.

Der Vorwurf klingt so, als ob die Dinge klar lägen: Es gibt geschlossene und offene Beziehungen, und es gibt sexuelle Freundschaften. Werden geschlossene Beziehungen eingegangen, enden alle sexuellen Freundschaften. Unterhält man sie in offenen Beziehungen, kommt es zu Eifersucht. In beiden Fällen scheitert die F+. Menschen gehen allerdings derart komplexe Verhältnisse und Beziehungskonstellationen ein, dass ihnen nicht selten der Kopf raucht. Wenn Beziehungen sich in einem so einfachen Dreiecksschema einordnen ließen, bräuchte kein Mensch dieses Buch, Paartherapien oder Sexualberatungen.

Es gibt F+, in denen man sich zu beidseitiger sexueller Exklusivität verpflichtet hat. Manche Partnerschaften haben die Regel, dass nur mit einer einzigen Person außerhalb der Beziehung geschlafen werden darf. Oder jede Person außerhalb der Beziehung nur ein einziges Mal gedatet werden soll. Ich habe sexuelle Freundschaften geführt, die sich durch eine geschlossene Partnerschaft in nicht sexuelle Freundschaften verwandelt haben. Und es ist nicht undenkbar, dass sich das auch wieder ändert, wenn die Beziehung beendet wird (was ich beileibe nicht hoffe). Es gibt Beziehungen, die sich nur auf der Grundlage öffnen, dass die Person, mit der eine:r der Partner:innen schlafen möchte, ein:e gute:r Freund:in ist, weil dann ein Vertrauensverhältnis existiert. Ich hörte von offenen Beziehungen, in denen nur nicht penetrativer Sex außerhalb der Partnerschaft erlaubt ist, was das sexuelle Miteinander in einer möglichen F+ verändert, aber keineswegs auflöst. Manch eine F+ wurde zu einer Affäre, manche Affären zu sexuellen Freundschaften. In allen Fällen verschieben sich jeweils Bedingungen und Inhalte der Eifersucht oder des Misstrauens, die der Vorwurf sexuellen Freundschaften anlastet.

Man sollte darüber hinaus reflektieren, welche Funktion die F+ in der eigenen romantischen Beziehung einnimmt oder in welchem Verhältnis sie zu anderen Formen der Freundschaft steht. Wenn etwa in einer offenen, heterosexuellen Partnerschaft der

Mann mit *allen* Frauen, mit denen er eine sogenannte Freundschaft führt, auch sexuell verkehrt, dann stellt sich durchaus die Frage, welche Funktion eigentlich die Freundschaft zu Frauen für ihn erfüllt. Wie soll eine Partnerin in dieser Lage das Gefühl erhalten, dass es sich um »ganz normale« Freundschaften handelt, wenn es so wirkt, als ob der Partner nur dann mit Frauen befreundet sein kann und will, wenn er sie vögeln darf?

Der Vorwurf formuliert also kein Problem der F+, sondern eine Eigenschaft aller menschlichen Bindungen: Nichts ist einfach, aber manchmal kann es ganz leicht sein. Ich kann nur raten, nicht aus dem Blick zu verlieren, dass es bei Beziehungen stärker darauf ankommen sollte, was miteinander verbindet, als auf das, was voneinander trennt.

> ***Vorwurf 5: Wenn die Lust verschwindet, verschwindet auch die Freundschaft.***
> *F+ kann nicht funktionieren, denn irgendwann schläft man einfach nicht mehr so oft miteinander wie am Anfang – und wenn der Sex die Grundlage der Beziehung bildet, dann löst sich mit dem sexuellen auch das freundschaftliche Interesse in Luft auf.*

Ich habe an anderer Stelle erwähnt, dass die Sexualfrequenz über alle Altersgruppen hinweg grundsätzlich mit der Beziehungslänge abnimmt.[17] Der anscheinend natürlichen Endlichkeit des Sex steht die potenzielle Unendlichkeit der Freundschaft gegenüber: Freundschaften werden nicht auf Zeit geschlossen, sie haben kein Verfallsdatum. Das sexuelle Begehren erscheint demnach im Unterschied zur Freundschaft als wandelbar. Wenn die Lust in einer »Lustfreundschaft« so langsam vergeht, entsteht unzweifelhaft ein Konfliktpotenzial.[18] Doch wie sehr können sich auch Freundschaften – gleich ob sexuell oder nicht – über die Zeit verändern? Manche meiner Freund:innen kenne ich schon ein

Leben lang. Und keineswegs führen wir unsere Beziehungen noch so wie vor zehn, wie vor 20 Jahren. Es wäre ganz im Gegenteil ein großes Problem geworden, wenn wir uns über all die Zeit exakt gleich behandelt hätten, da wir doch andere Menschen geworden sind. Dass sich also Freundschaften ändern, und dass Sexualität eine Form des Umgangs sein kann, die auch wieder verschwinden kann, wie andere gemeinsame Aktivitäten kommen und gehen – tut der Freundschaft selbst per se keinen Abbruch. Gleichzeitig weisen die Studien über die Häufigkeit des Geschlechtsverkehrs nicht darauf hin, dass der Sex komplett aus der Beziehung verschwindet. Auch nach Jahrzehnten der Partnerschaft werden Menschen weiterhin regelmäßig körperlich intim miteinander. Wie oft nun »müssen« Freund:innen miteinander schlafen, um eine »echte« F+ zu führen? Ist ein solches Label nach so langer Zeit überhaupt noch wichtig? Deshalb lautet mein erster Einwand gegen den Vorwurf, dass sich sowohl die Rolle des Sex als auch die Form der Freundschaft ändern kann und eine Veränderung nicht gleich ein Ende oder ein Scheitern der F+ bedeutet.[19] Der Vorwurf lässt sich auch prinzipieller lesen. Wenn das sexuelle Begehren der sexuellen Freundschaft vorausgeht, wird also der Kontakt vor allem um die Entwicklung einer gemeinsamen Sexualität willen angestrebt. Dann ist Sex die Bedingung der Freundschaft. Eine solche Freundschaft macht sich abhängig von den rein hedonistischen Bedürfnissen einer oder beider Parteien, und reduziert sich somit auf den funktionalen Tausch von veränderbaren Befriedigungen. Also alles, was Freundschaft nicht sein sollte. Deshalb, so das Argument, kann F+ als Freundschaft nicht funktionieren. Darf Sex also ein berechtigter Anspruch an das Eingehen einer Freundschaft sein? Was bedeutet der Sex dann für die Beziehung?

Im Kapitel über freundschaftliche Sexualität habe ich Sex als eine bedeutende gemeinsame Aktivität aufgefasst, die die freundschaftliche Bindung erweitert und vertieft. Ich könnte also genereller fragen: Darf eine gemeinsame Aktivität ein berechtigter Anspruch an das Eingehen einer Freundschaft sein? Wir könnten, anstatt zu vögeln, auch zusammen klettern gehen oder wandern, Schach spielen, Kuchen backen oder über Beziehungen reden. Aristoteles unterscheidet die aktive, bewusste, gemeinsame Tätigkeit der Freundschaft vom bloßen Zusammensein »wie beim Vieh als Grasen auf derselben Weide«[20]. Dass wir Freundschaften aus verschiedenen Gründen führen und führen dürfen, halte ich für so weit unproblematisch. Freundschaften müssen deshalb nicht maßgeblich auf dieser einen Tätigkeit beruhen, aber sie können es freilich. Ich glaube deshalb, dass es ein legitimer Anspruch sein kann, Sex zur Bedingung einer Freundschaft zu machen. Körperliche Intimität öffnet emotional und bringt Menschen wortwörtlich zusammen (vgl. Kapitel 5). Doch das Sexuelle birgt auch gewisse Risiken, die anderen gemeinsamen Aktivitäten nicht innewohnen.

In sexuellen Freundschaften zwischen Männern und Frauen kann es zu (ein- oder beidseitig) ungewollter Schwangerschaft kommen. Das belastet nicht nur die Freundschaft, sondern auch die gegebenenfalls existierenden Partnerschaften der Freund:innen. Sehr wohl sind Familienkonstellationen über die klassische Kleinfamilie hinaus denkbar – und das ist auch gut so –, aber Kinder bringen eine lebenslange Verantwortung mit sich.

Es gibt schließlich eine eigentümliche Gefahr der F+, die mit der Körperlichkeit des sexuellen Miteinanders selbst verbunden ist. Ich habe bereits erwähnt, dass sich der Wunsch, eine Freundschaft auf dem sexuellen Miteinander zu begründen, im Laufe der Zeit verändern kann. Doch gerade weil die Freundschaft eine verantwortungsvolle und verbindliche Beziehung ist, die man nicht so leicht aus der Hand und aus dem Herzen gibt, lassen sich Situationen vorstellen, in denen man sich gegen seine Lust d:er Anderen sexuell hingibt, um die Freundschaft nicht zu verlieren. Weil es schmerzt, Freund:innen gehen zu sehen, die man liebt, und vielleicht weniger oder zumindest eine andere Form des Schmerzes verursacht, den Sex hinzunehmen, auch wenn er nicht mehr so recht zu der Beziehung passen mag, die man selber führen möchte. Der Sex greift tiefer in den Körper als viele andere gemeinsame Aktivitäten. Dem nackten Körper ist eine besondere Schutzlosigkeit, eine außerordentliche Verletzlichkeit zu eigen. Deshalb ist es in einer sexuellen Freundschaft besonders fatal, wenn man sich gegen den eigenen Willen zu körperlicher Intimität zwingt. Die Freundschaft mag man kurzfristig erhalten. Auf Dauer zerstört das konstante Überschreiten der eigenen Grenzen jede Beziehung – vor allem auch zu sich selbst.

Ich kann und will den Vorwurf deshalb nicht entkräften. Mir bleibt nur zu ermutigen, offen darüber zu sprechen, wenn kein sexuelles Begehren mehr empfunden wird. Denn es bedeutet nur in wenigen Fällen das Ende der Freundschaft. Der Psychologe Jesse Owen und Kolleg:innen haben untersucht, was passiert, wenn der Sex in einer F+ aufhört.[21] In der Tat endete etwa jede sechste Beziehung. Ein Drittel der Befragten blieb weiterhin befreundet, hatte aber in der Folge weniger Kontakt. Allerdings hatte die andere Hälfte der Proband:innen exakt Gegenteiliges zu verzeichnen: Ein Drittel führte eine ebenso gute Freundschaft wie vorher, nur eben ohne Sex. Für das verbleibende Sechstel vertiefte sich die Freundschaft in Folge der Entscheidung, die F+ nicht weiter fortzuführen. Kein Sex in einer sexuellen Freundschaft ist also kein Grund zur Panik.

Vorwurf 6: Der Sex macht die Freundschaft kaputt.

Der letzte Vorwurf ist mehr eine Warnung, weil F+ durch alle oben genannten Vorwürfe stark risikobehaftet sei:

> *Sexuelle Freundschaften sollten vermieden werden, weil die Einführung einer sexuellen Ebene in die Freundschaft Letz-*

tere gefährdet– es kommt ja doch immer zu Problemen. Eine Freundschaft ist zu wertvoll, um sie für ein bisschen sexuelle Befriedigung aufs Spiel zu setzen. Alle Beteiligten können sich unnötige emotionale Schmerzen ersparen, die aus der konflikttrachtigen Beziehungsform entstehen. Die Schmerzen werden außerdem stärker sein, als wenn man nur mit losen Bekannten gevögelt hätte, eben weil man sich als Freund:innen gut und lange kennt und das Verhältnis eines ist, das man bewahren will.

Die Freude an der Freundschaft steht nach dieser Kritik eindeutig über der Freude am Sex. Es mögen zwei allzu menschliche, ganz natürliche Bedürfnisse sein, aber wer seine Freundschaften schätzt, sollte sich vor gemeinsamem Sex hüten. Er stellt eine unnötige, weil vermeidbare Quelle der Lust in Freundschaften dar und führt vor allem zu Problemen. Die Argumentation erinnert an die antike Ethik der Epikureer. Ihre Anhänger:innen erkennen an, dass sowohl Freundschaft als auch Sexualität natürliche Bedürfnisse des Menschen darstellen, wobei für das glückliche Leben nur die Freundschaft notwendig sei. Sexualität wird höchstens als optional betrachtet. Eine solche Position vertritt in Bezug auf F+ beispielsweise der Philosoph William Stephens in seinem bemerkenswert schwarzmalerischen Aufsatz »What's love got to do with it?«[22].

Stephens begründet die Gefährlichkeit des Sex mit der ihm eigenen maßlosen Leidenschaftlichkeit und rückt den Gelegenheitssex in die Nähe von Gesetzesüberschreitung wie Ehebruch, Inzest oder Vergewaltigung. Etwas mildere Formen des »troubles« durch ungezügelte Vögelei sieht Stephens in sexuell übertragbaren Krankheiten, ungewollter Schwangerschaft und den emotionalen Schäden durch Liebeskummer. Er empfiehlt den Leser:innen kaum überraschend, lieber keine F+ zu führen. Er schließt seinen Aufsatz damit, dass Freundschaft eine notwendige Konstante des glücklichen Lebens sei, was für die Sexualität unter Freund:innen nicht gelte. Dieses Fazit möchte ich auch nicht anzweifeln. Und da Sex fraglos zu Komplikationen führen *kann*, sollte man sich im Zuge einer F+ auch mit diesen möglichen Konflikten auseinandersetzen.

Der Sex verhält sich bei Stephens aber wie eine bedrohliche Alternativrealität, die in die Freundschaft hineinbricht, sich parasitär in ihr einrichtet und an den Kräften aller Beteiligten zehrt. Sex bedeutet Gefahr, Risiko, Drama, Schmerz. Dem Sexuellen haften quasi dämonische Qualitäten an, wenn es einfach nur um seiner selbst willen betrieben wird. Hier wird die alte Trennung zwischen gutem Sex, der in der Ehe durchgeführt wird und im besten Falle der Fortpflanzung dient, und schlechtem Sex, der nichts als der hedonistischen Lust frönt, bei einem aktuellem Phänomen wieder aufgewärmt. Für Menschen, die in keinen romantischen Beziehungen leben oder leben wollen, hält eine solche Unterscheidung nur die sexuelle »Hölle« bereit. Doch es gibt keinen Grund, freundschaftszentrierte Lebensweisen mit einer überkommenen religiösen Sexualmoral abzuwerten. Ein erfülltes, liebevolles und vertrautes Leben ist mit Sex und ohne Romantik möglich.

Der obige Vorwurf besteht auf der unüberschreitbaren Grenze zwischen Freundschaft auf der einen und Sex auf der anderen Seite. Eine verbindende Form der sexuellen Freundschaft oder freundschaftlichen Sexualität, wie ich sie in den vergangenen Kapiteln zu formulieren versuchte, bleibt in einem solchen Modell außen vor. Sex kann nicht als eine gemeinsame Aktivität begriffen werden, welche das freundschaftliche Verhältnis vertiefen oder sogar begründen kann. Ich halte das für eine mutlose Beschneidung unserer Fähigkeit zu lieben und Liebe auszudrücken. Im Vorwurf steckt deshalb nicht nur eine Kritik an sexuellen Freundschaften, sondern eine prüde Verurteilung aller nicht romantischen *casual sex relationships*. Man stellt den Wert der

Freundschaft voran, will aber eigentlich nur den Unwert des nicht romantischen Sex zeigen. Der Vorwurf hat also gar nichts mit der F+ zu tun, sondern nur mit dem eigenen Unbehagen gegenüber Sexualität außerhalb der Partnerschaft.

Wie erwähnt, wird eine Freundschaft nicht besser, wenn man miteinander vögelt. Niemand muss eine sexuelle Freundschaft führen. Alle sechs Vorwürfe mögen für bestimmte Personen oder bestimmte Lebensweisen gelten, aber keine einzige Kritik trifft die sexuelle Freundschaft in ihrem Kern. Der Kern der Freundschaft besteht nämlich gerade in seiner Vielfalt körperlicher und emotionaler Verbindungen. Die Feministin Silvia Bovenschen hat es präzise auf den Punkt gebracht: »Allgemeine Aussagen« – wozu auch die Kritik gehört – »über das Wesen der Freundschaft fallen schnell in eine abstrakt idealisierende und moralisierende Gangart, die den jeweilig einzelnen Schrittformen und Rhythmen einer Freundschaft gegenüber etwas Gewalttätiges hat.«[23]

Wer das Wagnis eingeht, eine sexuelle Freundschaft zu führen, darf sich mit einer besonderen Form der Intimität vertraut machen, die nur wenigen Freundschaften vorbehalten ist. Wer den Mut aufbringt, eine F+ einzugehen, kann mit einer wundervollen Beziehung belohnt werden, die von starker, körperlicher Intensität geprägt ist. Wer sich entschließt, mit Freund:innen zu schlafen, trifft keine nebensächliche Entscheidung. Die sexuelle Freundschaft ist niemals »casual«, also gewöhnlich – ganz egal wie locker und entspannt der Sex auch sein mag. Im Gegenteil: Sex unter echten Freund:innen stellt einen wortwörtlich *außergewöhnlichen* Ausdruck gegenseitiger Wertschätzung dar. Freundschaftlicher Sex ist verbindlich, weil er verbindet.

Deshalb ist sexuelle Freundschaft möglich.

10.

LASS UNS FREUNDE BLEIBEN

Jene wundervollen Beziehungen, die ich als sexuelle Freundschaften bezeichne, haben mich immer wieder angespornt, weiterzuschreiben, weiterzudenken, weiterzufühlen. Es war mein Anliegen, eine Erotik der Freundschaft zu entwickeln, die verstanden werden kann als – so die Dichterin Audre Lorde – »offene und furchtlose Bejahung meiner Fähigkeit, Freude zu empfinden«[1]. Vielleicht bin ich dabei oft über die geläufigen Definitionen oder gelebten Erfahrungen der sexuellen Freundschaft hinausgegangen. Doch ich halte mich an die Philosophin Donna Haraway, die über riskant umformulierte Begriffe sagte: »Die sanft verfremdete Bewegung mag eine Weile lang wie ein Fehler wirken, aber dann erscheint der Ausdruck (mit etwas Glück) als immer schon korrekt.«[2]

Wie zu bemerken, habe ich kaum Details meiner eigenen sexuellen Freundschaften erwähnt. Das Wesen von Intimbeziehungen liegt nun einmal in ihrer Intimität und damit Vertraulichkeit. Die vielen soziologischen Erklärungen, historischen Skizzen und politischen Reflexionen meiner Ausführungen sollten mich als begehrendes, als liebendes, als sinnliches Wesen aber nicht ausblenden. Sie dürfen nicht von der Tatsache ablenken, dass ich auch aus einem tief persönlichen Verhältnis und Wunsch heraus über die besondere Beziehungsform der F+ schreibe. Ich halte es für unredlich, die eigene Körperlichkeit aus einer Philosophie der Sexualität rauszuhalten – aber daraus folgt für mich kein Seelenstriptease meiner innersten erotischen Fantasien, meiner persönlichsten sexuellen Erfahrungen. Vielmehr geht es mir um ein »sinnliches Wissen«[3], wie Minna Salami es nennt, um eine atmende Sprache, um ein Denken, das unter die Haut geht und das sich aus meiner eigenen Geschichte nährt.

Und weil mein leibhaftig erfahrener Körper in das Schreiben über Sexualität einfließt, verorte ich meine Gedanken körperlich. Das bedeutet aber auch: in einem *weißen* Körper, in einem männlichen Körper, in einem nicht behinderten Körper. Mein Buch kann nur vorahnen, dass sexuelle Freundschaften von marginalisierten Gruppen andere Bedeutungen, andere Praktiken, andere Beziehungen hervorbringen, als ich sie hier beschrieben habe. Ich bin gespannt darauf, welche weiteren Perspektiven unser Verständnis von sexuellen Freundschaften erweitern werden.

Auch unabhängig von meiner eigenen Person musste ich mich inhaltlich beschränken, wobei es doch so viel zu sagen gibt. Ich wünsche mir, mit anderen zukünftig über die Sprache des Sexuellen zu reflektieren. Ich erhoffe mir, dass sich unterschiedliche Erfahrungen von Menschen mit und ohne romantische Partner:innen in einer F+ zu Wort melden. Viele praktische Fragen, etwa wie Familie und sexuelle Freundschaft zusammen funktionieren oder wie mit Eifersucht umzugehen ist, suchen nach spannenden Antworten. Außerdem würde ich gerne eine Geschichte moderner queerer Freundschaften lesen. Zur »Wahrheit« sexueller Freundschaften – egal ob queer oder nicht – gehört auch die Feststellung, dass sie weder konfliktarm sind noch die Welt notwendig zu einem besseren Ort machen. Für manche Menschen jedoch mögen sie genau das Richtige sein. Im ersten mir bekannten Buch, das verschiedene sexuelle Freundschaften urteilsfrei darstellt, resümiert der Autor Joel D. Block:

> »In der Psychologie der engen Beziehungen [close relationships] gibt es, wie in allen anderen Bereichen auch, individuelle Unterschiede, die sich auf das Endergebnis auswirken; manche Menschen sind aufgrund ihres Temperaments und ihrer Lebenseinstellung besser geeignet als andere, um erfolgreich sexuelle Freundschaften zu führen. (…) Die Empfehlung eines einzigen Rezepts ist nutzlos: Was für eine Person gilt, gilt nicht für die anderen, und was für sie in einer bestimmten Lebensphase passte, muss es in einer späteren Phase nicht mehr tun.«[4]

Diesem immer noch gültigen, hochpragmatischen Fazit bar jeden Heilsversprechens, stimme ich uneingeschränkt zu. Auch meine Erzählung der sexuellen Freundschaft verzichtet auf eine Lösung des »Rätsels«, wie die F+ gelingen kann. Ich orientiere mich an Widersprüchen und an Konflikten, anstatt ein kohärentes oder allgemein gültiges Modell sexueller Freundschaften anzubieten.[5] Es gibt zu viele mögliche sexuelle Freundschaften, um sie zu verallgemeinern. Eine Theorie der F+, gleich wie umfangreich sie auch sein mag, bestimmt schließlich noch nicht ihre erfolgreiche Praxis. Aber mit etwas Glück und Mut kann sie dabei helfen, Brücken zu schlagen, um das zu ermöglichen, worum es mir eigentlich geht: kraftvolle, vielleicht lebenslange, tiefe Freundschaften – mit oder ohne Sex.

Ich habe ein Buch über sexuelle Freundschaften geschrieben, weil sie ganz praktisch zeigen, wozu Freundschaften in der Lage sind. Warum wir mehr von Freundschaften hoffen und fordern dürfen. Sexuelle Freundschaften geben einen Vorgeschmack auf die grenzenlose Vielfalt freundschaftlicher Verbindungen, auf *grenzenlose Freundschaften*.

Ich träume von diesen grenzenlosen Freundschaften: von Freundschaften, die nicht nur Grenzen überschritten haben, sondern keine Grenzen mehr kennen. Mit Grenzenlosigkeit meine ich hier nicht den Verlust von Form, ein Auflösen aller zwischenmenschlichen Beziehungen in eine abstrakte »Freundschaft«. Ganz im Gegenteil glaube ich, dass auch weiterhin Beziehungen familiär, freundschaftlich, bekanntschaftlich, partnerschaftlich, kollegial usw. genannt werden. Unter Grenzenlosigkeit verstehe ich auch nicht die Abwesenheit von persönlichen Grenzen, die jedem Konsens unterliegen. Mit Grenzenlosigkeit meine ich in meiner Utopie der Freundschaft: niedergerissene Mauern und Zäune, eine freie Sicht, ein ungehindertes Spiel. Grenzenlose Freundschaften haben all die Mächte hinter sich gelassen, die aus Verarmung, aus Geschlechterungleichheit, aus rassistischer Spaltung, aus allen Formen der Entmenschlichung Profit schlagen. Es sind Freundschaften, in die keine Herrschaft eingreift, die weder ihre Sprachen, noch ihre Verbindungen, noch ihre mal zärtlichen und mal leidenschaftlichen Erotiken kontrolliert, sanktioniert oder pathologisiert. Der Weg zu grenzenlosen Freundschaften verläuft deshalb nicht nur innerhalb des Privaten. Anhand der sexuellen Freundschaft habe ich gezeigt, wie stark selbst unsere intimsten Beziehungen von Macht durchdrungen sind. Diese Macht in ihre Schranken zu weisen, ist die Voraussetzung für grenzenlose Freundschaften. Deshalb bedeutet eine grenzenlose Freundschaft immer auch eine Freundschaft zur Gerechtigkeit. Wer sich nach grenzenlosen Freundschaften sehnt, spürt eine Sehnsucht, die mehr als die Freundschaft will und die aufs gesellschaftliche Ganze zielt. Nicht grundlos hat Hannah Arendt die freundschaftlichen Praktiken des Versprechens und des Verzeihens in den Rang des Politischen erhoben.

Ich träume aber nicht nur von einer Politik, sondern auch von einer Erotik der Freundschaft. Sie verlangt danach, das Sexuelle über die Oberfläche des Körpers hinaus lebendig weiterzuentwickeln. Ich stelle mir Freundschaften vor, in denen sich die körperliche Zuneigung ganz langsam entwickeln darf, in der die sexuelle Intimität nach Monaten, vielleicht erst nach Jahren entsteht. Eine Erotik, die die Beziehung erfrischt und vertieft, solange sie da ist; eine Erotik, die auch ohne Konflikte wieder verschwinden darf, anders als vielleicht in vielen Partnerschaften. Die freundschaftliche Erotik verleiht daher auch romantischen Beziehungen neue Perspektiven. Ich glaube, dass diese besondere Erotik leichtfüßig, allmählich, flüssig, im besten Sinne des Wortes ungebunden erfahren werden kann, aber deshalb – wie gesagt – nicht weniger verbindlich. Freundschaften bauen vielfältige Verbindungen auf, von denen einige körperlicher sind als andere. Sexuelle Freundschaften ersetzen nicht sexuelle Freundschaften nicht, sondern feiern nur auf eine weitere Weise die unglaublich diversen Möglichkeiten der Freundschaft. Sie lassen uns bereits im Hier und Jetzt vorahnen, welche Freuden grenzenlose Freundschaften bereithalten werden.

Wer sich für grenzenlose Freundschaften entscheidet, geht ein Wagnis ein, denn plötzlich dürfen viel mehr freundschaftliche Begehren an die Oberfläche treten, als man es selbst für möglich gehalten hat, als man sich je getraut hat, einzugestehen. (Und ich meine das nicht bloß sexuell!) Um sie zuzulassen, auszusprechen, in die Freundschaft einzubringen, dafür muss man sich trauen und sich vertrauen. In grenzenlosen Freundschaften wird man keine Verurteilung und keine Ächtung erfahren, wenn man im Namen der Freundschaft etwas wagt. Nina Simone hat einmal auf die Frage geantwortet, was Freiheit sei: »No fear!« – keine Angst.[6] Ich glaube, dass sie ähnlich geantwortet hätte, wenn sie nach der Definition von Freundschaft gefragt worden wäre. Keine Angst mehr zu haben, geliebt und bestärkt zu werden, als individueller Mensch gesehen und gespürt zu werden, nicht nur als Vertreter:in einer Gruppe. Darum geht es in Freundschaften grundsätzlich. Freundschaften sind Orte der Freiheit, weil sie

Orte des Mutes sind. Ich hoffe also darauf, dass wir in Zukunft nicht mehr fragen: Darf das die Freundschaft? Sondern eher der Frage nachgehen: Was darf die Freundschaft eigentlich nicht?

Grenzenlose Freundschaften können schließlich ein Vorbild dafür sein, intime Beziehungen nicht mehr von ihrem Ende her zu denken. Die Ewigkeit muss nicht durch ein »bis dass der Tod uns scheidet« begründet werden, nicht durch ein oft leeres Versprechen an die Zukunft. Die Ewigkeit der grenzenlosen Freundschaft liegt vielmehr in der einfachen Tatsache, dass es keinen einzigen Grund gibt, mir die Zukunft ohne meine Freundschaften auszumalen. Grenzenlose Freundschaften zeichnen sich durch bedingungslose Zugewandtheit aus, die auch Konflikte und Reibungen auffängt. Meine Freundschaften sollen – ebenso wie meine Partnerschaft – deshalb grenzenlos sein, weil sie in jeder meiner möglichen Welten mit dabei sind.

Von sexuellen Freundschaften erhoffe ich mir also vor allem eins: *mehr Freundschaften*. Ich will dazu aufrufen, mehr Freundschaften zu wagen, mehr Freundschaften zu fordern und mehr von Freundschaften zu fordern. In einer einsamer werdenden Welt haben wir grenzenlose Freundschaften nötig. In einer heilenden Welt auch.

11.

ANMERKUNGEN UND LITERATUR

EINE ANMERKUNG ZUM GENDERN

Ich gendere den Text durchgehend, auch wenn ich den Buchtitel aus poetischen Gründen beim nicht gegenderten »Freunde« belassen habe. Zwei Silben (»Freunde«) passen besser zu zwei Silben (»lieben«); bei einem anderen Titel, zum Beispiel »Freund:innen liebhalten« hätte ich aus rhythmischen Gründen auf jeden Fall die gegenderte Version gewählt. Ich setze mich für ein pragmatisches, nicht ausschließlich an politischen Dimensionen orientiertes Gendern ein. Sprache ist in Bewegung und speist sich nicht nur aus Ästhetik auf der einen oder Ethik auf der anderen Seite. Die Verwendung der männlichen oder weiblichen Form von Berufen, Titeln und Pronomen stellt weder den einzigen Hebel dar, um das Patriarchat zu stürzen, noch es bei Unterlassung in alle Ewigkeit zu zementieren. Vielmehr bin ich der Meinung, dass unsere Sprache von oben bis unten vergeschlechtlicht ist – schon allein bei dieser Wendung: »von oben bis unten«. Was ist eher männlich assoziiert, oben oder unten? Wie schaut es aus mit Himmel und Erde? Was von beidem ist dem Vater näher, was der Mutter? Sonne und Mond, Land und Meer, hell und dunkel, warm und kalt, hart und weich, stark und schwach, laut und leise, rau und glatt – in Bruchteilen von Sekunden kann jede:r von uns das »passende« Geschlecht auch den abstraktesten Wesenheiten zuschreiben. Unser binäres Geschlechtersystem ist derart übersignifikant, dass es in die Tiefenstrukturen der Sprache ebenso hineinwuchert wie in unsere Körperwahrnehmung. Das kann kein Gender-Sternchen und kein angehängtes »:innen« ändern. Aber es kann irritieren, und das ist ein Anfang.

Im Buch habe ich grundsätzlich alle möglichen Endungen angehängt, auch wenn dies grammatikalisch nicht immer Sinn ergibt, weil ich weder das generische Maskulinum noch das generische Femininum für eine ideale Lösung halte. (Die gibt es ohnehin nicht.) Wir befinden uns in einer sprachlichen und politischen »Zwischenherrschaft«. Gendern kommt deshalb nicht immer schön daher, aber geht wenigstens auf eine Suche nach neuen Formen des Ausdrucks. Auf eine solche Suche möchte ich mich auch begeben.

DANKSAGUNG

Ich möchte jenen Menschen danken, die an diesem Buch beteiligt waren. Direkt und indirekt. Weil ich ein unverbesserlicher *people pleaser* bin, habe ich mich naturgemäß für eine alphabetische Reihenfolge entschieden.

Danke, liebe Anne-Ju, für einen wunderbaren Eintritt in eine neue Welt. Danke, liebe Beltane, für den lebendigen Anstoß, das alles hier zu Papier zu bringen – ohne dich wäre das Buch nicht in dieser Form entstanden. Danke, lieber Bernhard, für die unzähligen gemeinsamen, redseligen Mittagspausen. Danke, lieber Bert, für die unermüdliche Schärfung des politischen Gewissens. Danke, liebe Brenda, für deinen streitbaren und wilden Widerspruch. Danke, liebe Christine, für die radikale Ehrlichkeit und die lautstarken Lacher. Danke, liebe Eva, für die große, vertraute Leichtigkeit nach all den vielen wunderbaren Jahren unserer Freundschaft. Danke, liebe andere Eva, für die unglaublich kluge Durchsicht meines Buches. Danke, liebe:r Gahner, für die irrsinnige Hitze in Wort und Tat. Danke, liebe Gila, dass du an mich glaubst und für mich kämpfst. Danke, liebe Hannah, für die abertausend Stunden, die wir über Sex philosophiert haben. Danke, lieber Henning und liebe Insa, dass wir nicht nur einen Bauch, sondern auch ein Leben miteinander teilen dürfen. Danke, liebe Isa, für deine unfassbare Gabe, Mut zu machen. Danke, lieber Jensus, für den geweiteten Blick, für das ganz Andere. Danke, liebste Johanna, für alles. Es gibt kein Gefühl und keinen Gedanken zu diesem Buch, an dem du nicht beteiligt gewesen bist. Danke, liebster Kauri, für unser zartfühlendes Miteinander, das sich so tief in meinen Körper und in mein Herz eingeprägt hat. Danke, liebe Lea, für deine immer offenen Ohren und Arme und deinen wilden Wuselkopf. Danke, lieber Leon, für deinen rechtschaffenen Zorn auf alles Ungerechte. Danke, liebe Marina, für den Arschtritt ins TikTok-Universum. An dieser Stelle, da der Tritt gemeinsam erfolgte, auch einen vorgezogenen Dank an Paula. Danke, liebe Nannette, für deine Begeisterung und deine Offenheit. Danke, liebe Nina, für deinen Mut, für dein großes Herz, für deine knallharten *daddy vibes*. Danke, lieber Oly, für die Tage und die Nächte – du bist einfach so krass cool. Danke, liebe Pia, für all die vielen Anmerkungen, mit denen du mein Manuskript geschliffen hast. Danke, lieber Robert, für deinen Ideenreichtum, für dein liebevolles Nachbohren ... immer schön raus aus der Komfortzone.

Danke, liebe Eltern – alle vier –, dass ihr immer für mich da wart und da seid. Danke an all meine unzähligen, wunderbaren Geschwister! Und ich danke auch meinen Großeltern, auch wenn sie schon nicht mehr unter uns sind.

ANMERKUNGEN

1. EINE UNMÖGLICHE BEZIEHUNG

1 Lindsey 1927

2 Für alle möglichen Weisen, wie sich Menschen miteinander verbinden, wähle ich den Begriff der »Beziehung«, obwohl ich weiß, dass »eine Beziehung haben« oder »in einer Beziehung sein« synonym zur romantischen Partnerschaft verwendet wird. Erst wenn vor der Beziehung ein Adjektiv steht, gilt sie in meinem Text als bestimmt: So meine ich etwa mit »romantischer Beziehung« eine Partnerschaft, mit »freundschaftlicher Beziehung« eine Freundschaft. Wenn ich davon rede, dass zum Beispiel zwei Freund:innen »eine Beziehung« (ohne Adjektiv) haben, dann meine ich damit die Freundschaft, nicht die Partnerschaft, weil sie eben eine Beziehung als Freund:innen führen.

3 Lindsey 1927: 50

4 Lindsey 1927: 39

5 Lindsey 1927: 50

6 Lindsey 1927: 51

7 Davis 2008

8 Placzek 1919: 96

9 O'Neill und O'Neill 1992

10 Im Original: »Love and Sex without Jealousy«.

11 O'Neill und O'Neill 1992: 258

12 YouGov 2018

13 Elitepartner 2018

14 Ungewichteter Mittelwert aus: Afifi und Faulkner 2000; Bisson und Levine 2009; Halatsis und Christakis 2009; Machia u. a. 2020; Owen und Fincham 2011; Vanderdrift, Lehmiller und Kelly 2012; Wentland und Reissing 2014 – natürlich handelt es sich nur um eine Stichprobe einiger viel zitierter Studien, doch es geht mir hier vor allem um einen Trend.

15 Natividad 2013

16 Der Dialog im Original: www.youtube.com/watch?v=6KFturNf5_A

17 So die persönliche Erinnerung des F+-Forschers Paul Mongeau in Levine und Mongeau 2010: 96.

18 Leider ist es mir trotz mehrfacher Anfragen an sowohl das Übersetzungsstudio als auch DreamWork nicht möglich gewesen, einen Kontakt mit Christine Roche her-

zustellen. In den Monaten der Recherche bin ich zu dem Schluss gekommen, dass es den Begriff vorher im deutschen Sprachraum nicht gegeben hat. Auf Google Trends ebenso wie mit dem DWDS lässt sich eindeutig zeigen, wie der Begriff »Freundschaft plus« erst seit 2011 genutzt wird.

19 Im Original: »I don't know why I wasted so much time pretending I didn't care. I guess I didn't wanna feel like this. It hurts.«

20 Im Original: »big beautiful eyes, lips, breasts, hands, mouth, butt, voice, chest«

21 Foucault 1984; Weinstock und Rothblum 1996

22 Griffith u. a. 2017; Harkless und Fowers 2005

23 Das feministisch orientierte Journal *Sex Roles*, das *Journal of Bisexuality* sowie das *Journal of Lesbian Studies* beginnen ab Mitte der 2000er-Jahre intensiver, sich mit freundschaftlichen Beziehungen nicht heterosexueller Menschen zu befassen. Eine frühe Ausnahme bildet der bereits zitierte Sammelband »Lesbian Friendships« von Weinstock und Rothblum (1996). In den großen deutschen PARTNER-Studien (ab 1972) wurden zwar intime Handlungen zwischen gleichgeschlechtlichen Jugendlichen abgefragt, aber keineswegs zu einem freundschaftlichen Verhältnis in Bezug gesetzt, vgl. Starke 1980.

24 Rangell 1963

25 Im Original: »thinly disguised heterosexual love«, Rangell 1963: 30.

26 Im Original: »aim-inhibited homosexual interest«, ebd.

27 Freud 1933: 133

28 Im Original: »She is like a mother or a sister to me«, Rangell 1963: 30.

29 Auch wenn eine orthodoxe Psychoanalyse wie die von Rangell für heutige Ohren etwas übertrieben klingt, so trifft er doch einen Nerv, der uns auch noch in der Gegenwart beschäftigt. Leonie Linek beschreibt in einer aktuellen Studie die Desexualisierung der Freundschaft als Strategie gegengeschlechtlicher Freundschaften, um über die mächtigen heterosexuellen Normen hinweg freundschaftliche Beziehungen zwischen Männern und Frauen zu ermöglichen, vgl. Linek 2021.

30 Booth und Hess 1974

31 University of Nebraska 2020

32 Block 1980. Zugegebenermaßen handelt es sich bei Block um einen sagenhaft libertären Geist, der es sich 2006, im zarten Alter von 63 Jahren, nicht nehmen ließ, das Buch »The Art of the Quickie: Fast Sex, Fast Orgasm/Anywhere, Anytime« zu veröffentlichen, Block 2006.

33 Block 1980: 107

34 Offenkundig hat sich Blocks Bezeichnung »pillow pal« nicht durchgesetzt. Weitere Vorschläge wären etwa »friendship-love« von Rawlins 1982 oder »flovers«, ein Kofferwort aus *friends* und *lovers*, von Bradac 1983.

35 Die Unterschiede von 28 Prozent der von Booth und Hess 1974 Befragten und zwölf Prozent von Block 1980 liegen wahrscheinlich in der unterschiedlichen Altersstruktur begründet. Je jünger die Menschen sind, desto geringer die Chancen einer bislang schon geführten gegengeschlechtlichen Freundschaft.

36 Die logisch möglichen, aber seltenen asexuell monogamen bzw. polyamoren Beziehungen habe ich an dieser Stelle ausgelassen. Körperliche Nähe und Zärtlichkeit, nach denen sich auch asexuelle Menschen sehnen, können exklusiv oder offen ausgelebt werden. Auf die moderne Beziehungsform der Situationship komme ich in Kapitel 5 zu sprechen.

37 Vgl. etwa Illouz 2021

38 Wade 2017

39 Wentland und Reissing 2014

40 Erarbeitet in Wentland und Reissing 2011

41 Wentland und Reissing 2014

42 Mongeau u. a. 2013; Stein u. a. 2019; Weger, Cole und Akbulut 2019

43 Arndt 2020: 49

44 Zum Begriff der Beziehungsweise vgl. Adamczak 2017.

45 Giddens 2016

46 Knecht und Schobin 2016

47 Stinson, Cameron und Hoplock 2022; vgl. kritisch Rosenfeld, Thomas und Hausen 2019.

48 Lewandowski und Murray 2017

49 DiDonato 2015

2. DIE SACHE MIT DEN GEFÜHLEN

1 Foucault 1984: 93

2 Diamond 2003b: 173

3 Das sollte nicht darüber hinwegtäuschen, dass im Vergleich zu Singles mit Abstand am meisten in romantischen Beziehungen gevögelt wird, vgl. Blanchflower und Oswald 2004.

4 Vgl. für extensive Literatur Diamond 2003b: 177.

5 Literarisch: Kraß 2016. Mit der romantischen Freundschaft verschwimmen die Grenzen zwischen den Begriffen, was in der fluiden Natur menschlicher Bindungen liegt, die Kategorien immer nur behelfsmäßig machen. Im Buch unterscheide ich klar zwischen romantischen Beziehungen (Partnerschaften) und freundschaftlichen Beziehungen (Freundschaften). Wenn in hoch emotionalisierten, geradezu leidenschaftlich verknallten Beziehungen, die völlig ohne sexuelles Begehren auskommen, von Freundschaft gesprochen wird, verstehe ich das als Sonder- oder

Grenzfälle. Die Trennung zwischen den verschiedenen Beziehungsformen, wie ich sie in Kapitel 1 vorgeschlagen habe, ist deshalb als eine grundlegend spektrale zu verstehen, die zahlreiche Übergangsformen kennt.

6 Birnbaum und Reis 2019: 12

7 Birnbaum u. a. 2020

8 In der Sexualwissenschaft unterscheidet man hierfür das sogenannte prozeptive und rezeptive Sexualverhalten (Beach 1976). Prozeptives Sexualverhalten bezeichnet das aktive Aufsuchen und Einleiten von Sex, während rezeptives Sexualverhalten – auch »Erregbarkeit« (Bancroft 2009) genannt – die Fähigkeit ausdrückt, auf bestimmte Reize sexuell zu reagieren. Die Sexualität, die sich aus Reaktion auf Liebe entwickelt, steht daher einem rezeptiven Sexualverhalten näher.

9 Diamond 2003b: 182 ff., dabei orientiert an Baumeister 2000

10 Aron u. a. 1989

11 Sternberg 1986

12 Etwas Schwierigkeiten hatte ich bei der Übersetzung der Kategorie, die im Original wertend »fatuous love« heißt. Ich habe die etwas altertümliche Bezeichnung »törichte Liebe« gewählt, weil sie eine ähnlich abwertende Stimmung vermittelt, auch wenn das so keiner sagt.

13 Hocquenghem 2019: 17

14 Vgl. Diamond 2003a; 2016; Emcke 2020; Van Anders 2015.

15 Im Folgenden nach: Feldman Barrett 2017.

16 Die Affektivität betrifft vor allem die Sinne, welche auf das Körperinnere gerichtet sind und die man interozeptiv nennt. Das Gegenteil davon bilden exterozeptive Sinne, welche die Umwelt wahrnehmen und klassischerweise die fünf Sinne plus Gleichgewichtssinn sind. Die Interozeption betrifft einerseits die Lage, Bewegung und Stellung des Körpers im Raum (Propriozeption) über Muskelspindeln, das Golgi-Sehnenorgan und Gelenk(kapsel)sensoren. Andererseits gibt es noch die Viszerozeption, welche mit verschiedenen Sinnen die inneren Organe überwacht, etwa die Lunge (in Form der Lungendehnung), das Herz-Kreislauf- oder das Magen-Darm-System (Peristaltik); aber eben auch das Innere des Geschlechts.

17 Die Spannung meint bei einem Affekt nicht nur eine allgemeine Angespanntheit, sondern umfasst auch Wachheit, Erregung oder Aktiviertheit des Körpers.

18 Ekman 1970

19 Elfenbein und Ambady 2002

20 Lindquist u. a. 2006

21 Solche Biomarker sind etwa Körpertemperatur, Atemrate, Ein- oder Ausatemzeit, Lungenvolumen, Hautleitfähigkeit, elektrodermale Aktivität, Muskelspannung, Herzfrequenz, Pulstransit, Herzfrequenzvariabilität, Herzzeitvolumen, Schlagvolumen, Gefäßwiderstand, diastolischer und systolischer Blutdruck, durch-

schnittlicher Arteriendruck und natürlich neuronale Aktivitäten. Kurzum: alles, was man sich überhaupt nur vorstellen kann.

22 Siegel u. a. 2018

23 Carter 2022

24 Fisher 1998; Fisher u. a. 2002

25 Govrin 2012: 137. Sie stößt hier den Bourdieuschen Begriff der »Gegendressur« an, der im Deutschen allerdings eher tierische und stark behavioristische Assoziationen mit sich bringt, weshalb ich ihn nicht verwende.

26 Illouz 2018: 64 ff.

27 Illouz 2021: 61

28 Illouz 2021: 48 ff.

29 Bei Illouz' Unterteilung handelt es sich freilich um Schematisierungen. Nur unter der Ausblendung gewaltiger regionaler, nationaler und vor allem schichten-/klassenspezifischer Unterschiede der Partnerwahl kann so ohne Weiteres von einer »Gewissheit des 19. Jahrhunderts« versus einer »Ungewissheit des 20. bis 21. Jahrhunderts« gesprochen werden. An dieser Stelle kann ich das nicht weiter differenzieren, aber es sollte bei allen Aussagen Illouz' im Hinterkopf behalten werden.

30 Illouz 2018: 81

31 Illouz 2018: 82

32 Illouz 2018: 63

33 Kühner 2016: 89 ff.

34 Luhmann 2017: 168 ff.

3. LIEBE, SEX UND KAPITAL: 150 JAHRE SEXUELLE KOMMERZIALISIERUNG

1 Zumindest noch, so Becker 2021: 209.

2 Hocquenghem 2019: 70

3 Stokowski 2018: 71

4 Zufolge einer Umfrage der Internationalen Gesellschaft für Ästhetische Plastische Chirurgie werden 86 Prozent aller kosmetischen Eingriffe (operativ ebenso wie nicht operativ) an Frauen durchgeführt; an erster Stelle stehen mit Abstand Brustvergrößerungen und Botox, vgl. ISAPS 2020.

5 Böning 2012

6 Knapp 1983

7 Berger 2016

8 Eder 2009: 131 ff.

9 Vgl. die gleichnamige Arbeit von Trepp 1996, auf die Eder 2009 aufmerksam macht.

10 Vigarello 1988: 253

11 Vigarello 1988: 245–255

12 Villeroy & Boch o. J.

13 Sivulka 2012: 180

14 Ehrenreich 1983: 42 ff.

15 Amos 2005

16 Ferguson 2010: 30 ff.

17 Sigusch 2013: 75

18 Gesselman, Webster und Garcia 2017

19 hooks 1992; JanMohamed 1995; Sigal, Tortorici und Whitehead 2020

20 Kaplan und Illouz 2021

21 Govrin 2020: 88

22 Quindeau 2014: 39 ff.

23 Jule Govrin prägt für den Wert, den das Begehren verursacht, den naheliegenden Begriff *Begehrenswert*. Er fängt die affektive Dimension des Kapitals ein, auf deren Grundlage ein ökonomisches Bewerten überhaupt erst möglich wird. Die rationale Relevanz (Berechtigung) eines Produkts beruht nach diesem Verständnis auf der emotionalen Valenz (Werthaftigkeit), die das Begehren diktiert; vgl. Govrin 2023.

24 Ich habe mich dazu entschieden, den deutschen Begriff *Rasse* (in kursiver Schrift) zu verwenden, der im politischen Diskurs oft durch sein englisches Pendant »Race« ersetzt wird, weil im Deutschen eine starke biologische Dimension mitschwingt, während *race* in den USA auch für emanzipatorische Kräfte verwendet wird und daher eher soziokulturell zu verstehen ist. Beide Begriffe lassen sich nicht ohne Weiteres ineinander übersetzen. Doch in gewisser Weise wird damit dem deutschen Begriff zugestanden, eine biologische Realität abzubilden, die jedoch einzig auf einer politischen Fiktion beruht. Die *Rasse* ist ein durch und durch willkürliches Konzept – was meiner Ansicht nach gerade die Gewaltgeschichte des Nationalsozialismus zeigt. Der Begriff *Rasse* benennt die Brutalität der Rassenideologie klarer als das soziologische *race* oder die pseudo-neutrale »Ethnie«. Vielleicht ist es möglich, den deutschen Begriff kritisch zu verwenden, anstatt ihn zu ersetzen. Ich möchte es an dieser Stelle versuchen.

25 Nach einem Begriff von Andrea Newerla (Newerla 2023).

4. WISCH UND WEG: DIE DYNAMIK DES ONLINE-DATINGS

1 Und wer doch eine braucht: Rosenfeld u. a. 2019.

2 Parship 2020

3 Bitkom 2019

4 Zum Online-Dating zähle ich hier alle internetbasierten Plattformen, die Menschen zusammenbringen: egal, ob Kontaktanzeigen, Partner:innenvermittlung (ElitePartner, Parship), Adult Dating (Grindr, Joyclub), Nischenanbieter (für bestimmte Glaubensrichtungen etc.) oder Social Dating (Tinder, OkCupid, Lovoo, Hinge, Badoo, etc.). Vgl. hierzu auch Aretz u. a. 2017.

5 Vgl. Laumann 2004, in der die Markttheorie auf die sexuelle Organisation der Stadt angewendet wird – ein Modell, welches sich auch für die virtuellen Orte des Online-Datings anbietet.

6 Menkin u. a. 2015

7 Hitsch, Hortacsu und Ariely 2007

8 Im Folgenden nach: Levy, Markell und Cerf 2019.

9 In der zitierten Studie war die Variable *race* so eng mit der Variablen *religion* korreliert, dass sie nur Letztere untersuchten.

10 Eine methodische Anmerkung: Der Faktor der Intra- und Extraversion wurde anhand der Anzahl der Freund:innen auf sozialen Netzwerken festgestellt. Auch wenn die psychologische Dimension weitaus komplexer ist, es geht ja nur um ein Richtmaß.

11 Zitiert nach Levy u. a. 2019

12 Rudder 2014:34 ff. Die hier nicht aufgeführten Statistiken, welche die Matches zwischen verschiedenen rassifizierten Menschen betrifft, bestürzen zutiefst.

13 Skopek, Schmitz und Blossfeld 2011

14 Dinh u. a. 2022

15 Timmermans und Courtois 2018

16 Es herrscht keinesfalls ein eindeutiges »Winner takes it all«-Prinzip, wie es beispielsweise der Soziologe Andreas Reckwitz den sogenannten »Attraktivitätsmärkten« attestiert (Reckwitz 2017: 155), zu denen auch das Online-Dating zählt.

17 Ladders 2018

18 Levy u. a. 2019

19 Timmermans und Alexopoulos 2020

20 Gewirtz-Meydan und Ayalon 2018

21 Für eharmony: Dinh u. a. 2022

22 Rudder 2014: 118; Timmermans und Courtois 2018

23 Zhang und Yasseri 2016

24 Fiore u. a. 2010

25 OkCupid 2015

26 Dinh u. a. 2022

27 Pronk und Denissen 2020

28 Jung u. a. 2019. Das immense Angebot an Profilen wirkt sich schließlich negativ auf die Zufriedenheit aus (vgl. in einem analogen Experiment: Lenton und Stewart 2008). Die ideale Größe des »Angebots« liegt nach D'Angelo und Toma 2017 bei 20 bis 50 Personen, was ungefähr 100 täglichen freien Tinder-Swipes gegenübersteht.

29 Vgl. für das Speeddating entsprechende Daten bei Fisman u. a. 2006.

30 Levy u. a. 2019

31 Illouz 2021: 95

32 Illouz 2021: 110

33 Illouz 2021: 140 ff., 157

34 Für eine umfassende Übersicht der Studienlage, welche die hier vorgestellten Schlaglichter über die geschlechtlichen Präferenzen und Differenzen bestätigt, siehe Abramova u. a. 2016.

35 Newerla 2023

36 Timmermans und Courtois 2018

37 Newerla und Van Hooff 2023

38 Ranzini und Lutz 2017; Timmermans und Alexopoulos 2020

39 Newerla und Van Hooff 2023: 9

40 Vgl. Aretz u. a. 2017; Griffin, Canevello und McAnulty 2018, auch wenn hier Freundschaften keine Beachtung finden, anders als in LeFebvre 2018 oder Timmermans und Courtois 2018, die Freundschaften als Teil eines »relationship motive« interpretieren.

41 Lenton und Stewart 2008

5. FUCKING FRIENDS (WITHOUT FUCKING IT UP)

1 Foucault 1984: 85

2 Illouz 2018: 102, 123 – was Stein u. a. 2019 empirisch differenzieren.

3 Übersetzung des Autors, Jong 1973: 10–11

4 Illouz 2018: 101, 106

5 Illouz 2018: 114

6 Illouz 2018: 115

7 Farvid, Braun und Rowney 2017, mit essayistischer Wucht: Penny 2017.

8 Konrad 2018: 131–132

9 Besonders dramatisch berichtet davon: Wade 2017.

10 Im Original: »Since the ideal that is held up [in hookups] is a stereotypically masculine way of engaging sexually, both men and women aim to have ›meaningless

sex‹. Expressing emotions is seen as weak. Hookup culture, strongly masculinized, demands carelessness, rewards callousness, and punishes kindness.« Wade 2017: 243.

11 Die meisten Erkenntnisse über F+ kommen aus den USA oder Kanada und werden an Universitäten durchgeführt, also hochspezifischen sozialen Räumen und Kulturen. Für den deutschen Raum gibt es keinerlei spezifische F+-Forschung.

12 Matthiesen 2017: 70

13 Illouz 2018: 148

14 Illouz 2018: 40

15 Ein Kofferwort aus Situation und Relationship (Beziehung). Der Begriff erlebte im Sommer 2022 bei Google-Suchanfragen einen Rekordanstieg.

16 Illouz 2018: 253

17 Das Wort ist ein Kunstwort und leitet sich vom substantivierten »casual« ab, im Englischen existiert es nicht.

18 Newerla 2021

19 hooks 2001: 8

20 Zur Theorie sexueller Skripte vgl. Simon und Gagnon 1986.

21 Collins, Welsh und Furman 2009: 641

22 Nicht-Monogamie wird sogar als noch »unmenschlicher« gesehen wie Nicht-Heterosexualität, vgl. Rodrigues u. a. 2018.

23 Hans, Gillen und Akande 2010 stellen fest, dass Oralsex nur von etwa 1/5 der Befragten überhaupt als Sex angesehen wird. Für das Primat der Penetration lohnt ein Blick in die feministischen Schriften der 70er-/80er-Jahre, etwa von Hite 1977; 1991. Gegenwärtig kritisiert auch Roig 2023: 184 ff. die Norm der Penetration in heterosexuellen Paarbeziehungen.

24 Brody und Costa 2009

25 Diese und die folgende Aussage: Lehmiller, VanderDrift und Kelly 2014

26 Sanchez, Fetterolf und Rudman 2012

27 An der deutschen Übersetzung entzückt mich stets der Doppelsinn von gliederlösend und glied-erlösend. Zitiert nach: Wolf und Wolf 2020: 9.

28 Morin 1996

29 Foucault 2017: 62 ff.

30 Das Alter, welches den Übergang vom männlichen Kind zu einem Jüngling markierte, wurde bei zwölf Jahren angesetzt; vgl. Murray 2000: 36. Die unterschiedlichen ethischen Diskurse und sexuellen Praktiken der Päderastie im antiken Griechenland sind vielfältig und weder lokal noch zeitlich vereinheitlicht zu sehen; vgl. Lear 2013. Eine moderne Sicht, die Kindern und Jugendlichen eine besondere sexuelle Schutzbedürftigkeit zuspricht und Päderastie von der Machtungleichheit

her problematisiert, existierte bei den antiken Griechen (ebenso wie bei Spartanern und Römern) jedoch nicht. Ich halte es für einen wichtigen ethischen Fortschritt, dass Kindern und Jugendlichen diese Würde zugestanden wird, was Päderastie weltweit zu einer geächteten Praxis gemacht hat.

31 Foucault 2017: 273

32 Butler 1999: 22

33 Bourdieu 2005: 45

34 Die Verschiebung des Fickens von der Penetration (penetrierend-penetriert) auf die Handlungsdynamik (aktiv-passiv) heißt freilich nicht, dass sich unser Sprachgebrauch sofort in Luft auflöst. Ich möchte nicht ignorieren, dass man durch und durch aktiv, ja geradezu befehlend, schreien kann: »Fick mich!« – und damit meinen, dass d:ie Andere eine:n mit weiß Gott was richtig hart durchnimmt. Mein Ziel ist es nicht, den Begriff einzuschränken. Ich biete an, ihn zu erweitern. Ficken meint in meinem Sinne beides, den konkreten Akt der Penetration und davon unabhängig die aktive Seite des sexuellen Miteinanders. Die Bedeutung des Fickens klärt sich dann je nach Situation.

35 Merleau-Ponty 2010: 199

6. EINE KLEINE GESCHICHTE DER EHE

1 Roig 2023

2 Engels 1975: 65

3 Kurt 2021: 66

4 Durch meine Konzentration auf die Ehe geraten Themen wie die Masturbation, die Kontrolle der Prostitution und die Gräuel des Kolonialismus in den Hintergrund, obwohl sie alle bedeutenden Einfluss auf die sexuellen Vorstellungen ihrer Zeit nahmen.

5 Eder 2009: 34

6 Rothenbacher und Fertig 2015

7 Wienfort 2014: 52 ff.

8 Witt 2017: 181 ff., 258 ff.

9 Luthers Vorschläge zur Scheidung fanden in der Rechtspraxis nicht unbedingt ihren Niederschlag, aber es geht mir um eine Diskursanalyse – und Luther brachte öffentlichkeitswirksame Argumente hervor, die immer wieder aufgegriffen wurden (vgl. Gerhard 2016). Luther stand mit den formalen Rechtswissenschaften ohnehin auf Kriegsfuß, er übertrieb es da gern – so ätzte er etwa in seinen Tischreden: »Ein jeglicher Jurist ist entweder ein Schalk oder ein Esel, der nichts kann in göttlichen Sachen« (zitiert nach Aland 1983: 197). Entsprechend unterschiedlich fiel die Wirkung der lutheranischen Schriften in Bezug auf die Ehe aus (Eder 2018: 201). So entschied etwa das anglikanische Parlament 1597 das Verbot der

Wiederverheiratung, was so ziemlich der Rechtssprechung der französischen Katholiken entsprach.

10 Luther 1530: 1

11 Dilcher 1993: 193

12 Zitiert nach Gerhard 2016: 12

13 Eder 2018: 320

14 Eder 2018: 367

15 Muchembled 2008: 82

16 Dabhoiwala 2014: 53

17 Dabhoiwala 2014: 24

18 Dabhoiwala 2014: 52 ff. Eder 2009: 52

19 Eder 2009: 59

20 CCC o. J. § 166

21 CCC o. J. § 118

22 Eder 2009: 54. Das zu schützende Rechtsgut Jungfräulichkeit wurde in Deutschland erst 1998 gestrichen (BGB o. J. § 1300). Bis dahin war die Entjungferung einer Frau, der fälschlicherweise eine Heirat versprochen wurde, mit einer Entschädigungszahlung auszugleichen, auch wenn das letzte Urteil hierzu 1980 gesprochen wurde.

23 Maximilian I. 1616: 707

24 Breit 1991: 68

25 Eder 2009: 74, was neben dem deutsch-österreichischen auch für den französischen Raum unter Heinrich II. gilt, vgl. Muchembled 2008: 110.

26 Muchembled 2008: 123–124

27 Medick 1980: 24 ff.

28 Muchembled 2008: 141 ff.

29 Zitiert nach Muchembled 2008: 129

30 Zitiert nach Faderman 1984: 108

31 Übersetzung des Autors, im Original:
While death-like sleep her friend's sensations drown'd,
She suck'd the poison from the throbbing wound!
Resign'd herself a victim to the grave,
A life far dearer than her own to save.

32 Wennerscheid 2008: 245 ff.

33 Übersetzung des Autors, im Original: »One would be hard put to find in any eighteenth-century novel a description of a man's love for a woman which contains

such a complete combination of physical, mental, and spiritual virtues.« Zitiert nach Faderman 1984: 108.

34 Übersetzung des Autors, im Original: »[pregnant with such] agonizing tenderness, heart-breaking sighs, and a flow of such bitter, yet delicious tears, that it were not easily decided whether the pleasure or the pain surmounted.« Zitiert nach Faderman 1984: 113.

35 Dabhoiwala 2014: 150

36 Heinz 2000: 59

37 Schlegel 1962: 11

38 Ebd. 35

39 Die Geschlechtergerechtigkeit der Lucinde sollte allerdings nicht überschätzt werden, natürlich muss sie ihre Lust als artige Frau später noch bereuen – Schlegel schreibt nicht wirklich aus einer feministischen Perspektive (Kotin 2018). Woher sollte die auch kommen? Schlegels Frau war ihm eng ergeben, gleichzeitig würdigte er ihre Arbeit kaum, wobei er trotzdem dauerhaft ihre Fähigkeiten als Übersetzerin und Lektorin in Anspruch nahm (Reiserer 2021).

40 Rehme-Iffert 2002: 115

41 Novalis 2001: 121

42 Günderrode 1992: 234

43 Wienfort 2014: 26–27

44 Arndt 1810: 47

45 Gesetz über die Beurkundung des Personenstandes und die Eheschließung 1875.

46 Vgl. Preußisches Eherecht 1894 § 25 (4) – in der Internetquelle auf Seite 171: 146.

47 Nationalsozialistisches Eherecht 1938 § 48 und § 53.

48 Stöcker 1905

49 Preußisches Eherecht 1894 § 25 (10b).

50 Kirsch 2005: 1

51 Herzog 2011: 6

52 Ebd. 7 ff.

53 Wolf 2021

54 Arni 2004

55 Der Essay enthält zahlreiche hochproblematische eugenische und sexistische Stereotype, aber er zeigt ein Geschlechterverhältnis an, welches die psychologische Komplexität individueller Charaktere anerkennt und respektiert. Key 1906: 174–175.

56 Arni 2009: 202

57 Krafft-Ebing 1896: 11

58 Van de Velde 1991: 163–164

59 Nationalsozialistisches Eherecht 1938 § 48 und 53; Preußisches Eherecht 1894 § 25 (4). Die Mordabsichten und die Flucht werden als Scheidungsgrund entfernt, vermutlich weil sie unter das weiterhin fortbestehende Zerrüttungsprinzip fallen.

60 Der Paragraf 1308 im BGB von 1900 findet keine Entsprechung im Nationalsozialistischen Eherecht von 1938.

61 Gerlach 2009

62 Herzog 2011: 67 ff.

63 Ebd. 99

64 Rothenbacher und Fertig 2015

65 Gewerbeordnung § 41a, vergleiche auch Herzog 2011: 152 ff.

66 Zitiert nach Wingen 2003: 274

67 Ab den 50er-Jahren allerdings mit dem Paragrafen, wie er vor den Nazis gegolten hat.

68 Herzog 2011: 100–101

69 Wobei hier allerdings angemerkt werden muss, dass zumindest in den ersten Jahren nach der Revolution viele bahnbrechende Entwicklungen zu verzeichnen waren – die Russische Sowjetrepublik legalisierte 1920 als erster Staat der Welt die Abtreibung. Das wurde in Kriegszeiten natürlich wieder rückabgewickelt. Das Wohl des Staates und der Armee steht historisch gesehen schon immer über dem Wohl des gebärenden Körpers.

70 BGB o. J. § 1354 und 1358

71 Resultiert aus BGB § 1356 in seiner Fassung zwischen 1958 und 1977.

72 Adorno 1963: 300

73 Francis 2013

74 Ich schließe hier Wissenschaftler:innen aus dem Osten wie etwa Kurt Starke explizit mit ein, womit ich »die 68er« auch als einen Sammelbegriff für all jene progressiven Kräfte verstehe, die in den 60er-Jahren in ganz Europa und den USA zu bedeutenden Umbrüchen der öffentlichen Wahrnehmung von Sexualität beitrugen. Im Folgenden meine ich mit »den 68ern« aber vor allem die studentischen Gruppen von Aktivist:innen im Westen, da ich in diesem Kapitel eine Rechtsgeschichte des BGB nachzeichne. Weil sich der Westen den Osten mehr oder weniger vollumfänglich juristisch einverleibte, kann ich nicht so stark auf das Familiengesetz der DDR eingehen. Es lässt sich festhalten, dass die liberalisierenden Entwicklungen im Sexual- und Eherecht im Osten ähnlich und in der Regel etwas früher ausfielen als im Westen.

75 Allerdings nicht unbedingt in der eigenen Familie, vgl. differenziert: von Hodenberg 2018: 56.

76 Etwas ausführlicher: Reichs Theorie nach kennt der menschliche Körper zwei zentrale Zustände: Spannung und Entspannung (im Folgenden nach: Reich 2014: 47–48). Spannung wird als unlustvoll erlebt, Entspannung als lustvoll. Da der Körper mit dem Orgasmus die maximale Entspannung erreicht, strebt er immer wieder danach. Wird ihm der Orgasmus verboten, also die Lust unterdrückt, staut sich Spannung auf und entlädt sich in Irrationalität, Verdrängung, psychologischen Projektionen. Und genau darauf hat es die faschistische Herrschaft abgesehen. Wenn die Nazis, so die Erzählung Reichs, auf allen Ebenen Lust unterdrücken, schaffen sie irrationale Perversionen, die instrumentalisiert werden können. Anstatt eine Freiheit der staatlichen Repression wird dann etwa ein von Juden befreites Volk propagiert. Für Reich hat die Institution der Ehe eben jene lustfeindliche Kontrollfunktion, die den Faschismus ermöglicht. In der traditionellen Familie kommt alles Verachtenswerte zusammen: Reinheit des Blutes, antiintellektuelles Kleinbürgertum, Herrschaft einer patriarchalen, autoritären Erziehung durch Zwang (ebd. 182 ff.). Als wirkungsvollstes Mittel gegen den Nationalsozialismus empfiehlt Reich demnach die freie, natürliche Entfaltung der gesunden Sexualität (was für Reich vor allem heißt: heterosexueller, genitaler Geschlechtsverkehr).

77 Ebd. 186

78 Hecht 2020

79 EMMA 2018

80 Zitiert nach von Hodenberg 2018: 167

81 Herzog 2008; historische Parallelen in Dickinson 2007

82 von Hodenberg 2018:104 ff. Schmincke 2015: 206 ff.

83 BGB § 1356, abgeschafft 1976

84 BGB § 1355, abgeschafft 1976

85 BGB § 1589, abgeschafft 1969

86 Teilweise Gleichstellung 1969, vollständige 1998.

87 BGB § 1303, abgeschafft 1974

88 StGB § 172, abgeschafft 1969

89 BGB § 1578, abgeschafft 1976

90 BGB § 1331 – § 1335 und § 1350, abgeschafft 1976.

91 Fischer 2021: 123, der § 177 StGB wurde entsprechend 1997 geändert.

92 BGB § 1300, abgeschafft 1998.

93 Das Ehegattensplitting begünstigt steuerlich Einkommensunterschiede der Ehegatten, was übermäßig oft Frauen materiell abhängig von ihren Männern macht, weil Frauen in einer patriarchalischen Gesellschaft im Schnitt wesentlich schlechter verdienen als Männer (Roig 2023). Das Abstammungsrecht sieht als Eltern nur die gebärende Frau als Mutter und den biologischen Vater als Vater vor, was den familiären Verhältnissen keineswegs entsprechen muss und daher die bloße Kör-

perlichkeit der Fortpflanzung über die soziale Realität des Kindes und seiner wichtigsten Bezugspersonen stellt (Eydlin 2023). Nicht unbeachtet sollte hier der rechtliche Güterstand bleiben, der in Deutschland – und in Europa sonst nur in Zypern – standardmäßig als Zugewinngemeinschaft besteht. Das heißt: Die vor der Ehe eingebrachten Vermögen bleiben getrennt bestehen, das in der Ehe erwirtschaftete Vermögen wird nach Trennung oder Tod geteilt. Allerdings obliegt es weiterhin dem Menschen, der das Vermögen besitzt, was damit geschieht, während beide Ehegatten noch leben. De facto schließt die Zugewinngemeinschaft zahlreiche Frauen (und nur wenige Männer) von einer Mitbestimmung des Vermögens während der Ehe aus. Dagegen steht die sogenannte Errungenschaftsgemeinschaft, die in vielen europäischen Ländern existiert, und die mit dem Ende der DDR auf deutschem Boden abgeschafft wurde. Hierbei wird alles Vermögen in der Ehe als gemeinsam verwaltetes Vermögen angesehen. Auch wenn sich die Sachverständigenkommission für den Gleichstellungsbericht der Bundesregierung bereits mehrfach für eine Errungenschaftsgemeinschaft ausgesprochen hat, finden sich keine Pläne, diese Expertenempfehlungen auch umzusetzen.

94 Beljan 2015: 327

95 Spiegel 1987

96 Tümmers 2012: 243

97 Spiegel 1992

98 Govrin 2022: 122

99 Tagesschau 2020

100 LSVD o. J.

101 Fortschritte in der Medizin haben bis auf wenige Ausnahmen sexuell übertragbare Krankheiten einfach behandelbar gemacht – was das Stigma von einem sexuell aktiven Leben nimmt. Sehr soziale Menschen oder Kita-Kinder, die sich mit vielen anderen Menschen treffen, werden ja auch nicht für Erkältungen geshamed. Zum Leben gehören Krankheiten – auch beim Sex.

102 Lewandowski 2008

7. MEINE MÄCHTIGEN FREUNDE: MÄNNER, MACHT UND MACHENSCHAFTEN

1 Aristoteles 2003: 213

2 Kühner 2016: 87–88

3 Wiertz 2020: 44 ff.

4 Hierzu passt die politische Praxis einer »Solidarität von unten«, vgl. (Govrin 2022: 45 ff., 164 ff.). Als ebenso universalistisches Gegenmodell »von oben« passt die philosophische Verteidigung der kantianisch-aufklärerischen Idee eines abstrakten Begriffs der Menschheit (Boehm 2022).

5 Arendt 2018: 54–55

6 Suttles 2017, wenngleich die Rolle der Widerständigkeit und Individualität im Lichte westlicher, *weißer* Ideale kritisch betrachtet werden muss, vgl. (Zakaria 2022: 110).

7 Freundschaft diene fortan als exklusiv privates »Kommunikationssystem« nur noch dazu, Intimität zu »codieren«, also auszudrücken. Deshalb auch konkurriere die Sprache und Symbolik der Freundschaft mit der Semantik der romantischen Liebe. Luhmann 2017: 102 ff., 147 ff.

8 Kurt 2021: 99 ff.

9 Campigotto, Rapallini, und Rustichini 2020; Schobin u. a. 2016: 117 ff.

10 Das beeinflusst auch die Partner:innenwahl, was sich durch Online-Dating sogar noch verschärft, wie die Modelle von Ortega und Hergovich 2017 zeigen.

11 Haug 2010

12 Zhao 2023

13 brown 2013

14 Davis 1983: 104

15 Kendall 2020: 87

16 Baiocco u. a. 2012

17 Roig 2023

18 Diese Aussage lässt sich als normativ gewendete Idee der »differenzierten Freundschaft« des Soziologen Georg Simmel verstehen, der die soziale Differenzierung komplexer Gesellschaften mit der Herausbildung von Freundschaften assoziiert, die einem bestimmten Zweck oder einem bestimmten Interesse dienen. Nicht mehr d:ie Freund:in in ihrer Gesamtheit, sondern in einer besonderen Funktion füllt die Freundschaft aus. Mir erscheint die bloße Strukturähnlichkeit zwischen Gesellschaft und Freundschaft als zu bürokratisch, da sie die Machtverhältnisse nicht berücksichtigt, die meiner Ansicht nach die Bedingungen der Freundschaft bilden; vgl. Simmel 2021: 401.

19 Jacobs Studie 2014

20 Weiterführend: Eickenrodt 1998.

21 Zitiert nach Hoock-Demarle 1998: 171

22 Ebd. 172

23 Kraß 2016

24 Eder 2009: 159

25 In der Industrialisierung des 19. Jahrhunderts schufteten auch Kinder und Frauen in den Fabriken, deren Anteil jedoch stetig abnahm (Simonton 2003: 137). Mir geht es hier um die Überlagerung von Belastungen, die intime Männerfreundschaften erschweren. Auch lege ich hier einen Schwerpunkt auf europäischen Bo-

den. Die Verhältnisse unter dem Terror der Sklaverei führten zu ganz anderen Formen des sozialen Zusammenhalts, vgl. Davis 2022: 20–21.

26 Theweleit 2020: 764

27 Miller 1988

28 Wright 1982

29 Hall 2011, obwohl ich an dieser Stelle kritisch auf die evolutionsbiologischen Schlussfolgerungen der ansonsten interessanten Meta-Studie hinweisen möchte.

30 Jacobs Studie 2014: 56 ff.

31 Cox 2021

32 Alleweldt 2016: 112

33 Levant u. a. 2006

34 Kirke 2009

35 Auch hier sind 80 bis 90 Prozent der Freundschaften gleichgeschlechtlich, allerdings wurde anders als in der Studie von Kirke 2009, die eine umfangreiche Netzwerkanaylse vornimmt, nur nach dem Geschlecht de:r besten Freund:in gefragt. (Knecht und Schobin 2016: 120)

36 Warum das so ist, wird aus der Geschichte der Freundschaftsforschung deutlich. Erst seit der Jahrtausendwende widmen sich Wissenschaftler:innen zunehmend der gemischtgeschlechtlichen Freundschaft; vgl. Werking 1997. Noch in den fortgeschrittenen 2000er-Jahren leiten Fuhrman, Flannagan und Matamoros 2009 ihre Studie bezeichnenderweise mit folgendem Satz ein: »Although cross-sex friendships are important interpersonal relationships for many individuals, we still do not fully understand the nature of these friendships.«

37 Im Folgenden zitiert nach Altmann 2023.

38 Buss 2016: 34. Übersetzung des Autors, im Original: »Because women in our evolutionary past risked enormous investment as a consequence of having sex, evolution favored women who were highly selective about their mates.«

39 Buss 2016: 70. Übersetzung des Autors, im Original: »[s]ince all an ancestral man needed to do to reproduce was to impregnate a woman – casual sex without commitment would have achieved this goal.«

40 Bateman 1948, vgl. vertiefend Snyder und Gowaty 2007.

41 Ugur, Chen und Bellen 2016

42 Archer 2006; Fine 2017; Jordan-Young und Karkazis 2019. Die »Vergeschlechtlichung« der Sexualhormone als dem männlichen Testosteron und dem weiblichen Östrogen hat eine lange Geschichte. Ob der Wissenschaft mit dieser Trennung ein Dienst getan wurde, erscheint zumindest fraglich; vielmehr schien es die Forschung an der Rolle von Testosteron beispielsweise bei der Produktion von Eizellen verhindert zu haben. Nicht aus bösem Willen, sondern einfach, weil niemand auf die Idee kam, dass ein so »männliches« Hormon wie Testosteron daran mitwirken

könnte. Ähnlich problematisch bleibt die Verschränkung von Klasse und Rasse in der Testosteronforschung (zu bekannt ist das Stereotyp der »jungen, aggressiven, Schwarzen Männer aus schwierigen Verhältnissen«, vgl. Jordan-Young und Karkazis 2019: 53 ff.

43 Sapolsky 2017: 135. Übersetzung des Autors, im Original: »The brain doesn't pay attention to fluctuations of testosterone levels within the normal range.«

44 Basaria u. a. 2015; Corona u. a. 2017; Rastrelli, Corona und Maggi 2018

45 Buena u. a. 1993; Isidori u. a. 2005; Travison u. a. 2006

46 Van Anders 2012

47 Das und Sawin 2016

48 Fine 2017

49 Frankenbach u. a. 2022

50 Bei Primaten stellt es eher die Regel als die Ausnahme dar, dass über den Eisprung hinaus Paarungsverhalten zu beobachten ist (Martin 2007). In der Forschung nennt man diesen Umstand »erweiterte weibliche Sexualität« (Thornhill und Gangestad 2008:37), sie findet sich neben partnerschaftlich lebenden Vögeln vor allem bei Primaten. Bei Frauen ist diese erweiterte Sexualität extrem stark ausgeprägt, da sie in allen Phasen des Zyklus Geschlechtsverkehr haben (Caruso u. a. 2014).

51 Hrdy 2009

52 Ausschließlich großmütterliche Pflege wurde bei wenigen Tieren beobachtet – darunter einige Affenarten wie Gorillas (Nakamichi u. a. 2004), Pottwale (Konrad u. a. 2018, siehe Abschnitt 3.4), Orcas (Nattrass u. a. 2019) und Elefanten (Lahdenperä, Mar und Lummaa 2016).

53 Meltzer u. a. 2017

8. ALLES KONSENS, ALLES GUT? ÜBER UNSERE INTIMSTEN WIDERSPRÜCHE

1 Bachmann 1978: 60

2 Vgl. zum Verhältnis von Ekel und Erotik Bataille 2020: 192 ff.

3 Der Begriff der Intimität wird in diesem Kapitel in seiner psychologischen, mikrosoziologischen Bedeutung hin untersucht. Die Intimität lässt sich auch politisch und makrosoziologisch verstehen, da das Intime einen Privatraum absteckt, der sich naturgemäß vom Öffentlichen abgrenzt. Das Öffentliche aber unterliegt der gesellschaftlichen Verhandlung. Beispielhaft beschreibt die Soziologin Ara Wilson *Gated Communities* als private Räume, die durch eine nicht private Öffentlichkeit geschaffen wurden (Wilson 2014). Auch was als angemessener intimer Umgang gilt und was nicht, unterliegt der Deutungsmacht herrschender Klassen, wovon geschichtlich das Verbot »gemischtrassiger« Ehen oder die explizit »europäische« Erziehung von *weißen* Kindern in Kolonien fernab Europas zeugen (ebd. 70–71). Wilson beobachtet interessanterweise, dass der Begriff der Identität in den Queer

Studies zunehmend durch Intimität ersetzt wird, da Letztere einen relationalen Blick einnimmt und Gender, Geschlecht, Sexualität oder *Rasse* als Faktoren ansieht, die auf Beziehungen einwirken und sie solcherart mit Macht verknüpfen (ebd. 75).

4 Die verschworene Gemeinschaft hält Marar 2012: 15–16, 65ff für ein zentrales Element der Intimität.

5 Schnarch 2009: 76

6 Ebd. 138

7 Ebd. 77

8 Ebd. 130

9 Ebd. 133

10 Ebd. 134

11 Ebd. 135

12 Ebd. 151, was wohl dazu führt, dass sich Trennungsgespräche so anfühlen können, als wäre man eigentlich gerade wieder zusammengekommen.

13 Ebd. 135

14 Halatsis und Christakis 2009

15 Prager 1995: 18

16 Hierbei orientiert sich Prager am einflussreichen Modell der Intimität als interpersonaler Prozess nach Harry Reis und Phillip Shaver, vgl. Shaver und Reis 1988. In der Interaktion legt Prager Wert auf die dyadische Struktur der Intimität, obwohl sie anerkennt, dass sie auch einseitig erfolgen kann (wofür beispielsweise Ruland 2015 plädiert). Da ich an dieser Stelle freundschaftliche und sexuell einvernehmliche Beziehungen behandle, wird die einseitige Intimität nicht tiefer untersucht.

17 Prager 1995: 20

18 Bei Shaver und Reis 1988 unter den Aspekten des *caring* und der *validation* diskutiert.

19 Für Prager ist die Positivität der Erfahrung wichtig, bei Schnarch war die bedingungslos positive Anteilnahme nur mit fremdbestätigter Intimität im Rahmen einer Beziehung verknüpft. Prager untersucht allerdings intime Interaktionen einer bestimmten Situation und behandelt intime Beziehungen an anderer Stelle, weshalb sie auf die positive Erfahrung der Interaktion beharrt.

20 Prager 1995: 65. Damit stimmen auch die von Marar 2012 aufgezählten Eigenschaften der Intimität überein: Sie ist gegenseitig, verschwörerisch (im Sinne des anvertrauten Geheimnisses, *conspirational*), emotional und wohlwollend zugewandt (*kind*). Pragers Hypothesen wurden überdies empirisch von Laurenceau, Barrett und Pietromonaco 1998 bestätigt, wenngleich der mediierende Effekt der Responsivität nicht allzu stark ausfiel.

21 Hite 1977: 280

22 Hite 1991: 417

23 Schwarzer 1975: 51

24 Prager 1995: 24, 66

25 Laurenceau u. a. 1998

26 Morin 1996

27 Zitiert nach Wiertz 2020: 77.

28 Mongeau u. a. 2013

29 In der weiter oben diskutierten Dreieckstheorie der Liebe von Sternberg 1986 wird die emotionale Intimität unabhängig von der Verbindlichkeit untersucht. An dieser Stelle habe ich mich für eine leicht abweichende Terminologie entschieden.

30 Brogaard 2019: 466–467. Auch der Ausdruck tief liegender sexueller Charakterzüge (Morin 1996 spricht von »core erotic themes«), die in einer F+ zum Vorschein kommen können, weckt unter Umständen heftige Gefühle.

31 Giddens 2016

32 Perel 2006: 25

33 Es sind genau jene Fragen, die die Paartherapeutin Betty Martin in ihrem »Rad des Konsens« zusammenstellt, vgl. Martin 2021.

34 Vgl. historisch Eder 2009: 348

35 Chollet 2020

36 Eder 2009: 143

37 Giddens 2016: 107; Schmidt 1998: 127

38 Vgl. eindringlich Penny 2017: 63

39 Angel 2022: 33; Sanyal 2020: 20 ff.

40 Hier reicht ein Blick in die offiziellen, vom US-amerikanischen Gesundheitsministerium ausgegebenen Informationen, vgl. CDC (Centers for Disease Control and Prevention) 2023. Auch in Deutschland gibt es entsprechende Untersuchungen, etwa vom Robert Koch-Institut, vgl. RKI 2008: 33 ff.

41 Fischer 2021: 123

42 Ebd. 127

43 Emcke 2019: 24 ff.

44 Torenz 2019: 66 ff.

45 Konrad 2018: 141

46 Schutzbach 2021: 41 ff.

47 Derrida 2018: 86

48 Perel 2022: 260

49 Illouz 2021: 334

50 Torenz 2019: 122 ff.

51 Auch wenn mit zunehmendem Alter eine bessere Unterscheidung zwischen imaginärem Porno und echtem Leben gezogen werden kann, ist der Einfluss von Pornografie auf jugendliche Sexualpraktiken nicht zu verneinen, vgl. am Beispiel von *Rough Sex*, Döring 2023.

52 Angel 2022: 49

53 BMFSFJ – Bundesministerium für Familie, Senioren, Frauen und Jugend 2004: 46

9. EIN DING DER (UN-)MÖGLICHKEIT

1 Popularisiert durch das (fragwürdige) Selbsthilfe-Buch »The Ethical Slut« von Easton und Hardy 2017.

2 So der geniale Titel von Kurt 2021.

3 Mongeau u. a. 2013 haben empirisch untersucht, inwiefern sexuelle Freundschaften als Beziehungseinstieg dienen, Illouz 2021 zeigt hingegen auf, wie geschlechtlich geprägte Interessenskonflikte darauf einwirken.

4 Ungewichteter Mittelwert aus Mongeau u. a. 2013; Stein u. a. 2019; Weger u. a. 2019, die sich alle derselben Kategorisierung sexueller Freundschaften bedienen.

5 Stein u. a. 2019

6 Vgl. zur lebensphasengebundenen Sexualität von deutschen Student:innen Matthiesen 2017.

7 Illouz 2018

8 Illouz 2018: 40

9 Aus den Zahlen geht leider nicht hervor, ob die Trennung erfolgte, weil eine:r der beiden seit Beginn erfolglos versucht hat, die F+ in eine Beziehung zu transformieren, oder ob eine einseitige Liebe erst nach einiger Zeit entstanden ist und unerträglich wurde. Aber es zeigt einen Trend, der auch den zweiten Vorwurf empirisch begründet. Die Zahlen basieren auf den ungewichteten Werten von: Afifi und Faulkner 2000; Bisson und Levine 2009; Halatsis und Christakis 2009; Machia u. a. 2020; Mongeau u. a. 2013; Owen, Fincham, und Manthos 2013; Stein u. a. 2019; Vanderdrift u. a. 2012; Weger u. a. 2019.

10 Stinson u. a. 2022

11 Hierzu liegen in Kontrast zu Stinson auch andere Studien vor, die nicht nur Student:innen, sondern die Gesamtbevölkerung im Blick haben, vgl. Rosenfeld u. a. 2019.

12 Lemay und Wolf 2016

13 Trask, Horstman, und Hesse 2020

14 Schnarch 2009: 23

15 Illouz 2018: 187

16 Fuhrman u. a. 2009

17 Klusmann 2002; Matthiesen, Dekker und Briken 2018; Schmidt 2005; Scott, Carrillo und Rivera 2014

18 Darauf weist auch Aristoteles hin, vgl. Aristoteles 2003: 238.

19 Owen u. a. 2013

20 Aristoteles 2003: 265

21 Owen u. a. 2013

22 Stephens 2010

23 Bovenschen 2009: 19

10. LASS UNS FREUNDE BLEIBEN

1 Lorde 2022: 56

2 Haraway 2018: 141

3 Salami 2021

4 Übersetzung des Autors, Block 1980: 107–108

5 Damit paraphrasiere ich ein Fazit, welches Cyfer 2022: 279 aus der Analyse der Subjekttheorien Laplanches, Butlers und Benhabibs zieht. Ich fühle mich dem Gedanken verbunden, dass »die Handlungsfähigkeit des erzählbaren Selbst [nicht] bedeutet (…), dass die psychosozialen Rätsel gelöst werden, sondern sie bedeutet die Möglichkeit, dass wir die Suche nach der Lösung und mit ihr die Phantasien von Omnipotenz und Kohärenz aufgeben«.

6 Simone und Rodis [Regisseur] 1970

LITERATURVERZEICHNIS

Im Literaturverzeichnis habe ich grundsätzlich alle an der Studie beteiligten Personen angegeben, weil Wissenschaft ein gemeinsamer Prozess ist, an dem Menschen immer gemeinsam arbeiten, die deshalb nicht in einem »et al.« / »und Kolleg:innen« untergehen sollten. Außerdem habe ich die Vornamen angeführt, um Geschlechterverhältnisse abzubilden, da in der Wissenschaft und ihren Institutionen leider immer noch starke patriarchale Strukturen herrschen. Sichtbarkeit ist ein erster Schritt, um Ungleichheit zu bekämpfen.

Abramova, Olga, Annika Baumann, Hanna Krasnova und Peter Buxmann (2016): »Gender differences in online dating: What do we know so far? A systematic literature review«. S. 3858–3867. Erschienen in: *2016 49th Hawaii International Conference on System Sciences (HICSS)*. IEEE.

Adamczak, Bini (2017): *Beziehungsweise Revolution: 1917, 1968 und kommende*. 2. Auflage. Berlin: Suhrkamp.

Adorno, Theodor W. (1963): »Sexualtabus und Recht heute«. Erschienen in: *Sexualität und Verbrechen*. Frankfurt am Main, Hamburg: Fischer Bücherei.

Afifi, Walid A., und Sandra L. Faulkner (2000): »On Being ›Just Friends‹: The Frequency and Impact of Sexual Activity in cross-sex Friendships«. *Journal of Social and Personal relationships*. Ausgabe 17(2): S. 205–222. doi: 10.1177/0265407500172003.

Aland, Kurt (1983): *Martin Luther – Tischreden*. Göttingen: Vandenhoeck & Ruprecht.

Alleweldt, Erika (2016): »Sozialstrukturierung von Freundschaft und soziale Ungleichheit«. S. 107–116. Erschienen in: *Freundschaft heute: eine Einführung in die Freundschaftssoziologie, Kulturen der Gesellschaft*. Bielefeld: Transcript.

Altmann, Tobias (2023): »Avoiding Cross-Sex Friendships: The Separability of People with and without Cross-Sex Friends«. *Current Psychology*. Ausgabe 42(12): S. 10107–10114. doi: 10.1007/s12144-021-02315-0.

Amos, Jonathan (2005): »Ancient phallus unearthed in cave«. *BBC News*. http://news.bbc.co.uk/2/hi/science/nature/4713323.stm, zuletzt abgerufen am 20. November 2023.

Angel, Katherine (2022): *Morgen wird Sex wieder gut: Frauen und Begehren*. 1. Auflage. München: Hanser.

Archer, John (2006): »Testosterone and Human Aggression: An Evaluation of the Challenge Hypothesis«. *Neuroscience & Biobehavioral Reviews*. Ausgabe 30(3): S. 319–345. doi: 10.1016/j.neubiorev.2004.12.007.

Arendt, Hannah (2018): *Freundschaft in finsteren Zeiten: Die Lessing-Rede mit Erinnerungen von Richard Bernstein, Mary McCarthy, Alfred Kazin und Jerome Kohn*. Fröhliche Wissenschaft, Bd. 131. Berlin: Matthes & Seitz.

Aretz, Wera, Dominic-Nicolas Gansen-Ammann, Katja Mierke und Annika Musiol (2017): »Date me if you can: Ein systematischer Überblick über den aktuellen Forschungsstand von Online-Dating«. *Zeitschrift für Sexualforschung*. Ausgabe 30(01): S. 7–34. doi: 10.1055/s-0043-101465.

Aristoteles (2003): *Nikomachische Ethik*. Nachdruck. Stuttgart: Reclam.

Arndt, Ernst Moritz (1810): *Der Bauernstand, politisch betrachtet*. Berlin: Schmidt.

Arndt, Susan (2020): *Sexismus: Geschichte einer Unterdrückung*. München: C.H. Beck.

Arni, Caroline (2004): »Simultaneous Love: An Argument on Love, Modernity and the Feminist Subject at the Beginning of the Twentieth Century«. *European Review of History: Revue Européenne d'histoire*. Ausgabe 11(2): S. 185–205. doi: 10.1080/1350748042000240541.

Arni, Caroline (2009): »Seelengesetze mit Gesellschaftswert. Weibliche Subjektwerdung und die Utopie menschlicher Perfektion in der feministisch-sexualreformerischen Liebesethik um 1900«. *Feministische Studien*. Ausgabe 27(2): S. 196–209. doi: 10.1515/fs-2009-0204.

Aron, Arthur, Donald G. Dutton, Elaine N. Aron und Adrienne Iverson (1989): »Experiences of falling in love«. *Journal of Social and Personal Relationships*. Ausgabe 6(3): S. 243–257. doi: 10.1177/0265407589063001.

Bachmann, Ingeborg (1978): *Anrufung des Großen Bären: Gedichte*. München: Piper.

Baiocco, Roberto, Fiorenzo Laghi, Ileana Di Pomponio und Concetta Simona Nigito (2012): »Self-disclosure to the Best Friend: Friendship Quality and Internalized Sexual Stigma in Italian Lesbian and Gay Adolescents«. *Journal of Adolescence*. Ausgabe 35(2): S. 381–387. doi: 10.1016/j.adolescence.2011.08.002.

Bancroft, John (2009): *Human Sexuality and Its Problems*. 3. Auflage. Edinburgh: Churchill Livingstone/Elsevier.

Basaria, Shehzad, S. Mitchell Harman, Thomas G. Travison, Howard Hodis, Panayiotis Tsitouras, Matthew Budoff, Karol M. Pencina, Joseph Vita, Connie Dzekov, Norman A. Mazer, Andrea D. Coviello, Philip E. Knapp, Kathleen Hally, Emma Pinjic, Mingzhu Yan, Thomas W. Storer und Shalender Bhasin (2015): »Effects of testosterone administration for 3 years on subclinical atherosclerosis progression in older men with low or low-normal testosterone levels: a randomized clinical trial«. *Jama*. Ausgabe 314(6): S. 570–581. doi: 10.1001/jama.2015.8881.

Bataille, Georges (2020): *Die Erotik*. Berlin: Matthes & Seitz.

Bateman, Angus J. (1948): »Intra-sexual selection in Drosophila«. *Heredity*. Ausgabe 2(3): S. 349–368.

Baumeister, Roy F. (2000): »Gender differences in erotic plasticity: the female sex drive as socially flexible and responsive.« *Psychological Bulletin*. Ausgabe 126(3): S. 347. doi: 10.1037/0033-2909.126.3.347.

Beach, Frank A. (1976): »Sexual Attractivity, Proceptivity, and Receptivity in Female Mammals«. *Hormones and Behavior*. Ausgabe 7(1): S. 105–138. doi: 10.1016/0018-506X(76)90008-8.

Becker, Sophinette (2021): *Leidenschaftlich analytisch: Texte zu Sexualität, Geschlecht und Psychoanalyse*. Gießen: Psychosozial Verlag.

Beljan, Magdalena (2015): »›Unlust bei der Lust‹? Aids, HIV & Sexualität in der BRD«. S. 323–346. Erschienen in: *Sexuelle Revolution? Zur Geschichte der Sexualität im deutschsprachigen Raum seit den 1960er Jahren*. Jg. 9. Bielefeld: transcript Verlag.

Berger, Manfred (2016): *Geschichte des Kindergartens. Von den ersten vorschulischen Einrichtungen des 18. Jahrhunderts bis zur Kindertagesstätte im 21. Jahrhundert*. Frankfurt am Main: Brandes & Apsel.

BGB (o. J.): *Bürgerliches Gesetzbuch*.

Birnbaum, Gurit E., Mor Iluz, Einat Plotkin, Lihi Tibi, Ronit Hematian, Moran Mizrahi und Harry T. Reis (2020): »Seeing What You Want to See: Sexual Activation Makes Potential Partners Seem More Appealing and Romantically Interested«. *Journal of Social and Personal Relationships*. Ausgabe 37(12): S. 3051–3069. doi: 10.1177/0265407520952162.

Birnbaum, Gurit E. und Harry T. Reis (2019): »Evolved to Be Connected: The Dynamics of Attachment and Sex over the Course of Romantic Relationships«. *Current Opinion in Psychology*. Ausgabe 25: S. 11–15. doi: 10.1016/j.copsyc.2018.02.005.

Bisson, Melissa A., und Timothy R. Levine (2009): »Negotiating a friends with benefits relationship«. *Archives of Sexual Behavior*. Ausgabe 38(1): S. 66–73. doi: 10.1007/s10508-007-9211-2.

Bitkom (2019): »Jeder dritte Deutsche sucht die Liebe im Internet«. www.bitkom.org/Presse/Presseinformation/Jeder-dritte-Deutsche-sucht-die-Liebe-im-Internet, zuletzt abgerufen am 30. Mai 2023.

Blanchflower, David G., und Andrew J. Oswald (2004): »Money, sex and happiness: An empirical study«. *The Scandinavian Journal of Economics*. Ausgabe 106(3): S. 393–415. doi: 10.3386/w10499.

Block, Joel D. (1980): *Friendship. How to give it, how to get it*. Los Angeles: Wellness Institute Inc.

Block, Joel D. (2006): *Art of the Quickie. Fast Sex, Fast Orgasm, Anytime, Anywhere*. Gloucester: Quiver.

BMFSFJ – Bundesministerium für Familie, Senioren, Frauen und Jugend (2004): »Lebenssituation, Sicherheit und Gesundheit von Frauen in Deutschland. Eine repräsentative Umfrage zu Gewalt gegen Frauen in Deutschland.« www.bmfsfj.de/resource/blob/84328/0c83aab6e685eeddc01712109bcb02b0/langfassung-studie-frauen-teil-eins-data.pdf, zuletzt abgerufen am 23. November 2023.

Boehm, Omri (2022): *Radikaler Universalismus. Jenseits von Identität*. Berlin: Propyläen.

Böning, Jürgen (2012): »Zur Geschichte der Kinderarbeit in Deutschland und Europa«. *Aus Politik und Zeitgeschichte*. www.bpb.de/shop/zeitschriften/apuz/146095/zur-geschichte-der-kinderarbeit-in-deutschland-und-europa, zuletzt abgerufen am 11. Dezember 23.

Booth, Alan, und Elaine Hess (1974): »Cross-sex friendship«. *Journal of Marriage and the Family*. S. 38–47.

Bourdieu, Pierre (2005): *Die männliche Herrschaft*. Frankfurt am Main: Suhrkamp.

Bovenschen, Silvia (2009): *Schlimmer machen, schlimmer lachen: Aufsätze und Streitschriften*. Frankfurt am Main: Fischer Taschenbuch.

Bradac, James J. (1983): »The language of lovers, flovers, and friends: Communicating in social and personal relationships«. *Journal of Language and Social Psychology*. Ausgabe 2(2–3–4): S. 141–162. doi: 10.1177/0261927x8300200205.

Breit, Stefan (1991): *»Leichtfertigkeit« und ländliche Gesellschaft: Voreheliche Sexualität in der frühen Neuzeit*. München: DeGruyter.

Brody, Stuart, und Rui Miguel Costa (2009): »Satisfaction (Sexual, Life, Relationship, and Mental Health) Is Associated Directly with Penile–Vaginal Intercourse, but Inversely with Other Sexual Behavior Frequencies«. *The Journal of Sexual Medicine*. Ausgabe 6(7): S. 1947–1954. doi: 10.1111/j.1743-6109.2009.01303.x.

Brogaard, Berit (2019): »Love in Contemporary Psychology and Neuroscience«. S. 465–478. Erschienen in: *The Routledge Handbook of Love in Philosophy*. London: Routledge.

brown, adrienne maree (2013): »Coevolution through friendship.« https://adriennemareebrown.net/2013/02/05/coevolution-through-friendship/, zuletzt abgeruθ fen am 21. November 2023.

Buena, Felicitas, Ronald S. Swerdloff, Barbara S. Steiner, Preetam Lutchmansingh, Margaret A. Peterson, Murugan R. Pandian, Mirta Galmarini und Shalender Bhasin (1993): »Sexual function does not change when serum testosterone levels are pharmacologically varied within the normal male range«. *Fertility and sterility*. Ausgabe 59(5): S. 1118–1123. doi: 10.1016/s0015-0282(16)55938-x.

Buss, David, M. (2016): *The evolution of desire: Strategies of human mating*. 2. Auflage. New York: Basic Books.

Butler, Judith (1999): *Gender Trouble. Feminism and the Subversion of Identity*. London: Routledge.

Campigotto, Nicola, Chiara Rapallini und Aldo Rustichini (2020): »School Friendship Networks, Homophily and Multiculturalism: Evidence from European Countries«. Erschienen in: *GLO Discussions Paper*. Jg. 695. Essen.

Carter, C. Sue (2022): »Oxytocin and Love: Myths, Metaphors and Mysteries«. *Comprehensive Psychoneuroendocrinology*. Ausgabe 9: S. 100107. doi: 10.1016/j.cpnec.2021.100107.

Caruso, Salvatore, Carmela Agnello, Chiara Malandrino, Lucia Lo Presti, Carla Cicero und Stefano Cianci (2014): »Do Hormones Influence Women's Sex? Sexual Activity over the Menstrual Cycle«. *The Journal of Sexual Medicine*. Ausgabe 11(1): S. 211–221. doi: 10.1111/jsm.12348.

CCC (o. J.): *Constitutio Criminalis Carolina – Die peinliche Gerichtsordnung Kaiser Karls V. und des Heiligen Römischen Reichs von 1532*.

CDC (Centers for Disease Control and Prevention) (2023): »Working Together to Reduce Black Maternal Mortality«. www.cdc.gov/healthequity/features/maternal-mortality/index.html, zuletzt abgerufen am 21.11.23.

Chollet, Mona (2020): *Hexen: Die unbesiegte Macht der Frauen*. 1. Auflage. Hamburg: Edition Nautilus.

Collins, W. Andrew, Deborah P. Welsh und Wyndol Furman (2009): »Adolescent Romantic Relationships«. *Annual Review of Psychology*. Ausgabe 60(1): S. 631–652. doi: 10.1146/annurev.psych.60.110707.163459.

Corona, Giovanni, Giulia Rastrelli, Abraham Morgentaler, Alessandra Sforza, Edoardo Mannucci und Mario Maggi (2017): »Meta-Analysis of Results of Testosterone Therapy on Sexual Function Based on International Index of Erectile Function Scores«. *European Urology*. Ausgabe 72(6): S. 1000–1011. doi: 10.1016/j.eururo.2017.03.032.

Cox, Daniel A. (2021): »The State of American Friendship: Change, Challenges, and Loss«. *Survey Center of American Life*, Artikel vom 6. August.

Cyfer, Ingrid (2022): »Paradigmenkriege der feministischen Theorie« – Zum Problem der Subjektivierung bei Seyla Benhabib und Judith Butler«. S. 265–285. Erschienen in: *Kritische Theorie und Feminismus, Suhrkamp Taschenbuch Wissenschaft*. Berlin: Suhrkamp.

Dabhoiwala, Faramerz (2014): *Lust und Freiheit: die Geschichte der ersten sexuellen Revolution*. Stuttgart: Klett-Cotta.

D'Angelo, Jonathan D., und Catalina L. Toma (2017): »There Are Plenty of Fish in the Sea: The Effects of Choice Overload and Reversibility on Online Daters' Satisfaction With Selected Partners«. *Media Psychology*. Ausgabe 20(1): S. 1–27. doi: 10.1080/15213269.2015.1121827.

Das, Aniruddha, und Nicole Sawin (2016): »Social Modulation or Hormonal Causation? Linkages of Testosterone with Sexual Activity and Relationship Quality in a Nationally Representative Longitudinal Sample of Older Adults«. *Archives of Sexual Behavior*. Ausgabe 45(8): S. 2101–2115. doi: 10.1007/s10508-016-0815-2.

Davis, Angela (1983): *Women, Race, and Class*. New York: Random House.

Davis, Angela (2022): *Rassismus, Sexismus und Klassenkampf*. 1. Auflage. Münster: Unrast.

Davis, R. L. (2008): »›Not Marriage at All, but Simple Harlotry‹: The Companionate Marriage Controversy«. *Journal of American History*. Ausgabe 94(4): S. 1137–1163. doi: 10.2307/25095323.

Derrida, Jacques (2018): *Politik der Freundschaft*. 5. Auflage. Frankfurt am Main: Suhrkamp.

Diamond, Lisa M. (2003a): »Was It a Phase? Young Women's Relinquishment of Lesbian/Bisexual Identities over a 5-Year Period.« *Journal of Personality and Social Psychology*. Ausgabe 84(2): S. 352–364. doi: 10.1037/0022-3514.84.2.352.

Diamond, Lisa M. (2003b): »What Does Sexual Orientation Orient? A Biobehavioral Model Distinguishing Romantic Love and Sexual Desire«. *Psychological Review*. Ausgabe 110(1): S. 173–192. doi: 10.1037/0033-295X.110.1.173.

Diamond, Lisa M. (2016): »Sexual Fluidity in Male and Females«. *Current Sexual Health Reports*. Ausgabe 8(4): S. 249–256. doi: 10.1007/s11930-016-0092-z.

Dickinson, Edward Ross (2007): »A Dark, Impenetrable Wall of Complete Incomprehension: The Impossibility of Heterosexual Love in Imperial Germany«. *Central European History*. Ausgabe 40(3): S. 467–497. doi: 10.1017/S0008938907000805.

DiDonato, Theresa E. (2015): »How Can You Tell When You Should Just Be Friends?« *Psychology Today*, Artikel vom 14. Januar.

Dilcher, Gerhard (1993): »Religiöse Legitimation und gesellschaftliche Ordnungsaufgabe des Eherechts in der Reformationszeit«. S. 189–198. Erschienen in: *Glaube und Eid*. Berlin, Boston: DeGruyter.

Dinh, Rachel, Patrick Gildersleve, Chris Blex und Taha Yasseri (2022): »Computational Courtship Understanding the Evolution of Online Dating through Large-Scale Data Analysis«. *Journal of Computational Social Science*. Ausgabe 5(1): S. 401–426. doi: 10.1007/s42001-021-00132-w.

Döring, Nicola (2023): »Rough Sex: Aktueller Diskussions- und Forschungsstand«. *Zeitschrift für Sexualforschung*. Ausgabe 36(02): S. 102–111. doi: 10.1055/a-2014-1356.

Easton, Dossie, und Janet W. Hardy (2017): *The ethical slut: a practical guide to polyamory, open relationships and other freedoms in sex and love*. 3. Auflage. California: Ten Speed Press.

Eder, Franz X. (2009): *Kultur der Begierde: eine Geschichte der Sexualität*. 2., erw. Auflage, Originalausgabe. München: C. H.Beck.

Eder, Franz X. (2018): *Eros, Wollust, Sünde: Sexualität in Europa von der Antike bis in die frühe Neuzeit*. Frankfurt am Main: Campus Verlag.

Ehrenreich, Barbara (1983): *The hearts of men: American dreams and the flight from commitment*. Garden City: Anchor Pr./Doubleday.

Eickenrodt, Sabine, Hrsg. (1998): *Freundschaft im Gespräch*. Stuttgart, Weimar: Metzler.

Ekman, Paul (1970): »Universal facial expressions of emotion.« *California Mental Health Research Digest*. Ausgabe 8(4): S. 151–158.

Elfenbein, Hillary Anger, und Nalini Ambady (2002): »On the Universality and Cultural Specificity of Emotion Recognition: A Meta-Analysis«. *Psychological Bulletin*. Ausgabe 128(2): S. 203–235. doi: 10.1037/0033-2909.128.2.203.

Elitepartner (2018): »So liebt Deutschland. Beziehungsängste, Trends und Sexhäufigkeit«. www.mynewsdesk.com/de/elitepartner/documents/elitepartner-studie-2018-so-liebt-deutschland-78338, zuletzt abgerufen am 21. November 2023.

Emcke, Carolin (2019): *Ja heißt ja und ... Ein Monolog*. Frankfurt am Main: S. Fischer.

Emcke, Carolin (2020): *Wie wir begehren*. 8. Auflage. Frankfurt am Main: Fischer Taschenbuch.

EMMA (2018): »68erinnen: Sauer auf die Genossen! Flugblatt des Frankfurter Weiberrats«. www.emma.de/artikel/68erinnen-sauer-auf-die-genossen-335715, zuletzt abgerufen am 21. November 2023.

Engels, Friedrich (1975): *Der Ursprung der Familie, des Privateigentums und des Staats*. 5. Auflage. Berlin: Karl Dietz Verlag.

Eydlin, Alexander (2023): »Juristinnenverbände fordern Reform von Gesetzen zur Elternschaft«. *Zeit Online*, Artikel vom 5. Mai.

Faderman, Lillian (1984): *Surpassing the Love of Men: Romantic Friendship and Love between Women from the Renaissance to the Present*. London: The Women's Press.

Farvid, Panteá, Virginia Braun und Casey Rowney (2017): »›No Girl Wants to Be Called a Slut!‹: Women, Heterosexual Casual Sex and the Sexual Double Standard«. *Journal of Gender Studies*. Ausgabe 26(5): S. 544–560. doi: 10.1080/09589236.2016.1150818.

Feldman Barrett, Lisa (2017): *How Emotions Are Made: The Secret Life of the Brain*. London: PAN Books.

Ferguson, Anthony (2010): *The sex doll: a history*. Jefferson: McFarland & Co.

Fine, Cordelia (2017): *Testosterone Rex: Myths of Sex, Science, and Society*. New York, London: W. W. Norton & Company.

Fiore, Andrew T., Lindsay Shaw Taylor, Xiaomeng Zhong, G. A. Mendelsohn und Coye Cheshire (2010): »Who's Right and Who Writes: People, Profiles, Contacts, and Replies in Online Dating«. S. 1–10, *2010 43rd Hawaii International Conference on System Sciences*. Honolulu, Hawaii: IEEE.

Fischer, Thomas (2021): *Sex and Crime: über Intimität, Moral und Strafe*. Originalausgabe. München: Droemer.

Fisher, Helen E. (1998): »Lust, Attraction, and Attachment in Mammalian Reproduction«. *Human Nature*. Ausgabe 9(1): S. 23–52. doi: 10.1007/s12110-998-1010-5.

Fisher, Helen E., Arthur Aron, Debra Mashek, Haifang Li und Lucy L. Brown (2002): »Defining the Brain Systems of Lust, Romantic Attraction, and Attachment«. *Archives of Sexual Behavior*. Ausgabe 31(5): S. 413–419. doi: 10.1023/A:1019888024255.

Fisman, R., S. S. Iyengar, E. Kamenica, und I. Simonson (2006): »Gender Differences in Mate Selection: Evidence From a Speed Dating Experiment«. *The Quarterly Journal of Economics*. Ausgabe 121(2): S. 673–697. doi: 10.1162/qjec.2006.121.2.673.

Foucault, Michel (1984): *Von der Freundschaft als Lebensweise: Michel Foucault im Gespräch*. Berlin: Merve.

Foucault, Michel (2017): *Der Gebrauch der Lüste*. 17. Auflage. Frankfurt am Main: Suhrkamp.

Francis, Andrew M. (2013): »The Wages of Sin: How the Discovery of Penicillin Reshaped Modern Sexuality«. *Archives of Sexual Behavior*. Ausgabe 42(1): S. 5–13. doi: 10.1007/s10508-012-0018-4.

Frankenbach, Julius, Marcel Weber, David D. Loschelder, Helena Kilger und Malte Friese (2022): »Sex Drive: Theoretical Conceptualization and Meta-Analytic Review of Gender Differences.« *Psychological Bulletin*. Ausgabe 148(9–10): S. 621–661. doi: 10.1037/bul0000366.

Freud, Sigmund (1933): *Neue Folge der Vorlesungen zur Einführung in die Psychoanalyse*. Wien: Internationaler Psychoanalytischer Verlag.

Fuhrman, Robert W., Dorothy Flannagan und Mike Matamoros (2009): »Behavior Expectations in Cross-sex Friendships, Same-sex Friendships, and Romantic Relationships«. *Personal Relationships*. Ausgabe 16(4): S. 575–596. doi: 10.1111/j.1475-6811.2009.01240.x.

Gerhard, Ute (2016): »Ehe-Recht.« www.siekd.de/wp-content/uploads/2018/07/Ehe-Recht.pdf, zuletzt abgerufen am 21. November 2023.

Gerlach, Ute (2009): »Familienpolitik: Geschichte und Leitbilder. BPB Dossier ›Familie und Familienpolitik‹«. www.bpb.de/shop/zeitschriften/izpb/familie-und-familienpolitik-301/8047/familienpolitik-geschichte-und-leitbilder/, zuletzt abgerufen am 23. November 2023.

Gesetz über die Beurkundung des Personenstandes und die Eheschließung (1875): https://de.wikisource.org/wiki/Gesetz_%C3%BCber_die_Beurkundung_des_Personenstandes_und_die_Eheschlie%C3%9Fung#%C2%A7._41, zuletzt abgeruu fen am 28. Mai 2023.

Gesselman, Amanda N., Gregory D. Webster und Justin R. Garcia (2017): »Has Virginity Lost Its Virtue? Relationship Stigma Associated With Being a Sexually Inexperienced Adult«. *The Journal of Sex Research*. Ausgabe 54(2): S. 202–213. doi: 10.1080/00224499.2016.1144042.

Gewirtz-Meydan, Ateret, und Liat Ayalon (2018): »Forever Young: Visual Representations of Gender and Age in Online Dating Sites for Older Adults«. *Journal of Women & Aging*. Ausgabe 30(6): S. 484–502. doi: 10.1080/08952841.2017.1330586.

Giddens, Anthony (2016): *Wandel der Intimität: Sexualität, Liebe und Erotik in modernen Gesellschaften*. Frankfurt am Main: Fischer Taschenbuch.

Govrin, Jule (2012): »Widerspenstige Körper. Ein Vergleich körperkonzeptueller Widerstandsstrategien bei Judith Butler und Pierre Bourdieu«. *Femina Politica*. Ausgabe 2: S. 133–139.

Govrin, Jule (2022): *Politische Körper: von Sorge und Solidarität*. Berlin: Matthes & Seitz.

Govrin, Jule (2023): *Begehrenswert: erotisches Kapital und Authentizität als Ware*. Erste Auflage. Berlin: Matthes & Seitz

Govrin, Jule (2020): *Begehren und Ökonomie: eine sozialphilosophische Studie*. Berlin, Boston: DeGruyter.

Griffin, Meredith, Amy Canevello und Richard D. McAnulty (2018): »Motives and Concerns Associated with Geosocial Networking App Usage: An Exploratory Study Among Heterosexual College Students in the United States«. *Cyberpsychology, Behavior, and Social Networking*. Ausgabe 21(4): S. 268–275. doi: 10.1089/cyber.2017.0309.

Griffith, Rebecca L., Omri Gillath, Xian Zhao und Richard Martinez (2017): »Staying Friends with Ex-romantic Partners: Predictors, Reasons, and Outcomes«. *Personal Relationships*. Ausgabe 24(3): S. 550–584. doi: 10.1111/pere.12197.

Günderrode, Karoline von (1992): *Ich sende Dir ein zärtliches Pfand: die Briefe der Karoline von Günderrode*. 1. Auflage. Frankfurt am Main: Insel Verlag.

Halatsis, Panayotis, und Nicolas Christakis (2009): »The Challenge of Sexual Attraction within Heterosexuals' Cross-Sex Friendship«. *Journal of Social and Personal Relationships*. Ausgabe 26(6–7): S. 919–937. doi: 10.1177/0265407509345650.

Hall, Jeffrey A. (2011): »Sex differences in friendship expectations: A meta-analysis«. *Journal of Social and Personal Relationships*. Ausgabe 28(6): S. 723–747.

Hans, Jason D., Martie Gillen und Katrina Akande (2010): »Sex Redefined: The Reclassification Of Oral-Genital Contact«. *Perspectives on Sexual and Reproductive Health*. Ausgabe 42(2): S. 74–78. doi: 10.1363/4207410.

Haraway, Donna (2018): *Unruhig bleiben: die Verwandtschaft der Arten im Chthuluzän*. Frankfurt am Main: Campus Verlag.

Harkless, Lynne E., und Blaine J. Fowers (2005): »Similarities and Differences in Relational Boundaries among Heterosexuals, Gay Men, and Lesbians«. *Psychology of Women Quarterly*. Ausgabe 29(2): S. 167–176. doi: 10.1111/j.1471-6402.2005.00179.x.

Haug, Sonja (2010): *Interethnische Kontakte, Freundschaften, Partnerschaften und Ehen von Migranten in Deutschland*. BAMF – Bundesamt für Migration und Flüchtlinge.

Hecht, Patricia (2020): »›Kein emanzipatorisches Projekt‹«. *taz*, Artikel vom 18. August.

Heinz, Mario (2000): »Liebe und Ehe. Untersuchungen zu Fichtes Eherecht.« Erschienen in: *Die Spätphilosophie J.G. Fichtes 2, Fichte-Studien*. Brill.

Herzog, Dagmar (2008): »Orgasmen wie Chinaböller. Sexualität zwischen Politik und Kommerz.« *Bundeszentrale für politische Bildung*, Artikel vom 6. Juni.

Herzog, Dagmar (2011): *Sexuality in Europe: a twentieth-century history*. Cambridge: Cambridge University Press.

Hite, Shere (1977): *Hite-Report: das sexuelle Erleben der Frau*. München: Bertelsmann.

Hite, Shere (1991): *Hite Report: das sexuelle Erleben des Mannes*. Sonderausgabe Bindlach: Gondrom.

Hitsch, Gunter J., Ali Hortacsu und Dan Ariely (2006): »What Makes You Click? Mate Preferences and Matching Outcomes in Online Dating«. Erschienen in: MIT Sloan Research Paper, Ausgabe 4603-06, doi: 10.2139/ssrn.895442.

Hocquenghem, Guy (2019): *Das homosexuelle Begehren*. Hamburg: Edition Nautilus.

von Hodenberg, Christina (2018): *Das andere Achtundsechzig. Gesellschaftsgeschichte einer Revolte*. Bonn: Bundeszentrale für politische Bildung.

Hoock-Demarle, Marie-Claire (1998): »Zwischen Wirklichkeit und Fiktion. Karoline von Günderrode und Bettina von Arnim – eine weibliche Freundschaft um 1800 und ihre literarische Verarbeitung«. S. 169–183. Erschienen in: *Freundschaft im Gespräch, Querelles*. Stuttgart, Weimar: Metzler.

hooks, bell (1992): »Eating the Other: Desire and Resistance«. S. 21–39. Erschienen in: *Black looks: Race and Representation*. Boston: South End Press.

hooks, bell (2001): *All about Love: New Visions*. New York: William Morrow.

Hrdy, Sarah Blaffer (2009): *Mothers and Others: The Evolutionary Origins of Mutual Understanding*. Cambridge: Belknap Press of Harvard University Press.

Illouz, Eva (2018): *Warum Liebe endet. Eine Soziologie negativer Beziehungen*. Berlin: Suhrkamp.

Illouz, Eva (2021): *Warum Liebe weh tut. Eine soziologische Erklärung*. 6. Auflage. Berlin: Suhrkamp.

ISAPS (2020): »ISAPS International Survey on Aesthetic/Cosmetic Procedures performed in 2020.« www.isaps.org/wp-content/uploads/2022/01/ISAPS-Global-Survey_2020.pdf, zuletzt abgerufen am 26. Juni 2022.

Isidori, Andrea M., Elisa Giannetta, Daniele Gianfrilli, Emanuela A. Greco, Vincenzo Bonifacio, Antonio Aversa, Aldo Isidori, Andrea Fabbri und Andrea Lenzi (2005): »Effects of Testosterone on Sexual Function in Men: Results of a Meta-Analysis«. *Clinical Endocrinology*. Ausgabe 63(4): S. 381–394. doi: 10.1111/j.1365-2265.2005.02350.x.

Jacobs Studie (2014): *Freunde fürs Leben. Ergebnisse einer bevölkerungsrepräsentativen Befragung*. Institut für Demoskopie Allensbach.

JanMohamed, Abdul (1995): »Sexuality on/of the Racial Border: Foucault, Wright, and the Articulation of ›Racialized Sexuality‹«. S. 94–116. Erschienen in: *Discourses of sexuality: from Aristotle to AIDS*, *Ratio*. Ann Arbor: Univ. of Michigan Press.

Jong, Erica (1973): *Fear of flying*. New York: New American Library.

Jordan-Young, Rebecca M., und Katrina Alicia Karkazis (2019): *Testosterone: an unauthorized biography*. Cambridge: Harvard University Press.

Jung, JaeHwun, Ravi Bapna, Jui Ramaprasad und Akhmed Umyarov (2019): »Love Unshackled: Identifying the Effect of Mobile App Adoption in Online Dating«. *MIS Quarterly*. Ausgabe 43(1): S. 47–72. doi: 10.25300/MISQ/2019/14289.

Kaplan, Dana, und Eva Illouz (2021): *Was ist sexuelles Kapital?* Berlin: Suhrkamp.

Kendall, Mikki (2020): *Hood feminism: notes from the women that a movement forgot*. New York: Viking.

Key, Ellen (1906): *Über die Liebe und Ehe. Essays von Ellen Key*. 13. Auflage. Berlin: S. Fischer.

Kirke, Deirdre M. (2009): »Gender clustering in friendship networks: some sociological implications«. *Methodological Innovations Online*. Ausgabe 4(1): S. 23–36.

Kirsch, Thomas (2005): »Das Ehetrennungs- und -scheidungsrecht Bayerns im 19. Jahrhundert«. Dissertation, Aschaffenburg.

Klusmann, Dietrich (2002): »Sexual motivation and the duration of partnership«. *Archives of Sexual Behavior*. Ausgabe 31(3): S. 275–287. doi: 10.1023/A:1015205020769.

Knapp, Ulla (1983): »Frauenarbeit in Deutschland zwischen 1850 und 1933: Teil I«. *Historical Social Research Vol. 8*. Ausgabe 4: S. 42–82. doi: 10.12759/HSR.8.1983.4.42-82.

Knecht, Andrea, und Janosch Schobin (2016): »Die Homogenität der Freundschaft«. S. 107–116. Erschienen in: *Freundschaft heute: eine Einführung in die Freundschaftssoziologie*, *Kulturen der Gesellschaft*. Bielefeld: Transcript.

Konrad, Christine M., Shane Gero, Timothy Frasier und Hal Whitehead (2018): »Kinship Influences Sperm Whale Social Organization within, but Generally Not among, Social Units«. *Royal Society Open Science*. Ausgabe 5(8): S. 180914. doi: 10.1098/rsos.180914.

Konrad, Sandra (2018): *Das beherrschte Geschlecht: warum sie will, was er will*. 2. Auflage. München: Piper.

Kotin, Andrey (2018): »Umwege der Lust – Liebe und Sexualität in Schlegels Lucinde.« Erschienen in: *Eros und Logos. Literarische Formen des sinnlichen Begehrens in der (deutschsprachigen) Literatur vom Mittelalter bis zur Gegenwart*. Tübingen: Narr Francke Attempto.

Krafft-Ebing, Richard (1896): *Psychopathia Sexualis. Mit besonderer Berücksichtigung der Conträren Sexualempfindung.* Stuttgart: Ferdinand Enke.

Kraß, Andreas (2016): *Ein Herz und eine Seele: Geschichte der Männerfreundschaft*. Frankfurt am Main: S. Fischer.

Kühner, Christian (2016): »Geschichte der Freundschaft«. Erschienen in: *Freundschaft heute: eine Einführung in die Freundschaftssoziologie, Kulturen der Gesellschaft*. Bielefeld: Transcript.

Kurt, Şeyda (2021): *Radikale Zärtlichkeit: warum Liebe politisch ist*. Hamburg: Harper Collins.

Ladders (2018): »Eye-Tracking Study«. www.theladders.com/static/images/basicSite/pdfs/TheLadders-EyeTracking-StudyC2.pdf, zuletzt abgerufen am 14. Juni 2022.

Lahdenperä, Mirkka, Khyne U. Mar und Virpi Lummaa (2016): »Nearby Grandmother Enhances Calf Survival and Reproduction in Asian Elephants«. *Scientific Reports*. Ausgabe 6(1): S. 27213. doi: 10.1038/srep27213.

Laumann, Edward O. (2004): *The Sexual Organization of the City*. Chicago: University of Chicago Press.

Laurenceau, Jean-Philippe, Lisa Feldman Barrett und Paula R. Pietromonaco (1998): »Intimacy as an Interpersonal Process: The Importance of Self-Disclosure, Partner Disclosure, and Perceived Partner Responsiveness in Interpersonal Exchanges.« *Journal of Personality and Social Psychology*. Ausgabe 74(5): S. 1238–1251. doi: 10.1037/0022-3514.74.5.1238.

Lear, Andrew (2013): »Ancient Pederasty: An Introduction«. S. 102–127. Erschienen in: *A Companion to Greek and Roman Sexualities*. Hoboken: Wiley.

LeFebvre, Leah E. (2018): »Swiping Me off My Feet: Explicating Relationship Initiation on Tinder«. *Journal of Social and Personal Relationships*. Ausgabe 35(9): S. 1205–1229. doi: 10.1177/0265407517706419.

Lehmiller, Justin J., Laura E. Vanderdrift und Janice R. Kelly (2014): »Sexual Communication, Satisfaction, and Condom Use Behavior in Friends with Benefits and Romantic Partners«. *The Journal of Sex Research*. Ausgabe 51(1): S. 74–85. doi: 10.1080/00224499.2012.719167.

Lemay, Edward P., und Noah R. Wolf (2016): »Projection of Romantic and Sexual Desire in Opposite-Sex Friendships: How Wishful Thinking Creates a Self-Fulfilling Prophecy«. *Personality and Social Psychology Bulletin*. Ausgabe 42(7): S. 864–878. doi: 10.1177/0146167216646077.

Lenton, Alison P., und Amanda Stewart (2008): »Changing Her Ways: The Number of Options and Mate-Standard Strength Impact Mate Choice Strategy and Satisfaction«. *Judgment and Decision Making*. Ausgabe 3(7): S. 501–511. doi: 10.1017/S1930297500000772.

Levant, Ronald F., Glenn E. Good, Stephen W. Cook, James M. O'Neil, K. Bryant Smalley, Karen Owen und Katherine Richmond (2006): »The Normative Male Alexithymia Scale: Measurement of a Gender-Linked Syndrome.« *Psychology of Men & Masculinity*. Ausgabe 7(4): S. 212–224. doi: 10.1037/1524-9220.7.4.212.

Levine, Timothy R., und Paul A. Mongeau (2010): »Friends with Benefits. A Precarious Negotiation«. S. 91–102. Erschienen in: *College Sex: philosophy for Everyone: philosophers with benefits, Philosophy for everyone*. Malden, MA: Wiley-Blackwell.

Levy, Jon, Devin Markell und Moran Cerf (2019): »Polar Similars: Using Massive Mobile Dating Data to Predict Synchronization and Similarity in Dating Preferences«. *Frontiers in Psychology*. Ausgabe 10: S. 2010. doi: 10.3389/fpsyg.2019.02010.

Lewandowski, Gary, und Patrick Murray (2017): »National: Most want a partner like them«. www.monmouth.edu/polling-institute/documents/monmouthpoll_us_020917.pdf/, zuletzt abgerufen am 29. Mai 2023.

Lewandowski, Sven (2008): »Diesseits des Lustprinzips – Über den Wandel des Sexuellen in der modernen Gesellschaft«. *SWS-Rundschau*. Ausgabe 48(3): S. 242–263.

Lindquist, Kristen A., Lisa Feldman Barrett, Eliza Bliss-Moreau und James A. Russell (2006): »Language and the Perception of Emotion.« *Emotion*. Ausgabe 6(1): S. 125–138. doi: 10.1037/1528-3542.6.1.125.

Lindsey, Ben B. (1927): *Die Kameradschaftsehe*. Berlin: Deutsche Verlags-Anstalt.

Linek, Leoni (2021): »Forgetting Gender While Desexualising Friendship? Heteronormativity and Everyday Practices of Cross-Gender Friendship Among Adults in Germany«. S. 53–68. Erschienen in: *Close Relations, Crossroads of Knowledge*. Singapore: Springer Nature Singapore.

Lorde, Audre (2022): *Sister Outsider: Essays*. 3. Auflage. München: Carl Hanser Verlag.

LSVD (o. J.): »Corona: Auswirkungen auf Lesben, Schwule, Bisexuelle, trans- und intergeschlechtliche Menschen«. www.lsvd.de/de/ct/2067-Corona-Auswirkungen-auf-Lesben-Schwule-Bisexuelle-trans-und-intergeschlechtliche-Menschen, zuletzt abgerufen am 21. November 2023.

Luhmann, Niklas (2017): *Liebe als Passion. Zur Codierung von Intimität*. 14. Auflage. Frankfurt am Main: Suhrkamp.

Luther, Martin (1530): *Von Ehesachen*. Wittenberg: Lufft.

Machia, Laura V., Morgan L. Proulx, Michael Ioerger und Justin J. Lehmiller (2020): »A Longitudinal Study of Friends with Benefits Relationships«. *Personal Relationships*. Ausgabe 27(1): S. 47–60. doi: 10.1111/pere.12307.

Marar, Ziyad (2012): *Intimacy: Understanding the Subtle Power of Human Connection*. Durham: Acumen.

Martin, Betty (2021): *The Art of Receiving and Giving: The Wheel of Consent*. Eugene: Luminare Press.

Martin, Robert D. (2007): »The Evolution of Human Reproduction: A Primatological Perspective«. *American Journal of Physical Anthropology*. Ausgabe 134(S45): S. 59–84. doi: 10.1002/ajpa.20734.

Matthiesen, Silja (2017): *Sexualität von Studierenden im Internetzeitalter: Sexuelle und soziale Beziehungen von deutschen Studierenden*. Köln: Bundeszentrale für Gesundheitliche Aufklärung (BZgA).

Matthiesen, Silja, Arne Dekker und Peer Briken (2018): »Pilotstudie zur Erwachsenensexualität in Deutschland – Erste Ergebnisse zu Machbarkeit und Methodenvergleich«. *Zeitschrift für Sexualforschung*. Ausgabe 31(3): S. 218–236. doi: 10.1055/a-0663-4354.

Maximilian I. (1616): *Landrecht, Policey: Gerichts-, Malefitz- vnd andere Ordnungen. Der Fürstenthumben Obern vnd Nidern Bayrn*. München: Henricus.

Medick, Hans (1980): »Spinnstuben auf dem Dorf. Jugendliche Sexualkultur und Feierabendbrauch in der ländlichen Gesellschaft der frühen Neuzeit«. S. 19–50. Erschienen in: *Sozialgeschichte der Freizeit: Untersuchungen zum Wandel der Alltagskultur in Deutschland*. Wuppertal: Hammer.

Meltzer, Andrea L., Anastasia Makhanova, Lindsey L. Hicks, Juliana E. French, James K. McNulty und Thomas N. Bradbury (2017): »Quantifying the Sexual Afterglow: The Lingering Benefits of Sex and Their Implications for Pair-Bonded Relationships«. *Psychological Science*. Ausgabe 28(5): S. 587–598. doi: 10.1177/0956797617691361.

Menkin, Josephine A., Theodore F. Robles, Joshua F. Wiley und Gian C. Gonzaga (2015): »Online Dating across the Life Span: Users' Relationship Goals.« *Psychology and Aging*. Ausgabe 30(4): S. 987–993. doi: 10.1037/a0039722.

Merleau-Ponty, Maurice (2010): *Phänomenologie der Wahrnehmung*. 6. Auflage. Berlin: DeGruyter.

Miller, Stuart (1988): *Männerfreundschaft*. München: Droemer Knaur.

Mongeau, Paul A., Kendra Knight, Jade Williams, Jennifer Eden und Christina Shaw (2013): »Identifying and Explicating Variation among Friends with Benefits Relationships«. *Journal of Sex Research*. Ausgabe 50(1): S. 37–47. doi: 10.1080/00224499.2011.623797.

Morin, Jack (1996): *The Erotic Mind: Unlocking the Inner Sources of Passion and Fulfillment*. New York: HarperCollins.

Muchembled, Robert (2008): *Die Verwandlung der Lust: eine Geschichte der abendländischen Sexualität*. München: Deutsche Verlags-Anstalt.

Murray, Stephen O. (2000): *Homosexualities*. Chicago: Univ. of Chicago Press.

Nakamichi, Masayuki, April Silldorff, Crystal Bringham und Peggy Sexton (2004): »Baby-transfer and other interactions between its mother and grandmother in a captive social group of lowland gorillas«. *Primates*. Ausgabe 45(1): S. 73–77. doi: 10.1007/s10329-003-0061-9.

Natividad, Kate (2013): »Seinfeld almost invented ›friends with benefits‹ in 1991!« www.getrealphilippines.com/2013/06/seinfeld-almost-invented-friends-with-benefits-in-1991, zuletzt abgerufen am 3. Januar 2021.

Nattrass, Stuart, Darren P. Croft, Samuel Ellis, Michael A. Cant, Michael N. Weiss, Brianna M. Wright, Eva Stredulinsky, Thomas Doniol-Valcroze, John K. B. Ford, Kenneth C. Balcomb und Daniel W. Franks (2019): »Postreproductive Killer Whale Grandmothers Improve the Survival of Their Grandoffspring«. *Proceedings of the National Academy of Sciences*. Ausgabe 116(52): S. 26669–26673. doi: 10.1073/pnas.1903844116.

Newerla, Andrea (2021): »Love Struggles: Intime Beziehungen in Zeiten mobilen Datings«. Erschienen in: *Paarbeziehungen heute: Kontinuität und Wandel*. Weinheim, Basel: Beltz Juventa.

Newerla, Andrea (2023): *Das Ende des Romantikdiktats: warum wir Nähe, Beziehungen und Liebe neu denken sollten*. München: Kösel.

Newerla, Andrea, und Jenny Van Hooff (2023): »Mobile Intimacies? Uncertainty, Ambivalence and Fluidity in the Intimate Practices of Dating App Users in Germany and the UK«. *Sexualities*. S. 136346072311689. doi: 10.1177/13634607231168959.

Novalis (2001): *Über die Liebe*. Frankfurt am Main, Leipzig: Insel.

OkCupid (2015): »A Woman's Advantage«. https://theblog.okcupid.com/a-womans-advantage-82d5074dde2d, zuletzt abgerufen am 2. Juli 2022.

O'Neill, Nena, und George O'Neill (1992): *Die offene Ehe: Konzept für einen neuen Typus der Monogamie*. Reinbek bei Hamburg: Rowohlt.

Ortega, Josue, und Philipp Hergovich (2017): »The Strength of Absent Ties: Social Integration via Online Dating«. doi: 10.48550/ARXIV.1709.10478.

Owen, Jesse, und Frank D. Fincham (2011): »Effects of Gender and Psychosocial Factors on »Friends with Benefits« Relationships Among Young Adults«. *Archives of Sexual Behavior*. Ausgabe 40(2): S. 311–320. doi: 10.1007/s10508-010-9611-6.

Owen, Jesse, Frank D. Fincham und Megan Manthos (2013): »Friendship After a Friends with Benefits Relationship: Deception, Psychological Functioning, and Social Connectedness«. *Archives of Sexual Behavior*. Ausgabe 42(8): S. 1443–1449. doi: 10.1007/s10508-013-0160-7.

Parship (2020): »So steht Deutschland zu Beziehungsthemen – Partnersuche, Fremdgehen, Familie«. www.parship.de/studien/parship-studie-so-steht-deutschland-zu-beziehungsthemen-partnersuche-fremdgehen-familie/, zuletzt abgerufen am 30. Mai 2023.

Penny, Laurie (2017): *Bitch Doktrin: Gender, Macht & Sehnsucht*. Hamburg: Edition Nautilus.

Perel, Esther (2006): *Mating in Captivity: Unlocking Erotic Intelligence*. 1. Auflage. New York: Harper.

Perel, Esther (2022): *Was Liebe aushält: Untreue überdenken: ein Buch für alle, die jemals geliebt haben*. 2. Auflage. Hamburg: HarperCollins.

Placzek, Siegfried (1919): *Freundschaft und Sexualität*. 4. Auflage. Bonn: A. Marcus & E. Weber.

Prager, Karen J. (1995): *The psychology of intimacy*. New York: Guilford Press.

Preußisches Eherecht (1894): »Das preussische Eherecht und das Recht der Eltern und Kinder im Gebiete des Allgemeinen Landrechts mit Einschluß des lübischen Rechts und der Pommerschen Bauernordnung«. https://dlc.mpg.de/image/mpirg_sisis_219195/1/LOG_0003/, zuletzt abgerufen am 28. Mai 2023.

Pronk, Tila M., und Jaap J. A. Denissen (2020): »A Rejection Mind-Set: Choice Overload in Online Dating«. *Social Psychological and Personality Science*. Ausgabe 11(3): S. 388–396. doi: 10.1177/1948550619866189.

Quindeau, Ilka (2014): *Sexualität*. 2. Auflage. Gießen: Psychosozial-Verlag.

Rangell, Leo (1963): »On Friendship«. *Journal of the American Psychoanalytic Association*. Ausgabe 11(1): S. 3–54. doi: 10.1177/000306516301100101.

Ranzini, Giulia, und Christoph Lutz (2017): »Love at First Swipe? Explaining Tinder Self-Presentation and Motives«. *Mobile Media & Communication*. Ausgabe 5(1): S. 80–101. doi: 10.1177/2050157916664559.

Rastrelli, Giulia, Giovanni Corona und Mario Maggi (2018): »Testosterone and Sexual Function in Men«. *Maturitas*. Ausgabe 112: S. 46–52. doi: 10.1016/j.maturitas.2018.04.004.

Rawlins, William K. (1982): »Cross-sex Friendship and the Communicative Management of Sex-role Expectations«. *Communication Quarterly*. Ausgabe 30(4): S. 343–352. doi: 10.1080/01463378209369470.

Reckwitz, Andreas (2017): *Die Gesellschaft der Singularitäten: zum Strukturwandel der Moderne*. 4. Auflage. Berlin: Suhrkamp.

Rehme-Iffert, Birgit (2002): »Friedrich Schlegel über Emanzipation, Liebe und Ehe.« *Athenäum – Jahrbuch der Friedrich Schlegel-Gesellschaft*. Ausgabe 12: S. 111–132.

Reich, Wilhelm (2014): *Die Funktion des Orgasmus: sexualökonomische Grundprobleme der biologischen Energie*. 11. Auflage. Köln: Kiepenheuer und Witsch.

Reiserer, Kate (2021): *Vier Übersetzerinnen und ihre neun Ehemänner: Ehe und Übersetzung in der Romantik*. Berlin: Frank & Timme.

RKI, Robert Koch-Institut (2008): »Migration und Gesundheit. Schwerpunktbericht der Gesundheitsberichterstattung des Bundes.« www.rki.de/EN/Content/Health_Monitoring/Health_Reporting/GBEDownloadsT/migration.pdf?__blob=publicationFile, zuletzt abgerufen am 17. Mai 2023.

Rodrigues, David, Fabio Fasoli, Aleksandra Huic und Diniz Lopes (2018): »Which Partners Are More Human? Monogamy Matters More than Sexual Orientation for Dehumanization in Three European Countries«. *Sexuality Research and Social Policy*. Ausgabe 15(4): S. 504–515. doi: 10.1007/s13178-017-0290-0.

Roig, Emilia (2023): *Das Ende der Ehe. Für eine Revolution der Liebe*. Berlin: Ullstein Buchverlage.

Rosenfeld, Michael J., Reuben J. Thomas und Sonia Hausen (2019): »Disintermediating Your Friends: How Online Dating in the United States Displaces Other Ways of Meeting«. *Proceedings of the National Academy of Sciences*. Ausgabe 116(36): S. 17753–17758. doi: 10.1073/pnas.1908630116.

Rothenbacher, Franz, und Georg Fertig (2015): »Bevölkerung, Haushalte und Familien«. S. 30–45. Erschienen in: *Deutschland in Daten: Zeitreihen zur Historischen Statistik*. Bonn: Bundeszentrale für politische Bildung.

Rudder, Christian (2014): *Dataclysm: Love, Sex, Race, and Identity – What Our Online Lives Tell Us about Our Offline Selves*. New York: Crown.

Ruland, Tobias (2015): *Die Psychologie der Intimität: was Liebe und Sexualität miteinander zu tun haben*. Stuttgart: Klett-Cotta.

Salami, Minna (2021): *Sinnliches Wissen: eine schwarze feministische Perspektive für alle*. Berlin: Matthes & Seitz.

Sanchez, Diana T., Janell C. Fetterolf und Laurie A. Rudman (2012): »Eroticizing Inequality in the United States: The Consequences and Determinants of Traditional Gender Role Adherence in Intimate Relationships«. *The Journal of Sex Research*. Ausgabe 49(2–3): S. 168–183. doi: 10.1080/00224499.2011.653699.

Sanyal, Mithu M. (2020): *Vergewaltigung: Aspekte eines Verbrechens*. 2. Auflage. Hamburg: Edition Nautilus.

Sapolsky, Robert M. (2017): *Behave: the biology of humans at our best and worst*. New York: Penguin Press.

Schlegel, Friedrich (1962): *Lucinde*. München: Schöningh.

Schmidt, Gunter (1998): *Sexuelle Verhältnisse: über das Verschwinden der Sexualmoral*. Reinbek bei Hamburg: Rowohlt Taschenbuch Verlag.

Schmidt, Gunter (2005): *Das neue Der Die Das: über die Modernisierung des Sexuellen*. 2. Auflage. Gießen: Psychosozial-Verlag.

Schmincke, Imke (2015): »Sexualität als ›Angelpunkt der Frauenfrage‹?« Erschienen in: *Sexuelle Revolution? Zur Geschichte der Sexualität im deutschsprachigen Raum seit den 1960er Jahren*. Bielefeld: transcript.

Schnarch, David (2009): *Intimität und Verlangen: sexuelle Leidenschaft dauerhaft bewahren*. 10. Auflage. Stuttgart: Klett-Cotta.

Schobin, Janosch, Andrea Knecht, Christian Kühner und Kai Marquardsen, Hrsg. (2016): *Freundschaft heute: eine Einführung in die Freundschaftssoziologie*. Bielefeld: transcript.

Schutzbach, Franziska (2021): *Die Erschöpfung der Frauen: wider die weibliche Verfügbarkeit*. München: Droemer.

Schwarzer, Alice (1975): *Der kleine Unterschied und seine großen Folgen: Frauen über sich: Beginn einer Befreiung*. 3. Auflage. Frankfurt am Main: S. Fischer.

Scott, Christina L., Belinda Carrillo und Irma M. Rivera (2014): »›No Relationships, No Emotions, Just Sex‹: Exploring Undergraduates' Sexual Decision Making in Friends with Benefits Relationships«. S. 31–74. Erschienen in: *Contemporary Perspectives in Family Research*. Jg. 8. Emerald Group Publishing Limited.

Shaver, Phillip, und Harry T. Reis (1988): »Intimacy as an interpersional process«. S. 367–389. Erschienen in: *Handbook of personal relationships: theory, research, and interventions*. Chichester [England]; New York: Wiley.

Siegel, Erika H., Molly K. Sands, Wim Van den Noortgate, Paul Condon, Yale Chang, Jennifer Dy, Karen S. Quigley und Lisa Feldman Barrett (2018): »Emotion Fingerprints or Emotion Populations? A Meta-Analytic Investigation of Autonomic Features of Emotion Categories«. *Psychological Bulletin*. Ausgabe 144(4): S. 343–393. doi: 10.1037/bul0000128.

Sigal, Peter Herman, Zeb Tortorici und Neil L. Whitehead, Hrsg. (2020): *Ethnopornography: sexuality, colonialism, and archival knowledge*. Durham: Duke University Press.

Sigusch, Volkmar (2013): *Sexualitäten: eine kritische Theorie in 99 Fragmenten*. Frankfurt: Campus Verlag.

Simmel, Georg (2021): *Gesamtausgabe. Band 11: Soziologie: Untersuchungen über die Formen der Vergesellschaftung / Georg Simmel; herausgegeben von Otthein Rammstedt*. 10. Auflage. Frankfurt am Main: Suhrkamp.

Simon, William, und John H. Gagnon (1986): »Sexual Scripts: Permanence and Change«. *Archives of Sexual Behavior*. Ausgabe 15(2): S. 97–120. doi: 10.1007/BF01542219.

Simone, Nina, und Pete Rodis [Regisseur] (1970): »Nina: A historical perspective«. www.youtube.com/watch?v=nPD8f2m8WGI, zuletzt abgerufen am 7. Februar 2023.

Simonton, Deborah (2003): *A History of European Women's Work: 1700 to the Present*. London, New York: Routledge.

Sivulka, Juliann (2012): *Soap, sex, and cigarettes: a cultural history of American advertising*. 2. Auflage. Australia: Boston: Wadsworth, Cengage Learning.

Skopek, Jan, Andreas Schmitz und Hans-Peter Blossfeld (2011): »The gendered dynamics of age preferences – Empirical evidence from online dating«. *Journal of Family Research*. Ausgabe 23(3): S. 267–290. doi: 10.20377/jfr-196.

Snyder, Brian F., und Patricia Adair Gowaty (2007): »A Reappraisal of Bateman's Classic Study of Intrasexual Selection«. *Evolution*. Ausgabe 61(11): S. 2457–2468. doi: 10.1111/j.1558-5646.2007.00212.x.

Spiegel (1987): »Entartung ausdünnen«. *Spiegel*, Artikel vom 15. März.

Spiegel (1992): »Muckt auf, Verseuchte«. *Spiegel*, Artikel vom 18. Oktober.

Starke, Kurt (1980): *Junge Partner. Tatsachen über Liebesbeziehungen im Jugendalter.* Leipzig: Urania.

Stein, James B., Paul Mongeau, Karlee Posteher und Alaina Veluscek (2019): »Netflix and Chill?: Exploring and Refining Differing Motivations in Friends with Benefits Relationships«. *The Canadian Journal of Human Sexuality*. Ausgabe 28(3): S. 317–327. doi: 10.3138/cjhs.2018-0045.

Stephens, William O. (2010): »What's Love Got to Do with It?: Epicureanism and Friends with Benefits«. S. 75–90. Erschienen in: *College Sex – Philosophy for Everyone*. Oxford: Wiley-Blackwell.

Sternberg, Robert J. (1986): »A Triangular Theory of Love«. *Psychological Review*. Ausgabe 93(2): S. 119–135. doi: 10.1037/0033-295X.93.2.119.

Stinson, Danu Anthony, Jessica J. Cameron und Lisa B. Hoplock (2022): »The Friends-to-Lovers Pathway to Romance: Prevalent, Preferred, and Overlooked by Science«. *Social Psychological and Personality Science*. Ausgabe 13(2): S. 562–571. doi: 10.1177/19485506211026992.

Stöcker, Helene (1905): »Zur Reform der sexuellen Ethik«. *Mutterschutz: Zeitschrift zur Reform der sexuellen Ethik*. Ausgabe 1: S. 3–12.

Stokowski, Margarete (2018): *Untenrum frei*. 19. Auflage. Rheinbek bei Hamburg: Rowohlt Taschenbuch Verlag.

Suttles, Gerald D. (2017): »Friendship as a Social Institution«. S. 95–135. Erschienen in: *Friendship as a Social Institution*. London: Routledge.

Tagesschau (2020): »Weihnachten – aber möglichst sicher«. Sendung vom 20. Dezember.

Theweleit, Klaus (2020): *Männerphantasien*. Vollständige und um ein Nachwort erweiterte Neuausgabe, 2. Auflage. Berlin: Matthes & Seitz.

Thornhill, Randy, und Steven W. Gangestad (2008): *The evolutionary biology of human female sexuality*. Oxford, New York: Oxford University Press.

Timmermans, Elisabeth, und Cassandra Alexopoulos (2020): »Anxiously Searching for Love (Among Other Things): Attachment Orientation and Mobile Dating Application Users' Motives and Outcomes«. *Cyberpsychology, Behavior, and Social Networking*. Ausgabe 23(7): S. 447–452. doi: 10.1089/cyber.2019.0542.

Timmermans, Elisabeth, und Cédric Courtois (2018): »From Swiping to Casual Sex and/or Committed Relationships: Exploring the Experiences of Tinder Users«. *The InformationSociety*.Ausgabe34(2):S. 59–70.doi:10.1080/01972243.2017.1414093.

Torenz, Rona (2019): *»Ja heisst Ja«? Feministische Debatten um einvernehmlichen Sex*. Stuttgart: Schmetterling Verlag.

Trask, Sara L., Haley Kranstuber Horstman und Colin Hesse (2020): »Deceptive Affection Across Relational Contexts: A Group Comparison of Romantic Relationships, Cross-Sex Friendships, and Friends With Benefits Relationships«. *Communication Research*. Ausgabe 47(4): S. 623–643. doi: 10.1177/0093650219841736.

Travison, Thomas G., John E. Morley, Andre B. Araujo, Amy B. O'Donnell und John B. McKinlay (2006): »The Relationship between Libido and Testosterone Levels in Aging Men«. *The Journal of Clinical Endocrinology & Metabolism*. Ausgabe 91(7): S. 2509–2513. doi: 10.1210/jc.2005-2508.

Trepp, Anne-Charlott (1996): *Sanfte Männlichkeit und selbständige Weiblichkeit: Frauen und Männer im Hamburger Bürgertum zwischen 1770 und 1840*. Göttingen: Vandenhoeck & Ruprecht.

Tümmers, Henning (2012): »Aidspolitik. Bonn und der Umgang mit einer neuen Bedrohung«. *Archiv für Sozialgeschichte*. Ausgabe 52: S. 231–252.

Ugur, Berrak, Kuchuan Chen und Hugo J. Bellen (2016): »Drosophila Tools and Assays for the Study of Human Diseases«. *Disease Models & Mechanisms*. Ausgabe 9(3): S. 235–244. doi: 10.1242/dmm.023762.

University of Nebraska (2020): »Flag Lowering for Elaine Hess«. www.unomaha.edu/news/2020/09/flag-lowering-for-elaine-hess.php, zuletzt abgerufen am 3. Mai 2022.

van Anders, Sari M. (2012): »Testosterone and Sexual Desire in Healthy Women and Men«. *Archives of Sexual Behavior*. Ausgabe 41(6): S. 1471–1484. doi: 10.1007/s10508-012-9946-2.

van Anders, Sari M. (2015): »Beyond Sexual Orientation: Integrating Gender/Sex and Diverse Sexualities via Sexual Configurations Theory«. *Archives of Sexual Behavior*. Ausgabe 44(5): S. 1177–1213. doi: 10.1007/s10508-015-0490-8.

van de Velde, Theodoor Hendrik (1991): *Die vollkommene Ehe*. 78. Auflage. Herrsching: Pawlak.

Vanderdrift, Laura E., Justin J. Lehmiller und Janice R. Kelly (2012): »Commitment in Friends with Benefits Relationships: Implications for Relational and Safe-Sex Outcomes«. *Personal Relationships*. Ausgabe 19(1): S. 1–13. doi: 10.1111/j.1475-6811.2010.01324.x.

Vigarello, Georges (1988): *Wasser und Seife, Puder und Parfüm: Geschichte der Körperhygiene seit dem Mittelalter*. Frankfurt am Main: Campus Verlag. [u. a.].

Villeroy & Boch (o. J.): »Die Geschichte des Unternehmens«. www.villeroyboch-group.com/de/unternehmen/unsere-geschichten/von-damals-bis-heute.html, zuletzt abgerufen am 13. April 2023.

Wade, Lisa (2017): *American hookup: the new culture of sex on campus*. First edition. New York: W.W. Norton & Company.

Weger, Harry, Megan Cole und Valerie Akbulut (2019): »Relationship Maintenance across Platonic and Non-Platonic Cross-Sex Friendships in Emerging Adults«. *The Journal of Social Psychology*. Ausgabe 159(1): S. 15–29. doi: 10.1080/00224545.2018.1439876.

Weinstock, Jacqueline S., und Esther D. Rothblum, Hrsg. (1996): *Lesbian friendships: for ourselves and each other*. New York: New York University Press.

Wennerscheid, Sophie (2008): *Das Begehren nach der Wunde: Religion und Erotik im Schreiben Kierkegaards*. Berlin: Matthes & Seitz.

Wentland, Jocelyn J., und Elke Reissing (2014): »Casual Sexual Relationships: Identifying Definitions for One Night Stands, Booty Calls, Fuck Buddies, and Friends with Benefits«. *The Canadian Journal of Human Sexuality*. Ausgabe 23(3): S. 167–177. doi: 10.3138/cjhs.2744.

Wentland, Jocelyn J., und Elke D. Reissing (2011): »Taking Casual Sex Not Too Casually: Exploring Definitions of Casual Sexual Relationships«. *The Canadian Journal of Human Sexuality*. Ausgabe 20(3): S. 75–91.

Werking, Kathy (1997): *We're just good friends: women and men in nonromantic relationships*. New York: Guilford Press.

Wienfort, Monika (2014): *Verliebt, verlobt, verheiratet: eine Geschichte der Ehe seit der Romantik*. München: C.H. Beck.

Wiertz, Svenja (2020): *Freundschaft*. Berlin: DeGruyter.

Wilson, Ara (2014): »Intimität. Eine nützliche Kategorie transnationaler Analyse«. *Feministische Studien*. Ausgabe 32(1): S. 63–77. doi: 10.1515/fs-2014-0107.

Wingen, Max (2003): »Anmerkungen zu 50 Jahren ›Familienministerium‹ in Rück- und Ausblick«. *Zeitschrift für Familienforschung*. Ausgabe 15(3): S. 272–293.

Witt, Christian Volkmar (2017): *Martin Luthers Reformation der Ehe: sein theologisches Eheverständnis vor dessen augustinisch-mittelalterlichem Hintergrund*. Tübingen: Mohr Siebeck.

Wolf, Benedikt (2021): »Homophobia and Antisemitism in Otto Julius Bierbaum's *Prinz Kuckuck* (1907/08)«. *Seminar: A Journal of Germanic Studies*. Ausgabe 57(2): S. 97–113. doi: 10.3138/seminar.57.2.1.

Wolf, Christa (2020): *Kassandra: Erzählung*. 3. Auflage. Berlin: Suhrkamp.

Wright, Paul H. (1982): »Men's Friendships, Women's Friendships and the Alleged Inferiority of the Latter«. *Sex Roles*. Ausgabe 8(1): S. 1–20. doi: 10.1007/BF00287670.

YouGov (2018): »Deutsche haben 3,7 enge Freunde – Offene Kommunikation und Fürsorge in einer Freundschaft am wichtigsten.« https://yougov.de/news/2018/07/26/deutsche-haben-37-enge-freunde-offene-kommunikatio/, zuletzt abgerua fen am 10. Januar 2021.

Zakaria, Rafia (2022): *Against white feminism: wie weißer Feminismus Gleichberechtigung verhindert*. München: hanserblau.

Zhang, Jennie, und Taha Yasseri (2016): »What Happens After You Both Swipe Right: A Statistical Description of Mobile Dating Communications«. doi: 10.48550/ARXIV.1607.03320.

Zhao, Linda (2023): »Networks in the Making: Friendship Segregation and Ethnic Homophily«. *Social Science Research*. Ausgabe 110: S. 102813. doi: 10.1016/j.ssresearch.2022.102813.